2017年度浙江省社科联省级社会科学学术著作
出版资金资助出版（编号：2017CBZ03）

2012年浙江省社会科学界联合会重点项目成果（课题编号：2012Z15）

当代浙江学术文库
DANGDAI ZHEJIANG XUESHU WENKU

天人之境：
杭州城湖共生模式的生态美学解读

柳伟平 著

中国社会科学出版社

图书在版编目（CIP）数据

天人之境：杭州城湖共生模式的生态美学解读／柳伟平著 .—北京：中国社会科学出版社，2017.9

（当代浙江学术文库）

ISBN 978-7-5203-0507-5

Ⅰ.①天… Ⅱ.①柳… Ⅲ.①西湖—生态学—美学—研究 Ⅳ.①K928.43

中国版本图书馆 CIP 数据核字（2017）第 134055 号

出 版 人	赵剑英
责任编辑	田 文
特约编辑	陈 琳
责任校对	张爱华
责任印制	王 超

出　　版	中国社会科学出版社
社　　址	北京鼓楼西大街甲 158 号
邮　　编	100720
网　　址	http://www.csspw.cn
发 行 部	010-84083685
门 市 部	010-84029450
经　　销	新华书店及其他书店
印　　刷	北京君升印刷有限公司
装　　订	廊坊市广阳区广增装订厂
版　　次	2017 年 9 月第 1 版
印　　次	2017 年 9 月第 1 次印刷
开　　本	710×1000　1/16
印　　张	16.25
插　　页	2
字　　数	267 千字
定　　价	68.00 元

凡购买中国社会科学出版社图书，如有质量问题请与本社营销中心联系调换
电话：010-84083683
版权所有　侵权必究

目　录

引言　生态美学的提出及其含义 …………………………………… (1)

第一章　生态美学视野里的杭州城湖共生模式 …………………… (7)
　　第一节　杭州西湖文化景观的构成 ……………………………… (7)
　　第二节　杭州城湖关系的历史演变 ……………………………… (10)
　　第三节　杭州城湖共生模式的形成 ……………………………… (16)
　　第四节　杭州城湖环境经济共生 ………………………………… (24)
　　第五节　杭州城湖生态审美共生 ………………………………… (29)

第二章　天人合一
　　　　——杭州城湖共生模式的合目的性解读 …………………… (34)
　　第一节　善：生态美学的合目的性 ……………………………… (34)
　　第二节　"物我两忘"的寺观园林 ……………………………… (43)
　　第三节　从"壶中天地"到"芥子纳须弥"
　　　　　　——州治园林、皇家园林到私家园林 ………………… (53)
　　第四节　民众共享的公共园林 …………………………………… (73)
　　第五节　西湖景观中的"天人合一"理念 ……………………… (79)

第三章　道法自然
　　　　——杭州城湖共生模式的合规律性解读 …………………… (86)
　　第一节　真：生态美学的合规律性 ……………………………… (86)
　　第二节　西湖景观的模山范水 …………………………………… (92)
　　第三节　西湖园林的因地制宜 …………………………………… (100)
　　第四节　西湖园林的理水技巧 …………………………………… (106)

第四章　审美交融
——杭州城湖共生模式的生态美育功能 …… (113)
第一节　西湖景观的审美意象体系 …… (113)
第二节　湖上春来似画图 …… (117)
第三节　悠然咏招隐,何许叹离群 …… (136)

第五章　城市与自然共生
——杭州城湖共生模式的生态美学启迪之一 …… (159)
第一节　杭州城市建设的迷局 …… (159)
第二节　将自然重新请回城市 …… (164)
第三节　传统生态美学理念的现代实践 …… (169)
第四节　生态公园:生态美学的现代实践 …… (174)
第五节　生态公园中的生态美学智慧 …… (185)
第六节　从生态美学思考未来城市发展 …… (191)

第六章　与天地精神相往来
——杭州城湖共生模式的生态美学启迪之二 …… (207)
第一节　关注生态,是当代人的责任 …… (207)
第二节　城市环境危机的深层根源 …… (209)
第三节　生态美学:物我交融的身心抚慰 …… (218)
第四节　在自然中接受美学熏陶 …… (225)
第五节　用艺术培养平和怡然的心灵 …… (228)
第六节　在城市中亲近自然 …… (237)

参考文献 …… (251)

引　言
生态美学的提出及其含义

在 20 世纪中期，在全球范围内，随着环境破坏的日趋严重，生态问题引起了众多学者的关注。此时，生态学以特有的思想观念和崭新的思维方式，让学者们进行了自省性反思，认识到环境问题的根源，也找到了解决问题的办法。

20 世纪 50 年代以前，现代生态学的研究范畴为自然界的生物及生物系统与生存环境之间相互作用关系。20 世纪 50 年代以后，随着工业文明的推进，新技术革命的激荡，全球化进程的加快和随之出现的全球环境问题的突出，现代生态学出现了两个十分显著的发展趋势。

一方面，传统生态学研究吸收了数学、物理、化学、生物学、工程技术科学的研究成果，向着精确化、定量化的方向大踏步迈进，并为人类认识自然生态系统和改造自然生态系统提供了科学依据和方法论。

另一方面，突破了传统生态学的研究范畴，进入更为广阔、复杂的人类社会系统之中，与人类学、社会学、历史学、经济学、伦理学等社会人文学科交汇融合，从全球化的高度，以全景式的眼光审视着人类社会系统的产生、发展、变迁过程、内在运行规律，以及人类社会系统与自然生态系统的相互作用关系。

所以，生态学虽然是一门自然科学，但与社会科学紧密相连，而且从其起源开始便是如此。生态学朝向人类社会系统的拓展过程，具有三个方面的特征。

一是生态学外延的扩大，即将生态学的理论与方法运用于人类社会系统各个方面的研究之中，从而出现了人类生态学、城市生态学、工业与经济生态学、文化生态学等交叉学科，使得生态学成为揭示人类社会系统基本规律的重要方法论之一。

二是生态学内涵的加深，即结合人文社会学科的研究成果，重新审视自然生态系统的内在价值，及其与人类社会系统的相互作用关系，从而形成了生态哲学、生态伦理学、自然资源经济学、生态美学等生态学分支与学说，深化了生态学的基本观念，促使传统生态学的理论体系走向成熟。

三是全球生态学与环境运动的兴起。最近30年来，面对后工业文明时代全球化进程中呈现出的种种弊端，特别是"气候暖化、臭氧层空洞"等全球环境问题的日益严峻，以"研究全球尺度的生态过程、人类社会发展与全球环境变化关系、全球环境变化对生物圈影响等"为主旨的全球生态学研究方兴未艾；同时以生态学的基本观念为核心价值观的可持续发展理论、生态主义等逐渐兴起，并根植于全球环境运动之中，涌现出了"绿党"和各种绿色非政府组织，成为全球政治角力中不可忽视的力量。

而生态学和美学的融合，原因在于"美"具有和谐性、亲和性与情感性，与生态学系统整体论的基本观点十分吻合。许多生态学家在阐述生态学理念时，会借用许多美学的理论。比如，美国学者C.迪恩-弗罗伊登博格就曾说："后现代农业按照有助于而且促进同它发展相互作用的自然体系的思路来设计和运转。它能使自然体系变得更完整、美丽、和谐。"[1] 这样的文笔在生态学家笔下随处可见。美和生态，有着内在的共通、外在的相似。于是，随着约瑟夫·米克于1972年发表论文《生态美学构想》以来，生态美学一跃成为国际美学界的前沿领域之一，众多学者在一定程度上达成共识，主张在观念上突破主客二元对立机械论世界观，而代之以系统整体性世界观，反对"人类中心主义"，主张"人—自然—社会"的协调统一。

我国学者结合中国传统哲学，认为自然环境不断恶化，生态问题日趋严重，并不仅仅是环境本身的问题，而且与人类的现代观念，尤其是二元对立的思维模式——即统治、征服、控制、支配自然的欲望——密切相关。甚至可以说，自然界的生态危机根源于人类社会精神危机。

于是，在20世纪90年代中期，中国学者在西方思潮的影响下，结合中国智慧，对"生态美学"展开了大规模的讨论，认为具有东方思想的生态美学兼顾人类发展和环境保护之间的和谐，强调人和自然不要对立，

---

[1] 转引自［美］大卫·雷·格里芬：《后现代精神》，王成兵译，中央编译出版社1998年版，第193页。

人和自然应该和谐，可以化解人与他人、人与自己、人与自然的冲突，通过东西方文化交融互动，整合出新的人类文化来应对世界危机。因此，21世纪以来，生态美学以其强烈的现实意义，引起众多学者的关注。

一 生态美学是一种存在论美学观

徐恒醇的《生态美学》是国内第一部生态美学研究专著。他在书中指出："生态美所体现的是人与自然的生命关联和审美共感，这种生命关联是基于人对自然的依存关系，人的生命活动正是在这种自然生命之网的普遍联系中展开的，是建立在各种生命之间、生命与生态环境之间相互依存、共同进化的基础上的。由此也使人感受到这种生命的和谐共生的必然性并唤起人与自然的生命之间的共鸣。"[①] 同时，他认为，生态美学具有实践性，可以将其原理用于生活环境的审美塑造、生活方式的审美追求以及生态文明的建设，以期克服生态异化，摆脱生态困境。

作为生态美学的主要奠基者，曾繁仁教授从哲学角度切入，明确提出了"生态存在论美学观"，以此与认识论相互区别。在《生态美学导论》等论著和一系列文章中，他全面论述了"生态存在论美学"。在他看来，生态美学"是在后现代语境下，以崭新的生态世界观为指导，以探索人与自然的审美关系为出发点，涉及人与社会、人与宇宙以及人与自身等多重审美关系，最后落脚到改善人类当下的非美状态，建立起一种符合生态规律的审美的存在状态"[②]。

他还对生态美的内涵进行了总结，认为生态美包含人的生存本性自行揭示之生态本真美、天地神人四方游戏之生态存在美、自然与人的"间性"关系的生态自然美、人的诗意地栖居的生态理想美以及审美批判的生态维度，从而将生态美学建立在存在论基础上，致力于改善人类日益恶化的生存境遇，让人们过一种"新时代的理想的审美的人生，一种'绿色的人生'，是人的审美的生存、诗意的栖居"[③]。

而且，这种诗意栖居是可持续发展的，不仅是针对当代人，而且还要

[①] 徐恒醇：《生态美学》，陕西人民教育出版社2000年版，第136页。

[②] 曾繁仁：《生态美学：后现代语境下崭新的生态存在论美学观》，《陕西师范大学学报》（哲学社会科学版）2002年第3期。

[③] 曾繁仁：《生态美学——一种具有中国特色的当代美学观念》，《中国文化研究》2005年冬之卷。

顾及后代的长远栖息繁衍。因此，生态美学是希望人、社会、自然三者达到动态平衡、和谐一致、可持续发展的存在论美学观。

二　生态美学是真善美的统一

康德是第一个将"本体论"引入美学的。他认为，不仅要探索此岸世界中的"真"，而且还要追求彼岸世界中的"善"。美成为沟通真与善、认识与存在、此岸与彼岸的无目的的合目的性形式，最后使美成为"道德的象征"。也就是说，在康德看来，美是一种既合规律、又合目的的"存在方式"。

生态美学作为一种存在论美学观，有着更强烈的现实关怀，更加无可争议地将合规律性和合目的性都融入其中。袁鼎生对生态美的内容进行归纳时，就认为生态美的内容包含真态、善态和真善统一态。[①] 也就是说，西方哲学原本将真、善、美割裂开来，分别放入知识论、伦理学和美学三个学科领域，而生态美却将这三者重新融合，使生态规律（真）、生态伦理（善）和生态美（美）三位一体。

程相占的观点也与此相仿。他认为，"生态审美是相对于此前的非生态审美而言的，它是为了回应全球性生态危机、以生态伦理学为基础、借助于生态知识引发想象并激发情感、旨在克服人类审美偏好的新型审美方式与审美观"[②]。仔细分析此观点，我们可以看出几个要点：

其一，生态审美是以生态伦理学为基础。这是说，生态审美关注整体，与中国传统"民胞物与"思想相统一，认为"自然界万事万物，无论是动物、植物等有生命的物体，乃至于山脉、大河、岩石等无生命的物体，统统具有自身的内在价值，包括自身内在的审美价值"，都值得关爱和保护，这就表现出生态美学"善"的一面，也就是合目的性，而这个目的，就是"人—社会—自然"的和谐一致。

其二，生态审美不仅是感性的外在审美，还要借助生态知识，追求内在理性之美，这就是"真"的一面，要求我们认识生态规律，进而"以人合天"，精心照料天地万物，在保护生物多样性和生态平衡的基础上，

[①] 袁鼎生：《生态美的系统生成》，《文艺评论》2006年第2期。
[②] 程相占、[美]阿诺德·伯林特、[美]保罗·戈比斯特、王昕皓：《生态美学与生态评估及规划》，河南人民出版社2013年版，第74页。

获得人类的诗意栖居。

其三，生态审美摈弃主客两分的传统审美模式，代之以人与世界融合为一的"审美交融"模式，正所谓物我两忘，毫无隔阂，于是身心得以自由。这对生态美学的审美方式做了一个很有见地的补充。

所以，我们可以这样说，生态美学体现出了生态的整体价值，即真、善、美的统一。真，是合规律性，其最重要的规律，就是生态规律，我将之归结为"道法自然"。善，是合目的性，即合乎生态伦理，兼顾人类利益，我将之归结为"天人合一"。美，是合形式规律性，比如在城市规划中结合自然，提倡"审美融合"，在真、善的基础上，实现人的感官感受的和谐与愉悦。

三　生态美学是一种功能主义美学观

生态美学从诞生之日起，就体现出积极的现实意义。据目前资料来看，中国最早以生态美学为题的论文是李欣复的《论生态美学》，在该文中，作者敏锐地指出，生态美学必须树立"生态平衡是最高价值的美"、"自然万物的和谐协调发展"与"建设新的生态文明事业"等三大美学观念，以及"道法自然"、"返璞归真"与"适度节制"等三大原则方法。[①] 可见，生态美学学科建立的目的，是直接用以指导生态文明建设，建设一个人与自然、社会和谐发展，人与其他生命共享的美好物质家园和精神家园。

我们经常听到一种论调，认为环境污染、生态破坏，都是因为工业和科技的发展，主张抛弃技术，回归自然，重返现代化之前的时代。实际上，历史发展进程不可能颠倒，我们唯有痛定思痛，从工业文明走向生态文明，"在经济上以信息产业作为其标志，以知识集成作为其特色，实际上是一种后工业经济，而在文化精神上则是对科技理性主导的一种超越、走向综合平衡和谐协调的生态精神时代"[②]，才是正确的选择。

因此，许多学者将生态美学融入景观设计、城市规划、风景资源管理之中，进行了极为有益的探索。

[①] 李欣复：《论生态美学》，《南京社会科学》1994 年第 12 期。
[②] 曾繁仁：《生态美学：后现代语境下崭新的生态存在论美学观》，《陕西师范大学学报》2002 年第 3 期。

伊恩·伦诺克斯·麦克哈格在20世纪70年代出版《设计结合自然》，率先将生态学引入规划设计之中，此后蔚然成风。总之，在城市建设中，要进行积极主动的理性审美，运用生态学知识，对环境进行审美判断，运用理性的眼光，超越感官的、静止的审美习惯。

也有研究者从生态美学的角度来研究生态与艺术（大地艺术、音乐等）的关系，由德国艺术家赫尔曼·普瑞格恩策划出版的《生态美学：环境设计中的艺术理论及应用》一书便是这方面的代表。书中收录许多生态艺术和大地艺术作品，并从理论上予以阐发，对生态美学的建设和发展也提出了许多宝贵的意见。书中特别提到德国艺术家将一处废弃的煤矿改建为景观公园的例子，对我们具有很大的启发意义。

总体而言，生态美学以生态伦理学为基础，以生态系统为整体，遵循生态规则，倡导整个生态系统共生共存的和谐状态，关注人类的生存环境和生存状态。所以，生态美学包括人与自然、人与社会、人与自身三重生态审美关系，是一种符合生态规律的存在论美学观，其外在表现不仅仅是传统的美的形式的塑造，而更多的是对其生态效益和审美成本进行运算和比较，旨在改善现代生活方式，提高人们生活质量，呼唤以"诗意的栖居"代替"技术的栖居"，实现审美化生存境界。

在本书中，我将集中笔力，对杭州城湖共生模式进行生态美学解读和评估，看杭州城市发展如何与西湖景观相辅相成，如何实现审美效益和生态效益的高度统一，以求为其他城市的生态文明建设提供借鉴。同时，我也将探讨人类的精神生态危机以及生态美的抚慰作用。

第一章
生态美学视野里的杭州城湖共生模式

第一节 杭州西湖文化景观的构成

杭州西湖文化景观整体格局内容包括：一是由苏堤、白堤和小瀛洲、湖心亭、阮公墩共同组成"两堤三岛"景观格局，于公元9—19世纪逐渐形成；二是由西湖水域与环湖的南山与北山峰峦系列、西湖东侧的城市沿湖景观共同组成的城湖空间关系——"三面云山一面城"，成形于公元12世纪，维系至今，其美景，呈现为湖、山之胜，又兼有溪、泉、洞之幽，以及园林之雅。

（一）湖

从高空俯瞰，可见西湖整体轮廓近似椭圆形。"周绕三十里，三面环山，溪谷缕注，下有渊泉百道，潴而为湖。"[①] 西湖的湖面东至湖滨路，南到南屏山、夕照山、九曜山，西到玉岑山、吉庆山、丁家山、三台山，北濒栖霞岭、葛岭和宝石山，面积559.30公顷（见表1—1）。

表1—1

湖面名称	位置	面积（m²）	容积（m³）	平均水深（m）
外西湖	东到湖滨路，西至苏堤，南到南山路，北至白堤	4399225	9066288.75	2.06
西里湖	苏堤以西湖面	726350	1239147.5	1.71
北里湖	东起断桥，西到西泠桥，南接孤山，北到北山街	314050	490047.5	1.56

---

① （明）田汝成：《西湖游览志》，东方出版社2012年版，第1页。

续表

湖面名称	位置	面积（m²）	容积（m³）	平均水深（m）
岳湖	岳庙以南，苏堤以西曲院风荷公园内	64125	70535	1.10
小南湖	南山路以北，苏堤以西花港观鱼公园内	89275	133537.5	1.50
合计		5593025	10999556.25	1.97

（二）山

西湖周围群山是因地质构造运动形成的古潟湖周边的褶皱山，峰峦层叠起伏，自然风光秀美。自秦汉时期（公元前3世纪）至清代（公元19世纪）的两千余年间，伴随着西湖东岸的人类聚居和城市发展，西湖周边的群山也逐渐受到开发，成为文人名士的游赏、居住地和佛、儒、道等文化和宗教活动的开展地，西湖群山具有了丰厚的文化底蕴，成为西湖文化景观重要的组成要素。根据西湖上的景观视域所及范围，涉及的西湖群山总分布面积近300多公顷。

西湖群山大抵可分南山与北山，据田汝成的《西湖游览志》中记载："西湖诸山之脉，皆宗天目。天目西去府治一百七十里，高三千九百丈，周广五百五十里，蜿蟺东来，凌深拔峭，舒冈布麓，若翔若舞，萃于钱唐，而崷萃于天竺。从此而南而东，则为龙井，为大慈，为玉岑，为积庆，为南屏，为龙，为凤，为吴，皆谓之南山；从此而北而东，则为灵隐，为仙姑，为履泰，为宝云，为巨石，皆谓之北山。"[1] 而北山、南山又以湖西侧的最高峰天竺山为界。

根据山势高低，群山又可分成四个层次：第一层次主要由沿湖的孤山、丁家山和夕照山构成，海拔高度均在50m以下；第二层次主要由海拔高度在50m至150m左右的山体构成；第三层次主要由海拔高度在150m至250m间的山体构成；第四层次由西湖群山的外圈山峰构成，包括北高峰、龙门山、天竺山、琅珰岭、五云山、百子尖、理安山、大人峰、月轮山等，海拔高度多在250米至400米。[2] 伫立西湖东岸，翘首西

---

[1] （明）田汝成：《西湖游览志》，东方出版社2012年版，第1页。
[2] 中华人民共和国国家文物局：《西湖文化景观申遗文本》。

望，可见西湖如镜，山峰层叠绵延，由近及远，山色由深变浅，富有韵律之感。

湖西群山的第四层次，属于高丘陵地形，其岩性坚硬，不易为风化所侵蚀，所以峰峦挺秀，加上山上绿树遮覆，能储存雨水，山底遂有细水长流，溪涧纵横，大者有金沙涧、龙泓涧、赤山溪、长桥溪、九溪等，既为西湖补充水源，也使西湖景观因水而灵动多姿。

海拔较低的内三层属低丘陵地形，山体多为向斜山地，易受水流溶蚀，天然溶洞较多，最有名者为烟霞三洞，即石屋洞、水乐洞、烟霞洞，都在南高峰下烟霞岭上。高濂笔下的水乐洞是"山泉别流，从洞隙滴滴，声韵金石。且泉味清甘，更得雨后泉多，音之清泠，真胜乐奏矣"。李流芳笔下的烟霞洞是"林壑窈窕，非复人境，李花时尤奇，真琼林瑶岛也"。史鉴《记石屋洞之游》写得十分美妙。

  洞在山麓，前临平地，约高三丈余。深如高，而阔倍之。爽垲明彻，可容数十人坐。洞口奇石倒悬，危欲下坠。下突起一石，向之连比昵接，俨然若二故人附耳语也。洞底若螺壳新蜕，旋转深入，愈下愈小，窥之甚黑，莫测其浅深。西南有小穴上出，漏光纳明，遥望见青天如紫云中悬一碧玉盘耳。……转而上山，有二洞相望，东曰天然，西曰隐身。天然则上平下坦，如怒猊张吻，哆然未收，俯首乃可入。隐身一名蝙蝠，直石罅耳。[①]

群山中又多生泉眼，如玉泉、虎跑泉、白沙泉、六一泉、冷泉、龙井，都空幽动人心。

（三）园林

据史料记载，早在秦汉时期，宫苑即已兴盛。秦皇汉武曾大规模造园。不过，早期北方园林的基本特征是以"模山"为主，且多属皇家园林。从魏晋开始，士人园林勃兴。江南山水成为人们建造园林时模范的主要对象，如南朝时刘缅在南京钟岭之南筑园，"以为栖息，聚石蓄水。朝士雅集者，多从之游"[②]。晋人戴颙隐居吴下，与吴下士人"共

[①]（明）张岱：《西湖梦寻》，中华书局 2011 年版，第 57 页。
[②]《六朝事迹编类》卷 2《形势门·钟阜》。

为筑室，聚石引水，植林开涧，少时繁密，有若自然"①。在这两条涉及江南园林建造的文献资料中，分别使用了"聚石蓄水"和"聚石引水"的说法，这表明随着模范对象的改变，园林涉及的风格也发生了很大变化。

而杭州园林发源较晚，始于东晋南朝。当时北方军阀割据，战乱不休，中原政权南移，使南方经济文化得以迅速发展。地处钱塘江下游的钱唐县（杭州前身）也从中受益，成为重要县城，园林开始萌芽。但正如田汝成在《西湖游览志·西湖总叙》中所说："六朝以前，史籍莫考，虽《水经注》有明圣之号，天竺有灵运之亭，飞来有慧理之塔，孤山有天嘉之桧，然华艳之迹，题咏之篇，寥落莫睹。逮于中唐，而经理渐著。"②所以，有史料可考的杭州园林，是从唐朝开始。

杭州作为江、海、湖、河俱全的江南山水名城，所造的园林，自然也因地制宜，呈现出更为温润、洁雅、灵秀的风格。杭州西湖景观凭借其独特的自然环境与空间格局，经过千年治理，西湖被孤山、白堤、苏堤划分成外西湖、北里湖、西里湖、岳湖、小南湖五个水面，各湖水体通过桥洞相互沟通，形成"湖中有湖"的格局，加上堤、岛、桥、涵、塔、寺、园林等景观构筑的重要景观要素，整体形成了一个山水园林。同时，它将西湖群山纳入其中。随着城市发展，西湖景观渐渐融入杭州城市结构之中，相依相存，形成有机的城市肌理。

第二节 杭州城湖关系的历史演变

苏东坡曾说："杭州之有西湖，如人之有眉目。"形象地说出了杭州城湖关系。本书中的"西湖"，并不单指一个湖泊，而是指"杭州西湖文化景观"（下文简称"西湖景观"），位于杭州市城市中心区以西地带，南起钱塘江，北至老和山，西达狮子笼，东止伍公山，分布于杭州城市西部的西湖及其周边群山共43.3km² 的范围，共计4235.76公顷，由西湖自然山水、景观整体格局、系列题名景观"西湖十景"、10处相关重要历史文化遗存和240公顷的西湖龙井茶园共5种类型的景观要素

---

① 《宋书》卷93《列传·隐逸》。
② （明）田汝成：《西湖游览志》，东方出版社2012年版，第1页。

组成。

同时，西湖景观的缓冲区范围以现行的风景名胜区外围保护地带为基础，针对城市发展的压力向东和东北方向扩大928公顷，直抵明代杭城东界贴沙河；针对管理操作的可行性将南界调整至钱塘江北岸线。

杭州城湖空间格局一直在变化，大抵经过了从疏离到比邻再到相融的过程。

1. 湖西城东时期

公元587年，杭州正式设钱唐郡，辖区范围包括富阳、於潜、新城、钱塘四县。隋开皇九年，大臣杨素调集民工，在临近钱塘江的柳浦西（今凤凰山东麓）建筑州城，周围36里90步，城门十二座，东部至盐桥河以西，东部接近西湖，南部与钱塘江之间则是大片沼泽与水系。建成之后，州治由余杭迁至此处，城湖格局为"东城、西湖"，城池依山面水，算得上是山林城市，体现出中国传统城市格局的山水美学。因唐代诗风鼎盛，名诗人如宋之问、李白、白居易对西湖多有题咏，遂使西湖风景扬名四海，而杭州城也以山水名城声名鹊起。

2. 三面云山一面城

五代十国时期，吴越国定都于此，市场活跃，万商云集。钱镠三次扩建城池，形成一个与众不同的"腰鼓形城"，并将城市延伸到了湖滨，至此杭州城市与西湖在空间上开始融合，形成"三面云山一面城"的格局。到吴越时期，城市逐渐由山地扩展到平地。钱镠自月轮山起至艮山门沿钱塘江筑捍海塘，对西湖也进行专门治理，城市里水系四通八达，成为典型的水乡城市。

到了北宋，苏东坡任杭州知府时，大力疏浚西湖，取封泥筑堤，建成苏堤沟通南北，对西湖园林建设贡献不小，也使城湖的结合日益密切。到了南宋定都于此，杭州人口急剧增加，遂成全国政治、经济、文化中心。西湖既有湖山之美，西湖十景命题相继形成，不仅使杭州的官员富商流连于此，也吸引外地游客前来玩赏。为了适应闲暇娱乐、旅游需要，杭州沿湖沿山大力建设旅游景点。

《武林旧事》记载，南山路景点最为密集，自丰乐楼至暗门、钱湖门，到赤山、烟霞山、石屋山，沿线景点169处。[①] 其中丰乐楼"宏丽为

---

① （宋）周密：《武林旧事》，中华书局2007年版，第123页。

湖山冠"，赵汝愚写《柳梢青》云："水月光中，烟霞影里，涌出楼台。空中笙箫，云间笑语，人在蓬莱。天香暗逐风回。正十月，荷花盛开。买个小舟，山南游遍，山北归来。"实在是风流畅快之至。此时，皇室贵族与富商大贾争相大兴土木、营造园林，使西湖与杭州城愈加唇齿相依。

  元朝时杭州虽从都城降到行中书省城，但依然保持了其兴旺与美丽。马可·波罗到达杭州，认为"人处其中，自信为置身天堂"。元末，杭州开始衰落，尤其是元军反扑占领杭州的红巾军时，"举火焚城，残荡殆尽"。后张士诚割据浙西五郡，重筑杭州城，城周35里，后被朱元璋夺取，到明万历年间又成为民荫繁庶、物产富饶的繁华都市，而城湖关系愈加紧密。

  由此可见，西湖景观半是天然，半是人工，是时时都在演进的。对于杭州而言，西湖的身份和作用，随着城市发展，也悄然发生着变化。而每次变化，都让西湖和城市愈加接近。如果稍加总结，可以知道，在历史的演进中，西湖前后扮演了五个身份（如图1—1所示）。

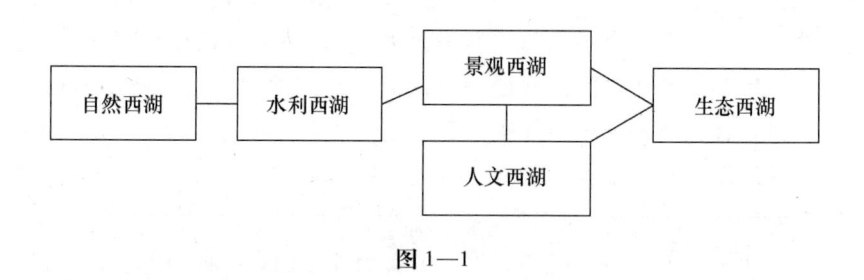

自然西湖 → 水利西湖 → 景观西湖 / 人文西湖 → 生态西湖

图1—1

1. 自然西湖

  自西湖形成之日起，其自然山水就以秀媚而著称。群山逶迤起伏，呈马蹄形，环布于西湖南、西、北三面，层叠而舒展，天际线柔和而温婉。群山环抱中，一镜西湖明亮动人，映着山色、树影、天光、云迹，让人惊叹其天然纯净之美。

2. 水利西湖

  苏轼曾说："西湖之利，上自运河，下及民田，亿万生聚，饮食所资，非止为游观之美。"① 隋朝以后，废钱唐郡，置杭州，州治东进，坐落于凤凰山下，加上运河开通，杭州一跃而成繁华都市，生齿日繁，杭州本是东海故地，井水河水都咸涩不堪饮用，水源供给不足。唐建中二年，李泌在城中引西湖水，修建六井，"然后民足于水，邑日富，百万生聚待此而后食"②。白居易认识到，"凡放水溉田，每减一寸，可溉十五余顷；每一复时，可溉五十余顷"③，于是筑堤修湖，增加蓄水量，以供旱时的农田灌溉。苏东坡紧随其后，挖掘湖泥，除去葑草，又将淤泥和葑草堆筑起一道南北贯通的长堤，堤上建六座石拱桥，将西湖的实用美、技术美融入景观美。

3. 景观西湖

白居易一面修筑堤坝，一面也修建景观。明人张岱在《西湖梦寻》中写道："白乐天守杭州，政平讼简。贫民有犯法者，于西湖种树几株；富民有赎罪者，令于西湖开葑田数亩。历任多年，湖葑尽拓，树木成荫，""倚窗南望，沙际水明，常见浴凫数百出没波心，此景幽绝。"④ 随后，经过历代的造景，西湖"两堤三岛"（白堤、苏堤和小瀛洲、湖心亭、阮公墩）的景观格局形成。而成于南宋的"西湖十景"，则是西湖人文山水景观的集中体现，呈现了诗、画、景综合艺术特征的完美统一，形成了东方视觉艺术传统审美情趣"诗情画意"，也是中国文化史上颇具规模与代表性的精神栖居地。

4. 文化西湖

西湖景观中现存的一系列历史文化遗存，包含了摩崖造像、佛教建筑、祠墓建筑、藏书建筑和西湖龙井茶等多种类型，见证了13—14世纪两个高度发达的亚洲文明——草原文明的蒙元文化与农耕文明的赵宋文化在中国东部江南地区的碰撞；见证了中国历史上的唐宋佛教禅宗文化、血缘社会传统忠孝文化、传统文人士夫的隐逸文化、中国江南传统的藏书文化以及唐宋时期茶禅文化的发展过程。

5. 生态西湖

在生态城市建设中，人们充分认识到，绿色空间有利于人和自然之间

---

① （宋）苏轼：《东坡全集》卷五七《申三省起请开湖六条状》。
② 同上。
③ （唐）白居易：《白氏长庆集》卷六八《钱塘湖石记》。
④ （明）张岱：《西湖梦寻》，中华书局2011年版，第18页。

的生态平衡和精神交流，因此，保留、扩大和维护绿色空间，使人与自然关系和谐，已成为城市建设、生态保护、可持续发展的重要课题。西湖景观原本就是一个山水园林，其中又包含了众多小园林。它对于杭州这个城市而言，也是一个绿色空间，对于生态平衡、环境保护、提升城市美学价值，都起到了非常重要的作用。因此，西湖虽然失去灌溉和饮水的功能，但却保留了优化城市生态环境、提供人与自然接触交流的机会的作用。因此，"生态西湖"的名称实至名归。

首先，生态西湖体现在西湖景观的生态调节功能。西湖景观对于城市水源、生态调节方面发挥着巨大作用，是人们在此历代栖息生活的保障。在持续至今的西湖疏浚过程中，西湖水域的城市功能从农业灌溉、城市用水演化为生态功能和观赏功能，体现了人类聚居地选址、开发与自然生态环境相结合的科学性，展现中国追求人与自然高度和谐的价值传统。[1]

其次，生态西湖体现在景观的自然生态美。西湖群山不高，连绵起伏，在西湖映照之下，线条优美，其山水的空间尺度给人以舒适、亲切的感受，可望，可游，具有天生自然的精致和细腻，通过文人诗画对其自然生态美的挖掘和提炼，柔美和谐的印象已深入人心。

再次，生态西湖体现在西湖景观人文生态美。西湖景观半是天然，半是人工，是一个典型的山水园林，其设计规划，主要受中国山水美学影响，在景观设计和观赏中，通过"情景交融"、"天人合一"的方式追求"修心养性"、"畅情山水"的精神价值，通过"景以境出"、"意在景先"的方式，追求"诗情画意"与"天然图画"的审美特性。

从城湖关系上看，历史上的杭州城，与湖山形成了唇齿相依的亲密关系，人与西湖景观也形成了和谐相融的亲密关系，呈现出人与自然之间独特的整体感和亲和感。宋代著名山水画家郭熙在《林泉高致》中写道：

> 君子之所以爱夫山水者，其旨安在？丘园，养素所常处也；泉石，啸傲所常乐也；渔樵，隐逸所常适也；猿鹤，飞鸣所常亲也；尘嚣缰锁，此人情所常厌也；烟霞仙圣，此人情所常愿而不得见也。……然则，林泉之志，烟霞之侣，梦寐在焉，耳目断绝。今得妙手，郁然出之，不下堂筵，坐穷泉壑，猿声鸟啼依约在耳，山光水色

---

[1] 中华人民共和国国家文物局：《西湖文化景观申遗文本》。

混漾夺目，斯岂不快人意，实获我心哉？此世之所以贵夫画山之本意也。①

这段话说的虽是山水画的宗旨，恰好也说出了山水对心灵的重要性。钱学森早在1990年就已提出："能不能把中国的山水诗词、中国古典园林建筑和中国的山水画融合在一起，创造'山水城市'的概念。"② 其目的是："让人们舒畅地休息，感到愉快，在精神上受到鼓舞。"③

这也正符合杭州历来建城的理念。所以，杭州城中人与自然的关系，不仅表现于城湖关系，还表现在城市的规划当中。

南宋时，杭州城南依凤凰山，北接宝石山，在西湖与钱塘江之间的狭长地域内发展起来。在江和湖之间，有多条水道东西向穿越城市，与纵贯城市的南北向河道一同构成网格状的城内水系。发达的运河系统自城北分散为诸多河道，如毛细血管一般，渗透到城市各个部分，支撑着良好的生态系统和社会经济活动。经过多年经营，城内水系和街巷系统融为一体，形成水陆一体、纵横通畅的城市交通网络。

> 杭州城的水系格局一直保存了整体骨架的完整性和连续性，体现了传统城市与水脉相依存的景观特质。城内桥梁众多，河系通连，水系与道路相辅相成，构成老杭州河道纵横交错的城市水网，保证了城内外的航运畅通与物资供应，也显示出江南水乡城市的风貌。④

可见，在杭州建城史中，渗透着中国山水美学思想，把中国的山水诗词、中国古典园林建筑和中国的山水画融合在一起，营造和谐、自然、合理的城市自然环境，处理好天、地、人的关系，使杭州成为中国城市山水美学营造的典型，为后世所称道。

---

① （宋）郭熙：《林泉高致》，中州古籍出版社2013年版，第71页。
② 钱学森：《1990年7月31日致吴良镛》，见《钱学森论山水城市》，中国建筑工业出版社2010年版，第43页。
③ 钱学森：《钱学森论山水城市》，中国建筑工业出版社2010年版，第43页。
④ 阳作军：《趋同与重塑：杭州城市景观的历史演变与规划引领策略》，中国建筑工业出版社2014年版，第50页。

第三节 杭州城湖共生模式的形成

据竺可桢先生的考证，12000年以前，杭州冲积平原尚处于一片汪洋之中，西湖不过是钱塘江江口左边的一个海湾，南面的吴山和北面的宝石山形成两岬对峙，奔腾的钱塘江到了入海口，随江潮裹挟而来的泥沙逐渐在湾口沉积，形成了一个天然的"潟湖"，即为现今西湖的雏形。他的观点是："西湖的地形，南西北三面均为山所围绕，唯有东面是一个冲积平原，浙江省城就在这个冲积平原之上，所有泥土，统是钱塘江带下的沉淀积成。"① 1977年，地质工作者注品先等人在西湖湖滨做了两个钻孔，对岩样的微体古生物分析后，认为在距今2500年前，随着钱塘江沙坎发育，西湖完全封闭，水体逐渐淡化，形成现代的西湖。此后，自西湖而东的今杭州市区一带渐渐成陆。

公元前222年，秦始皇统一六国之后推行郡县制，设钱唐县，隶属会稽郡，据《水经·浙江水注》载："浙江又东迳灵隐山，山在四山之中……山下有钱唐故县，浙江迳其南。"又刘道真《钱唐记》中说："昔一境逼近江流，县在灵隐山下，至今基址犹在。"虽然当时的县治究竟在何处目前尚无定论，但可以明确的是它必定位于灵隐一带的群山之中，距当时的钱塘江并不遥远，这与古代杭州城区的地理位置相差很大，也就是说在秦至隋的近1000年间，人类活动主要集中于今西湖以西以南的山区，其间随着冲积平原在自然力的作用下逐渐形成，城市聚落才较为缓慢地向东推进，所以北宋苏轼说"凡今州之平陆，皆江之故地"②。在这一时期，虽然西湖逐渐由一个"潮上则湖没，潮下则湖见"的特殊潟湖，发育形成为淡水湖泊③，但钱唐却始终为一个无足轻重的山中小县，人口规模至多不过3万人④，水资源相对充裕，因此城湖之间并无依存关系。

杭州脱离它的山中小县的地位而逐渐成为东南都会城市，始于隋开皇

---

① 竺可桢：《杭州西湖生成的原因》，《科学》1921年第6卷第4期·现代。
② （宋）苏轼：《钱塘六井记》，《东坡全集》卷31。
③ 王宗涛等：《西湖的成因、发育及年龄》，《杭州历史丛编之一》，浙江人民出版社1992年版，第226页。
④ 《汉书》卷28，《地理志第八上》。

十一年迁治州县于柳浦西,即今城东南的贴沙河①,此后在浦西的凤凰山麓肇建新城。隋炀帝时江南运河贯通,杭州作为粮漕输运的起点,具备了成为东南地区商业中心的条件。②

至初唐时杭州已日臻繁荣,《乾道临安志》中记载贞观中杭州户口达11万户③;推进至唐中叶,由于运河漕运的需要,以及人口的进一步增多,城市聚落自凤凰山麓延伸至钱塘江边平原之地,并以盐桥运河为南北轴形成城市中心。但受江潮影响,"水皆咸苦不中饮"④,水资源的匮乏成为限制城市持续发展的瓶颈。

于是,到了唐兴元年间,刺史李泌在今涌金门、钱塘门之间"分水口六,导西湖水入城,潴而为六井"⑤,依赖西湖水源解决了城区居民的饮用水问题,自此杭州一跃而为"川泽沃衍,有海陆之饶,珍异所聚,故商贾并凑"⑥的重要商业城市。杭州城从西部山间移到东部冲积平原,并沿运河南北拓展和扩张,在此过程中,西湖水源的开发利用是最为关键的前提条件,从南宋杭州城区人口顶峰时的数据来看,开发完备的西湖足以供给将近百万人口所需的水源量,这样至少从表面上看,人水矛盾暂时得到了解决。

此时,西湖对于杭州城的作用,是饮水的来源。

李泌在凿井的同时,还疏通了西湖和钱塘江间的通路,使江水可以自由流动。由于钱江潮水涨落不断,使西湖水位高低变化很大。加上维护不力,西湖日渐淤塞,湖水逐渐干涸,进而导致周边农田无水灌溉,苦于干旱。唐长庆二年(822),白居易整治西湖,灌溉沿岸的良田,故有"放水溉田,每减一寸,可溉十五余顷"⑦之说。杭州因此农业发达,人口逐渐增加。

此时,西湖对于杭州城的作用,还增加了农田灌溉的功能。

---

① 《旧唐书》卷40,《地理志三·江南道条》。
② 谭其骧:《杭州城市发展之经过》,《杭州历史丛编之一》,浙江人民出版社1992年版,序言。
③ (宋)周淙:乾道《临安志》卷二。
④ (宋)苏轼:《钱塘六井记》,《东坡全集》卷31。
⑤ 《宋史》卷97,《河渠志七·江南诸水下》。
⑥ 《隋书》卷31,《地理志下·林邑郡》。
⑦ (唐)白居易:《白氏长庆集》卷六八《钱塘湖石记》。

因为西湖景致迷人，让白居易、苏轼等大诗人流连忘返，写诗作赋，使西湖美名远播。而杭州人更加注重此湖，精心雕琢，运用诗、画、景三者结合的设计手法，以"天人合一"思想为导向，注入了中国文人独特的山水审美情趣，使整个西湖文化景观成为自然山水与人文积淀交融渗透。我们徜徉在西湖山水之间，清新秀丽的风景和浓郁的历史文化气息，都足以令人沉醉。明初杨孟瑛历时152天疏浚西湖，形成"一湖映双塔"、"湖中镶三岛"、"三堤凌碧水"的独特景观，将自然之美与人工之美巧妙结合，令无数文人墨客流连忘返，可见此时西湖对于杭州城的作用，已扩展为自然人文景观。

至此，西湖对于杭州城的作用日益显著。所以，当西湖本身遭遇危机时，杭州城多次进行了疏浚，使西湖得以留存。

所谓葑草，即为今人俗称之茭白，植物学名为菰，为挺水植物，它有发达的地下根茎，基部节上有繁殖力很强的不定根，其茎秆基部如有真菌（黑穗菌）寄生，则可刺激组织异常增生而膨大，即为食用之佳肴——茭白。[①] 关于西湖葑草的记载，在白居易所修撰的记述西湖水利的著名文章《钱塘湖石记》中，并未有明确提出，大约到五代吴越王钱镠统治杭州时，湖葑开始成为困扰西湖的难题，直至北宋苏轼的奏折《杭州乞度牒开西湖状》中，方描绘出了葑草成灾的情状："自国初以来，（西湖）稍废不治，水涸草生，渐成葑田。熙宁中，臣通判本州，则湖之葑合，盖十二三耳。至今才十六七年之间，遂埋塞其半。父老皆言十年以来，水浅葑合，如云翳空，倏忽便满，更二十年，无西湖矣。"[②]

葑草之所以能够成为优势种群，除之复生，与古代西湖的环境条件和其自身生态特点是密不可分的。葑草是挺水植物，生长繁殖能力极强，它在湖泊、沟塘、水溪、河岸和沼泽中广泛生长，目前仍大量分布于我国东部平原的湖泊沿岸地带，如南四湖、洪湖、东太湖的生长面积均达 30km² 以上。[③] 然而葑草的生长水深必须低于 1.5m。[④] 尽管新中国成立后由于多次人工疏浚的缘故，西湖水深已达到 2m 以上，但在此之前，西湖要浅得

[①] 游修龄：《野菰的误称与雕胡的失落》，《植物杂志》2001 年第 6 期，第 42—43 页。

[②] （宋）苏轼：《杭州乞度牒开西湖状》，载《经进东坡文集事略》卷 34。

[③] 翟成凯等：《中国菰资源及其应用价值的研究》，《资源学报》2000 年第 6 期，第 22—26 页。

[④] 刘亮等：《中国植物志·第九卷·第二分册》，科学出版社 2006 年版。

多。1949年5月杭州解放时，记录的平均水深仅为0.55m①；民国时，竺可桢先生所见的西湖"在夏季时候，外湖的水平均不过4英尺深，里湖因靠近山边，所受沉淀物较外湖多，所以亦较外湖浅"②，按此平均水深亦低于1.2m，这就为菰生长提供了适宜环境，所以苏轼奏言"盖西湖水浅，茭葑壮猛，虽尽力开撩，而三二年间，人工不继，则随手葑合，与不开同"③。葑草为典型的多年生沼泽先锋植物，生物量巨大，在东太湖春季茭（葑）草群丛高度为1.2—2.1m，夏季则高达3.2—3.8m，每年会产生大量的残体堆积于湖底，其干物质残留量可高达2119g/m²，是沉水植物的4—5倍；此外，葑草的生物促淤作用也是极其明显的，能够使淤积物变得疏松，增加淤积层的深度，形成古人所谓的葑泥、葑田。而葑草一旦成为优势种群并迅速蔓延之后，不但形成生物质淤泥，还阻滞入湖沙土，大大加剧了西湖沼泽化的进程。这些严重沼泽化的特征，在不事浚湖的元代十分明显，"元时不事浚湖，沿边泥淤之处，没为茭田……湖西一带，葑草蔓合，侵塞湖面，如野陂然"④。

按苏轼的估计，从熙宁到元祐的17年间，当时葑草的占湖面积从12.5%猛增到50%。按照上述古今文献中的葑草蔓延趋势，可以大致推算，如果不实施疏浚工程，大约50年左右西湖就将完全堙塞。

葑草蔓延而导致的西湖沼泽化问题，严重威胁到了杭州的水源供给，使得人水矛盾再一次升级，从此以后，以人类与葑草的斗争为核心，"疏浚—堙塞—疏浚"的故事在西湖的千年历史上反复轮回，城湖关系进入了一个相互作用、相互影响、共存共荣的阶段。

公元822—978年，即唐长庆二年白居易刺史杭州到宋太平兴国初年钱氏纳土归宋，可称为第一个轮回。

白居易之治湖，其主要工程内容不过是"修筑湖堤，加高数尺"，目的在于"唯留一湖水，与汝救荒年"⑤，此时并无葑草难题出现，至五代

---

① 杭州西湖水域管理处：《西湖水环境综合保护工程效益评价及管理对策》，2006年，内部资料。
② 竺可桢：《杭州西湖生成的原因》，《科学》1921年第4期。
③ （宋）苏轼：《杭州乞度牒开西湖状》，载《经进东坡文集事略》卷34。
④ （清）沈翼机等纂：《浙江通志》卷五十二《水利一·钱塘县》"两湖条"，乾隆元年重修本，1967年8月台一版。
⑤ 《西湖志》，卷3。

时由于"岁久不修"以致"湖葑蔓敝",钱氏立国之后,东南的民力和财力积聚于杭,得以展开大规模的水利工程,为保障城市水源,"置撩湖兵士千人,专一开浚",为保证运河通航,"疏涌金池,引西湖水以入运河"[①]。在这一时期,西湖之所以埋塞,是葑草自然生长而人类不加以丝毫干预和改造的必然结果,而当杭州成为吴越国都而凸现其重要性时,西湖疏浚工程便呈现出规模和强度较大、持续时间较长的显著特点。

公元979—1090年,即宋太平兴国四年至元祐五年期间,为第二个轮回。

宋初废撩湖兵士,湖复不治,先后担任杭州地方行政长官的王济、王钦若、郑戬、沈遘、陈襄等人,或疏浚或引水,规模不大,收效甚微[②];直至苏轼知杭州时,为解决城市日益缺水的燃眉之急,奏请以中央和地方相结合的方式募集资金,发动杭州百姓"疏通运河,修复六井,尽除西湖葑草,取葑田积湖中为长堤"[③]。在这一时期,西湖埋塞的原因是人类对葑草的生长虽然有所控制,但规模和强度过小,不足以遏制其蔓延速度,只有到了苏轼治湖时,才得以在短时间内集中人力、物力实行全面清淤。

公元1091—1275年,即元祐六年苏轼治湖完工后至南宋灭亡之年,是为西湖历史上一特殊时期。

在此期间,杭州成为了南宋都城,西湖水源地的保护问题受到南宋政权的极大重视,疏浚的频次和强度一直维持在较高的水平,并且还设置常备治湖军兵百余人,赋予监督权和行政执法权,专门开湖撩湖并负责湖面管理。这一时期,由于人类对西湖沼泽化过程的持久而有效的反向干预,使得近两百年中"湖无壅塞之患"。

公元1275—1508年和公元1509—1729年,即元初至明正德时杨孟瑛治湖,和其后到清代雍正时李卫治湖,此为第三、第四个轮回。

元代由于治湖者无人,湖遂废;明初时西湖已渐成了纳税的平田,一直到正德初年,才由郡守杨孟瑛力排众议,"发帑藏、役人夫、毁田荡、

---

① 《宋史·河渠志·江南诸水下》

② 《西湖志》卷3。

③ (宋)苏轼:《申三省请开湖六条状》,载《苏轼文选》卷三十。

除额税，始复西湖唐宋之旧观"①；明清之际天下丧乱，西湖不治，至雍正时浙江巡抚李卫历时两年，动用国库银近四万两，古代西湖的最后一次大规模疏浚才得以完工。② 这两个轮回中，西湖都是因为国家动乱无人治理而堙塞，又同样各以一次规模及强度较大的疏浚工程来解决难题。

自清朝同治以后，由于国际局势不稳，国内乱事不绝，国力日渐衰落，西湖长期得不到治理。到了民国初年，西湖淤泥沉积，荒草丛生，里湖一带全是芦苇，行船需要用竹竿标出航道，才能通行。同时，杨公堤以西被周边农民和豪族占为农田，西湖日渐缩小。抗战时期，杭州被日军占领，西湖游客稀少，民生艰难，市民纷纷涌上西湖边的群山上砍柴挖根，造成植被破坏，水土大量流失，西湖日益淤塞。

新中国成立后，政府于1951年到1999年，进行了三次大规模的疏浚，运用现代化的技术，挖掘大量河泥，同时进行绿化造林，拓建公园，使西湖渐渐恢复了景观。

改革开放之后，随着城市化快速发展，杭州自古以来的"山、水、城"传统空间关系发生了若干深刻的变化：其一，以西湖为核心的风景名胜区不再毗邻城市建成区而是成为城市中心区的一部分，特别是西湖的区位更是与核心主城区交织在一起，在这一时期，西湖受到城市景观的负面影响最大；其二，原来分布在城市外围或边缘的山地水域自然景观开始成为城市空间的组成部分。

杭州传统"山水城市"格局的变化，一方面是由城市快速发展的现实需求造成；另一方面也与时代递进下中国美学思想的演变密不可分。工业化与城市化进程的不断扩张，使得当代人的审美意识、艺术经验、自由体验与审美活动发生了巨大的变化。融合了山水美学和儒家礼制的传统城市美学的价值地位不复存在，都市化进程不仅对当代美学提出了许多前所未有的新问题，同时也提供了一种与古典美学在范畴、趣味、审美理想等方面完全不同的审美对象。快速城市化进程之下，急需生态美学的普及，为当代提供一种科学的方法、观念、理论与解释构架，来整理它们在都市化进程中混乱的内在生命体验与杂乱的外在审美经验。③

---

① 《西湖志》卷3。
② 同上。
③ 阳作军：《趋同与重塑》，中国建筑工业出版社2014年版，第74—75页。

在这种情况下，杭州遵循生态主义，反思和遏制人类理性的无限膨胀，连年实施"西湖综合保护工程"，拆除、搬迁了大量住户和单位，使景区人口减少7000多人。而其中最大的手笔，就是湖西的综合保护工程。通过几年的整治，恢复了杨公堤和堤上的六桥，恢复了杨公堤以西的湖面约1000亩左右，将三台山路和龙井路以东500多民居和农居以及上百个单位迁出景区，在5km²的范围内，按照典籍中记载的明代西湖的原样，进行了景观复原，形成山水相依、自然纯朴的50多个景点，同时遍植水草，形成不同梯度的植物类群落，对西湖水质有良好的净化作用。通过综合保护，西湖水域面积已向西扩大0.9km²，独立水域由4个增加到8个，水深和水质透明度都得到了大幅增加。此举把西湖恢复到300年前天人合一、充满野趣的历史风貌。

其余如南线整合工程、新湖滨景区工程、北山路滨湖景观设计、两堤三岛修缮保护工程，使得西湖的山水园林更为精致迷人。同时，"在水域和湖岸整治中，增加亲水平台30余处，新修方便市民和游客游览的林间小路和山径100余条计200余公里，新增园林座椅上千张，残疾人通道几乎覆盖了西湖园林的每一个角落。"[①]

其实，对西湖进行整治保护，除了维护景观，促进旅游之外，更大的作用，就是供人审美，与自然亲和，进而得到心灵的自由、从容，对万物、对世界充满温暖的爱意，进而与天地精神相往来，在与自然的亲和中，感受无上乐感。

从民国开始，西湖临近市区的东南面，旅馆、别墅、住宅、饭店林立，环湖地带发展了许多工业，西湖西南面丘陵中修建了十多座休养院、疗养院，大量工业废水和生活污水直接排入湖中。

西湖水域的天然水源除了常年降雨之外，主要的补充水源在西湖群山中，汇成长桥溪、赤山涧、龙泓涧、金沙涧注入西湖。由于流域内人口的膨胀，以及现代生活方式的改变，群山中的水体被人们当作了生活生产水源，被超量采用，变成污水后又排入溪中。其中长桥溪为入湖污染最严重的溪流，它的上游分两支，分别流经玉皇山和阔石板农居点，流域内居民区和林田地混杂，环境复杂，居民众多，其流入西湖的水长期为地表水劣

---

① 张建庭：《自然与人文的对话：杭州西湖综合整治保护实录》，中国建筑工业出版社2009年版，前言第8页。

Ⅴ类水质。[①]

　　时间一久，西湖湖水中氮和磷含量不断升高，超出了本身的生态消化能力，导致藻类不断繁殖，和西湖中其他水生物争夺氧气和湖内的一些营养物质。到了1999年，西湖水体已重度富营养化，总磷、总氮等关键指标都超标，透明度非常低，远远达不到风景湖泊三类水体的要求。虽然经过屡次疏浚，尤其是1999年，采用绞吸式疏浚法，将湖泥吸走，却破坏了水底的动植物平衡，降低了湖水的自净能力，导致藻类的恶性繁殖。

　　为此，杭州开始实施西湖综合保护工程，其主要做法是：

　　(1) 环湖截污。建设环湖截污管道，使沿湖单位污水全部实行纳管。同时迁出或停产污染严重的工业企业。此外，取消部分埠头，禁止沿湖居民在西湖洗衣、淘米、倾倒垃圾，也改变了西湖环境污染严重的状况。

　　(2) 上游清源。杭州市成立西湖水域整治领导小组，展开对西湖上游四条溪流的统一整治，先后拆除溪流两侧违法建筑和点污染源，及时清理了垃圾和废物。由于长桥溪水体污染最为严重，杭州市政府实施了长桥溪水生态修复工程，建立长桥溪生态公园，将流域内的污水集中，经过污水处理系统净化，流过园区北端的初级人工湿地，经过多级跌水，再流到二级人工湿地，通过大量水生植物对水体进行生态净化，使流入西湖景区的水质得到了明显改善。

　　(3) 引水泄水。1985年，西湖引水工程即已建成，具体方法是从钱塘江闸口段江边通过水泵取水，经过复兴街、铁路货运站、鱼塘、南山公墓，穿越玉皇山、九曜山，流入太子湾公园，在花港公园注入西湖。2003年后，杭州市又开展新一轮引水工程，新设白塔岭泵站，引水量达到每天40万 m³。同时，为了盘活西湖水，在西湖圣塘闸、岳湖等几处出水口的基础上，又在湖滨一公园、五公园以及涌金广场等处新增5个出水口。西湖水通过9个出水口奔涌而出，进入浙大护校河、沿山河、西溪河、运河、中河、古新河、清水河、余杭塘河等城中河道，实现了西湖水一月一换，也改善了杭州城市的水环境。

　　此外，西湖综合保护工程实施以来，共重建、修复历史文化景点150多个。由于实施了西湖综合保护工程，再加上环湖公园景点、博物馆全部

　　[①] 陆莹：《入湖溪流对西湖富营养化的影响调查》，《环境监测管理与技术》2000年第12期。

免费开放,西湖"一湖两塔三岛三堤"重现风姿,西湖正成为国际一流的风景旅游景区。

如今,徜徉在悠然淡定的西湖山水之间,抬眼便是湖水浩淼、山峦起伏,抬头是绿树浓荫、鸟声上下,随处可见楼阁、曲桥、雕塑,一切宁静而非喧嚣,洁净而非芜杂,淡远而非世俗,平和而非浓烈,在自然和人文的陶冶之中,我们得以颐养性情,享受人生。这样,真能令"居之者忘老,寓之者忘归,游之者忘倦"①。

第四节 杭州城湖环境经济共生

如上文所述,西湖作为天然湖泊,时常遭到葑草蔓延,几乎沦为沼泽,面临消失的厄运,可谓命运多舛。幸好通过多次人工治理,清除葑草、挖掘湖泥、修理堤闸,加上植树栽花、构园建楼等造景工作,西湖至今依然水波荡漾,景色宜人。所以西湖虽是天然湖泊,却是因为杭州城而得以保存。同时,杭州城因为有了西湖,农田得以灌溉,饮水得以解决,于是人口渐多,尤其是隋朝通了运河后,愈加繁华兴盛。

如今西湖的功能不再是灌溉和饮水,但其自然与人文交融的景观,具有旅游价值和生态审美功能,成为城市发展的一张"金名片",让杭州成为宜居城市、休闲城市、生活品质之城。

而纵观杭嘉湖平原和宁绍平原上的其他湖泊,如余杭的南上湖和南下湖、嘉兴的相家湖、富阳的涌泉湖、萧山的临浦、绍兴的鉴湖、宁波的广德湖等,面积大者甚于西湖几十倍,如今都已湮没不见。陈桥驿先生分析认为,正是由于西湖作为水源地与古代杭州之间,出现了共生共荣的关系,这才使得"西湖成了这个地区在历史上众废独存的湖泊"②。

杭州城因湖而兴盛,西湖以杭州城而留存,形成城湖共生的模式,包括环境经济共生、审美生境共生。所谓环境经济共生,是指西湖疏浚后,环境更为优美,杭州经济即得以发展,人口逐渐增加,更有能力疏浚西湖;反之则西湖荒废,杭州经济也日渐萧条。所谓审美生境共生,是在工

---

① (明)文震亨:《长物志》卷1。
② 陈桥驿:《历史时期西湖的发展和变迁——关于西湖是人工湖及其何以众废独存的讨论》,《中原地理研究》1985年第2期,第1—8页。

业化进程中，生态环境恶化，并引发诸多人类心理问题的情况下提出的，人通过生态审美，与自然和谐共生，不仅有益身体，也有益心灵。

假若视"苏轼治湖"等几次强度较大的西湖疏浚及水利工程为10个单位，五代及南宋年间的若干次强度中等的工程为5个单位，其他强度更小的工程为1个单位的话，那么就可以据此得到一张古代西湖疏浚强度变化图，如图1—2所示。另外，根据表1—2中所总结的有关杭州人口的史料，还可以大致勾勒出古代杭州城市人口变化图，如图1—3所示。对比图1—2和图1—3可以发现，在吴越国至南宋末年的近300年间，疏浚工程之频率、平均强度远胜于其他历史时期，此时杭州城市人口数量也随之逐渐上升，并于南宋咸淳时达到了第1次历史高峰；而在此后元初至明中叶的200多年间，疏浚工程停顿，西湖堙废，杭州城市人口便随之急剧下降至20万人以下，此后下降速度减缓；明正德年间杨孟瑛全力浚湖后不久，杭州城市人口又有所上升，虽然其增幅与宋咸淳、清雍正年间的最大状况相去不远，但此后便逐渐回落；到清代李卫治湖后，杭州城市人口即随之猛增，达到了第2次历史高峰。这也就是说，杭州城市人口的增减，与作为城市水源地的西湖的疏浚或者堙塞有着极其明显的相关关系，即西湖得到疏浚必然使城市人口增加，而一旦堙塞则必然导致人口减少。

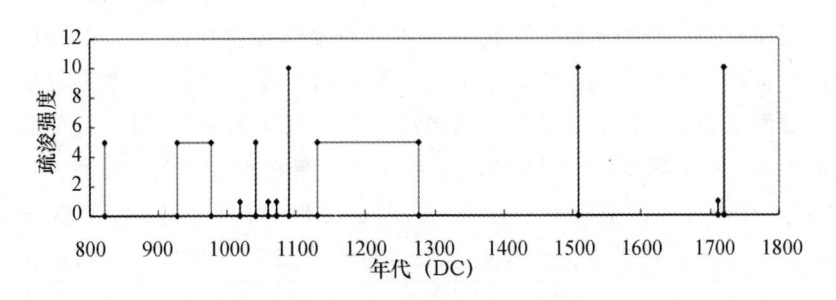

图1—2　古代西湖疏浚强度变化情况

图1—3　古代杭州人口变化趋势图

表1—2　　　　历史时期杭州人口变化的数据及数据来源

朝代	年代（公元纪年）	人口数（万人）	数据来源
唐贞观年间	850—900	11	乾道临安志
吴越国时代	926—960	20	元丰九域志
北宋元祐五年	1091	40	苏轼奏折
南宋乾道年间	1165—1173	52	乾道临安志
南宋咸淳年间	1265—1274	80	咸淳临安志
明洪武九年	1376	24	钱塘县志（清康熙年间成书）
明隆庆七年	1573	17.3	钱塘县志（清康熙年间成书）
清顺治十四年	1657	9.4	杭州府志（清乾隆年间成书）
清雍正四年	1726	10.6	杭州府志（清乾隆年间成书）
清乾隆四十九年	1784	69.2	杭州府志（清乾隆年间成书）

疏浚强度及频率与杭州人口之间的紧密关系间接反映了古代杭州对西湖水资源的依赖程度。西湖流域面积 $27.35 km^2$，汇水面积 $21.22 km^2$，多年平均径流量为 $1.46 \times 10^7 m^3$，由于降雨在年内分布极不均衡以及自然蒸发的影响，每年大约仅有70%，即 $1 \times 10^7 m^3$ 的水资源量能够为西湖所蓄存。[1] 西湖水资源量的有限性，是影响杭州城市发展的关键性因素之一。正如苏轼所言，西湖水资源对杭州城市的重要性体现在四个方面：其一，西湖是杭州饮用水源地，"百万生聚，待此而后食"；其二，西湖提供主要的灌溉水源，"若蓄泄及时，则濒河千顷，可无凶岁"；其三，西湖是运河水源，"若湖水不足，则必取足于江潮。潮之所过，泥沙浑浊，一石五斗"，必然导致河道淤积；其四，西湖是杭州酿酒业的水源，"天下酒税之盛，未有如杭者也，而水泉之用，仰给于湖"[2]。更进一步从城市用水量的角度来分析，在西湖得到严格保护，保持畅通的年代，它所能供给水资源总量约为 $1 \times 10^7 m^3$，而在杭州地区，以古代人均生活用水量为 $30L/人 \cdot 日$计[3]，可计算得所能支撑的人口数量约为 $(1 \times 10^7 m^3 \times 1000 m^3/L)/(30L/人 \cdot 日 \times 365 日) = 91.2$ 万人，在考虑到地下水以及

---

[1] 金相灿：《中国湖泊环境》，海洋出版社1995年版，第254—261页。
[2] （宋）苏轼：《杭州乞度牒开西湖状》，载《经进东坡文集事略》卷34。
[3] 《2004年中国水资源公报》公布"农村居民人均生活用水量为每日68升"，本文据此做了较为保守的估计。

雨水资源①，杭州城市人口数量上限当在 100 万人左右。由图 1—2 可以发现，清嘉庆以前杭州城市人口数量虽然起落不定，可以确证的人口数量高峰只出现在南宋后期到元代初期，达到 80 万人以上，但始终未能超出 100 万人②，这极有可能是西湖可供给的最大水资源量在起着决定性的作用。这一时期，杭州成为国家的首都，人口数量达到了西湖水资源所决定的上限，为满足市民生活需要，西湖必须保持畅通，巨大的人口压力成为了西湖在这一时期得到频繁疏浚并严格保护的主因。

另一方面，由于葑草具有强大的繁殖力，西湖一直处于沼泽化的潜在威胁之中，从南宋到元末的百余年间，水资源量并不总能维持在最高水平，人口与水资源之间时有矛盾，最为直接的反映就是杭州火灾的发生频率。在南宋初期，北方士族为躲避战乱而大量南迁，城市人口数量出现一个猛增的状况，一方面，人口密度过高，"民居屋宇高森，接栋连檐，寸尺无孔，巷陌壅塞，街道狭小，不堪其行"③，成为频繁火灾的诱因；另一方面，此时的西湖在苏轼治理之后，已逾 40 年未有大规模疏浚，可供给的水资源远不能达到最高水平，人口剧增造成人均生活用水量和人均消防用水量的显著下降，成为火灾频发的又一原因，据林正秋统计，绍兴年间的前 20 年，有历史记录的火灾高达 21 次，在其中灾情严重，被毁者达万家以上的集中在绍兴六年（1136）之前，高达 3 次，即在南宋的最初 6 年间，平均每 2 年发生 1 次特大火灾。④ 此后随着西湖疏浚强度加大，水资源量逐渐达到最高水平，火灾次数和强度也逐渐下降，从绍定元年到元军进入临安之间的 50 余年，仅有 4 次火灾被《宋史》所记载。⑤ 更为值得关注的是，在元代，杭州火灾频率对西湖水资源量的变动也相当敏感。1275 年元军攻取临安时兵不血刃，城市和平接收，人口数量并没有显著下降，此后蒙元政权对西湖却采取置之不理的态度，"弛杭州西湖禽鱼

---

① 汪·据"杭州市公用事业监管中心"编写的《杭州市区城市节约用水专业规划》，2006 年杭州市区地下水资源开采量为 $1.06 \times 10^6 m^3$，按此古代杭州地下水开采量至多仅为西湖水源量的 1/10，可以认为在古代，井水不是杭州的主要供水水源。
② 赵冈：《南宋临安人口》，《中国历史地理论丛》1992 年第 2 期，第 117—126 页。
③ 《宋史》卷 64，《五行志·火条》。
④ 林正秋：《杭州历史文化研究》，杭州出版社 1999 年版，第 109—122 页。
⑤ 《宋史》卷 64，《五行志·火条》。

禁，听民网罟"①，从未针对西湖沼泽化而开展过任何疏浚工程。元代初期的20年间，西湖沼泽化并不严重，水资源量尚未显著下降，发生火灾仅有4次，平均5年1次，频率不高，其灾情也较为轻缓，最严重的也不过"燔及七百七十余家"②；而到了元代中后期，随着西湖的全面沼泽化，火灾频率和强度都显著上升，在大德八年（1304）到至正元年（1341）的近37年间，有记载的火灾为15次，平均2.4年1次；特别是至正元年（1341）到至正三年（1343）之间，连续发生了3次毁及数万家的特大火灾。③

总而言之，在一次次"疏浚—埋塞—疏浚"的轮回背后，反映的是以下事实：西湖水源的充分开发利用，可使古代杭州突破水资源瓶颈，是城市人口增加之必然，城市可持续发展之必须；然而由于西湖葑草蔓延之恶果，使得在不实施人工干预的情况下，每50年西湖将全面沼泽化，从而导致古代杭州再次遭遇水资源难题，城市人口不得不随之调整，人口数量下降，直至20万左右的水平，杭州城市难以发展。这也就是反复出现"疏浚—埋塞—疏浚"轮回的根本原因。

至此，可对古代杭州与西湖之间的关系进行梳理，归结的城湖关系模式见图1—4。在隋代以前，杭州尚为一山中小县，人口规模不过3万，无缺水之患，此时城湖之间互不相干；隋唐之际，因运河之利，杭州渐成为东南地区重要的商业城市，人口增至10万，为突破限制城市进一步发展的水资源瓶颈，人类对西湖水源进行了初步开发，使西湖成为一个半人工湖，这一时期，城湖关系表现为杭州依赖西湖而生存；在这以后，由于西湖自身的环境特点适宜于葑草生长，在自然力的作用下，西湖逐渐沼泽化，到五代吴越国时人水矛盾再次突出，人类就开始对西湖沼泽化的自然过程施加人为的反向干预，这时，西湖逐渐成为人工湖，城湖之间的共存共荣关系出现；南宋时杭州成为都城，西湖在不断疏浚和全面保护下保持了畅通，保证了它的供水功能，此外它的景观功能也越来越受到重视，在这时杭州就达到了它的鼎盛时期，城市人口逾80万，城湖之间的共存共荣关系发展到高峰；从元代到明中叶，中央政府对西湖采取顺其自然的态

---

① 《元史·世祖纪十二》。
② 《元史·五行志》。
③ 同上。

度，很快在自然力的作用下湖葑成陆，西湖由于严重沼泽化而埋废，从而造成城市衰落，人口剧降，这一时期，共存共荣的城湖关系消失，从反面表现为西湖废而杭州衰；清代之后，特别在乾嘉年间，西湖在人类干预下得以恢复旧观，再度为杭州供给水源，随之杭州再次兴盛，获得了极大的发展，共存共荣的城湖关系重新确立。

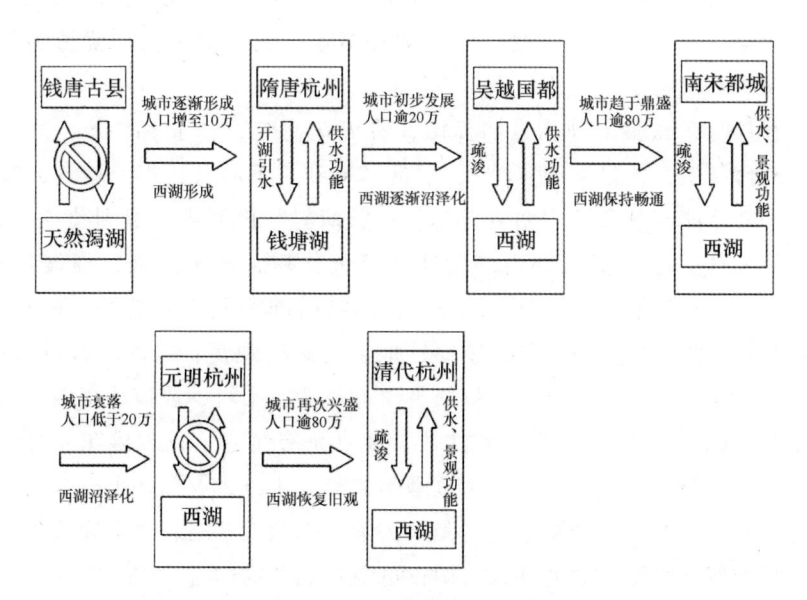

图1—4 城湖关系模式图

上述这一不断演变着的城湖关系反映的是古人从受制于自然环境，到为求生存而改造自然环境，再到为求发展而与自然规律做斗争，并最终逆转之，得以持续发展前进的长期而复杂的过程。

第五节 杭州城湖生态审美共生

杭州气候温润怡人，景致秀丽，土地肥沃，隋唐以来，经济向来发达，百姓生活富裕，市民阶层庞大，加上有秀丽湖山在侧，正所谓一方水土养一方人，杭州人心性喜好游赏山水，借此舒放身心，荡涤情怀。宋人吴自牧《梦粱录》谓"临安风俗，四时奢侈，赏观殆无虚日"，的确也是实情。

所以，西湖景观对于杭州，除了实实在在的经济价值、生态服务价值之外，还有生态审美功能。

明朝万历年间，戏曲家高濂辞去北京鸿胪寺的官职，回到杭州，仗着家境富裕，在西湖跨虹桥一侧筑了一座山满楼，安然隐居，吟诗作画，写作戏曲《玉簪记》，闲时就徜徉于湖山之间，过着神仙一般的日子。时间一久，湖山之胜烂熟于心，就乐陶陶地写了一篇《四时幽赏录》，记录杭州四季湖山特色和宜游之处，时隔400多年，我们读上去，就仿佛跟随他，在西湖神游了一番，足以悦目清心。

春日时，高濂走到临近的孤山，看梅花初绽，"玉树参差，冰花错落，琼台倚望，恍坐玄圃罗浮"，于是又想到月下时分，携一樽酒，缓缓吟赏，必然能有林和靖"暗香浮动，疏影横斜"的意趣。等到菜花一开，他就从天真高岭遥望八卦田，只见"黄金作埒，碧玉为畴，江波摇动，恍自《河洛图》中，分布阴阳爻象"，颇能引起一些空阔而神异的想象。随着春意转浓，树丛渐渐显出新绿，他在山满楼观赏，眼前"浅深青碧，色态间呈……或冉冉浮烟，或依依带雨，或丛簇山村，或掩映楼阁，或就日向荣，或临水漾碧"。等桃花绽放，他真是有慧心，发现桃花在晓烟初破时如美人新妆，明月高悬时风致幽闲如美人步月，夕阳在山时风度羞涩若美人微醉，细雨中鲜洁华滋若美人浴罢，把酒看花时若美人晚妆，花事将阑时若美人病怯，如此细致入微，可谓是桃花的知音。

夏日时也是极妙的。月夜时分，他在三生石谈禅，此时"满空孤月，露浥清辉，四野清风，树分凉影"，令人身心俱净，妙不可言，"忽听山头鹤唳，溪上云生，便欲驾我仙去，俗抱尘心，萧然冰释"，真有苏轼《后赤壁赋》的意境。雨后初晴，湖上忽见"长虹贯天，五色炽焰，影落湖波，光彩浮濯。乍骇蛟腾在渊，晃荡上下，水天交映，烁电绝流，射日蒸霞，似夺颒丸晚色"，面对此景，他不由胸中一阔，壮怀激烈，"欲共水天吞吐"。闲暇时分，他偶尔步入林峦，松枝交映，也有无限的趣味，"野花隐隐生香，而嗅味恬淡，非檀麝之香浓；山禽关关鼓舌，而清韵闲雅，非笙簧之声巧"，足见湖山之野趣。

秋天来了，他携小童，来到西泠桥边，烫一壶酒，看枫树"秋来霜红雾紫，点缀成林，影醉夕阳，鲜艳夺目"。又走到满家巷赏桂，只见"珠英琼树，香满空山，快赏幽深，恍入灵鹫金粟世界"。此时金风渐紧，秋雁过境，偶尔在湖中少歇，他就趁夜携舟，在三塔基下小驻，只见群雁

"争栖竞啄，影乱湖烟，宿水眠云，声凄夜月，基畔呖呖嚓嚓，秋声满耳，听之黯然"，虽说黯然，但与外物相融，一时也能忘情。兴致高了，他还策杖去林园访菊，去六和塔夜玩风潮，荡舟湖中听芦荻萧萧，把秋光着实地享受了个完全。

至于冬日，草木零落，天寒地冻，湖水结冰，他也有去处。比如，趁湖冰不坚，就"时操小舟，敲冰浪游，观冰开水路，俨若舟引长蛇，晶莹片片堆叠"，颇有童趣。偶尔"跨一黑驴，秃髪童子挈尊相随。踏雪溪山，寻梅林壑，忽得梅花数株，便欲傍梅席地，浮觞剧饮，沉醉酣然"。至于积雪初晴，他站在三茅山顶，望江天雪霁，更有极大的乐趣，眼前"疏林开爽，江空漠漠寒烟，山回重重雪色。江帆片片，风度银梭，村树几家，影寒玉瓦"，真是清冷而安宁，令人俗念一净。

西湖便是这般四时皆宜，美景取之无尽，用之不竭，举足可得，终日可观。高濂以其诗人的高朗襟怀，以及超凡脱俗的旷达意兴，日日面对湖山，自然"揽景会心，便得妙观真趣"，获得身心的愉悦。

《警世通言》卷二十三《乐小舍拚生觅偶》中写到，清明将近时，"临安有这个风俗，但凡湖船，任从客便，或三朋四友，或带子携妻，不择男女，各自去占个座头，饮酒观山，随意取乐"[1]，丝毫不拘束，只顾游赏于明山秀水，真是潇洒至极。《醒世恒言》卷十六《陆五汉硬留合色鞋》中也说："那一日天色清明，堤上桃花含笑，柳叶舒眉，往来踏春士女，携酒挈榼，纷纷如蚁。"[2] 也可一瞥当时盛况。

当然，有人会说，西湖美景如同珠玉在前，自然人人都能欣赏，与杭州人心性有何关系呢？其实，这话也不尽然。《儒林外史》中写了个马二先生，是个读书人，生性善良，又有点侠义之心，一心以科举事业为念，崇尚"敲门砖学"，算不上高明之士。他也来了杭州，便去西湖上走走。在这里，作者为了表现马二先生的性情，运用了巧妙的笔法。作者先跳出故事，对西湖做了一番鸟瞰式的描写：

> 这西湖乃是天下第一个真山真水的景致！且不说那灵隐的幽深，天竺的清雅，只这出了钱塘门，过圣因寺，上了苏堤，中间是金沙

---

[1] （明）冯梦龙：《警世通言》，齐鲁书社1995年版，第345页。
[2] 同上书，第327页。

港，转过去就望见雷峰塔；过了净慈寺，有十多里路，真乃五步一楼，十步一阁。一处是金粉楼台，一处是竹篱茅舍，一处是桑麻遍野。那些卖酒的青帘高飐，卖茶的红炭满炉，士女游人，络绎不绝，真不数"三十六家花酒店，七十二座管弦楼"①。

然后马二先生出场。他带了几个钱，走出钱塘门，在西湖沿上牌楼跟前坐下。可他看到的又是什么呢？先是看到"一船一船乡下妇人来烧香的"，再是"望着湖沿上接连着几个酒店，挂着熟透的羊肉，柜台上盘子里盛着滚热的蹄子、海参、糟鸭、鲜鱼"。他却消费不起，只是钻进小面馆，吃了碗面，就去了湖边。我们想，作为读书人，肚子里装着些前人的诗文，这回他该抬眼看看湖光山色，生发些诗情了吧。他却依然没有，只看到西湖沿上柳荫下系着两条船，女客在那儿换衣裳，换上头上珍珠，裙上环佩，真是气质华贵，让他不敢再看。他"往前走过了六桥，转个湾，便像些村乡地方，又有人家的棺材厝基，中间走了一二里多路，走也走不清，甚是可厌"。只有仁宗皇帝的御书，让他忽然一激灵，"慌忙整一整头巾，理一理宝蓝直裰，从靴桶内拿出一把扇子来当了笏板，恭恭敬敬，朝着楼上扬尘舞蹈，拜了五拜"，然后才坐定了喝茶。而看到旁边花园里布政司房的人在请客，吃的是燕窝海参，"马二先生又羡慕了一回"。继而又去了雷峰塔、净慈寺，也只是胡乱地走了一遭，吃了些糕点茶水，就回去了。

这样功利熏心的人，日日念着科举当官，所以游了一遍西湖，眼前竟无一处自然山水，只顾看着酒店里的美食眼馋，对着仁宗御书顶礼膜拜，看着官家人请客羡慕。

由此可见，杭州人能欣赏西湖山水，也是有几分超然的情怀的。吴自牧曾写道："仲春景色明媚，花事方殷，正是公子王孙武陵年少赏心乐事之时，讵宜虚度？至如贫者，亦解质借兑，带妻挟子，竟日嬉游，不醉不归。此邦风俗从古而然，至今亦不改也。"②原来不仅富裕人士有余闲也有余资赏玩山水，连贫苦之人也超越了对物质的享受，而是寄情于山水，追求诗意的生活了。

---

① （明）吴敬梓：《儒林外史》，人民文学出版社1958年版，第153页。
② （宋）吴自牧：《梦粱录》卷一《八日祠山圣诞》。

吴越王钱镠本是一介武夫，贩私盐起家，因黄巢作乱，他顺势兴起，历经征战，成为一方霸主。他要建宫殿于凤凰山，有个会看风水的说："在凤凰山上造宫殿，王气有限，不过有国百年而已；如把西湖填平，留十三条水路以蓄泄湖水，建宫殿于上，便有千年王气。"但钱镠说："岂有千年而天下无真主者乎？有国百年，吾所愿也。"于是定都凤凰山，而疏浚西湖。西湖因此而得以留存。

他的妃嫔寒食节归临安一次，看省坟墓。一年春天王妃戴氏迟迟未归，而春色将老。钱镠甚是想念，以书信赠之："陌上花开，可缓缓归矣。"一介武夫而风流如此。吴人觉得美，便以此语为歌，婉转柔和，杭州人称之为《陌上歌》。百年后，苏轼来到杭州，听闻此歌，触动心绪，写了三首《清平调》，其一曰："陌上花开蝴蝶飞，江山犹似昔人非。遗民几度垂垂老，游女长歌缓缓归。"

可见，杭州人欣赏湖山之美是有传统的。于是，《飘摇的传统：明代城市生活长卷》就说，"杭州，每当暮春时节，春风和煦，独可人意。桃柳芳菲，苏堤六桥之间，一望如锦。于是，阖城士女，尽出西郊，逐队寻芳，纵苇荡桨，歌声满道，箫鼓声闻。游人笑傲于春风中，乐而忘返。"①从中可知杭州百姓追求山水时的愉悦。

综上所述，杭州城湖共生模式，包括环境经济共生、审美生境共生，为人们提供生态审美的场所，在自然和人文的陶冶之中颐养性情。这种模式，是中国城市在生态转型中的一个范例，值得研究并推广。

（在此章写作中，陈雪初提供了极大帮助）

---

① 陈宝良：《飘摇的传统：明代城市生活长卷》，湖南人民出版社2000年版，第125页。

第二章
天人合一
——杭州城湖共生模式的合目的性解读

第一节 善：生态美学的合目的性

程相占在论及生态审美时，曾谈到生态审美的对立面不是"艺术审美"，而是传统的"非生态的审美"，也就是"没有生态意识的审美"，并认为，生态美学的核心问题是，"如何在生态意识引领下进行审美活动"。所以他一再强调，生态审美"是以生态伦理学为思想基础的审美活动，是对传统美学理论中审美与伦理关系的生态改造与强化，生态意识是生态审美的必要前提条件"[①]。

也就是说，与传统审美理论不同，生态审美非常强调伦理意识的重要性，也就是认为"真善美"中的"善"（对生物圈中所有物种及其环境的爱护）是生态美的基础。

而在所有的现代社会中，生产活动依赖于控制财富分配和交换过程的管理——经济体系，经济体系的管理最终控制着对生态圈中财富的获取。随着技术对人类获取财富的巨大成功，经济体系对生物圈的控制越来越不顾自然本身的特征，甚至强取豪夺，进而破坏物种所赖以生存的生态环境，导致物种多样性的减少、各类污染的出现。

在这样的情况下，生态伦理学将伦理共同体的范围从人类扩展到动物，继而又扩展到所有物种及其生存的环境，也就是说，整个生物圈（biosphere）都在我们伦理共同体的关照范围之内。正因如此，《牛津生态学词典》中，对生物圈如此定义："地球环境的 部分；生命有机体生存在这个环境中，它们与这个环境发生互动，从而产生一个处于稳定状态

---

① 程相占、[美]阿诺德·伯林特、[美]保罗·戈比斯特、王昕晧：《生态美学与生态评估及规划》，河南人民出版社2013年版，第73—74页。

的系统，一个有效的整体星球生态系统（ecosystem）。有时，它也被称为生态圈（ecosphere），目的是强调生命成分与非生命成分之间的互相关联。"①

一 生态伦理学的重要观点

在西方，如何对待大自然的态度曾有两种思潮。

基督教的"人类中心主义"起源于上帝创造人与万物，而万物为人所用思想。在其理念中，人类是唯一具有永存不灭的"理性灵魂"的物种，而其他生灵——动物及植物等——所具有的"觉魂"和"生魂"则非精神性的实体，它们随生命的消亡而俱灭。自然则是为满足人类的需求而存在的。这种理念强调要保证人类对地球的控制权。其代表人物，是瑞典博物学家卡尔·冯·林奈（Carl von Linné，1707—1778）。他于1735年出版的《自然系统》一书，奠定了通过两个拉丁文词对动物、植物、矿石进行分类、命名的基础。1749年，他又出版了《自然的经济体系》，提出在上帝创造的世界中，每一个物种都有其"被指派的位置"。人及其在自然的经济体系中的野心是林奈模式的主要内容。

这种"帝国式的自然观"重视研究如何改造自然和改善人类的地位。在这里，理性不仅仅被看作是思想的批评能力，更是在"积极主动的科学"中表现出一种进攻性的力量，可以说，理性就是用来赢得胜利的武器。这种"人类中心主义"的价值观，在人与自然的关系问题上，始终坚信人是中心、是主宰，自然界只是被用来为人类服务的。"人类对自然界，只有控制、利用、索取和改造的权利，却没有任何责任和义务。如果有的话，那也是为了人类的利益，或者说从人类的利益出发，如何使其更多更好地为人类提供一切可利用的东西。只有人才是价值的主体，也是价值的裁判者，自然界是没有价值的，其价值是以人的需要为前提的。"②

而这种思潮，逐渐被生态思潮所取代。

这种思想的代表人物是英国牧师、博物学家吉尔伯特·怀特（Gilbert White，1720—1793）。他毕业于牛津大学，1751年正值而立之年，回到

---

① ［美］米歇尔·阿拉贝：《牛津生态学词典》，上海外语教育出版社2001年版，第32页。
② 蒙培元：《中国的天人合一哲学与可持续发展》，见《现代文明的生态转向》，重庆出版社2007年版，第293页。

家乡塞耳彭（Selborne），并生活了20余年。他日常除了处理宗教事务，便在乡间山林里旅行，正所谓仰观宇宙之大、俯察品类之盛，并将其所见所闻写成书信，寄给朋友们，时间一久，就集结成了一部图书，即《塞耳彭自然史》，详细记录了当地的季节变化、自然风景、生物人文，等等，行文从容，文笔细腻，于1789年出版。此书影响深远，是英美自然史学说的奠基之作，也为现代生态学提供了重要思想资源。在书中，怀特倡导人类能与万物和平共存，过简单而和谐的生活，并将塞耳彭一地看作一个复杂的生态整体，具有丰富的多样性，生物之间彼此利用，相互影响。这是生态整体论的萌芽。

亨利·大卫·梭罗（Henry David Thoreau，1817—1862）也是其中代表。他虽毕业于哈佛大学，但并未经商或从政，而是自甘贫寒，进行了一些生存的试验。他于1845年7月4日（美国国庆日），移居到距离康科德2英里的瓦尔登湖畔，搭起木屋，开荒种地，自给自足，尝试过一种简单的隐居生活，历时2年，后来出版散文集《瓦尔登湖》（*Walden*），详细记载了这段生活。

在书中，他重新探讨了人跟自然的关系。他说，他像个印第安人，在湖边生存，看看生存的必需品有哪些，同时去除一切非必需品，使生活尽量简单，后来发现，他只需工作6个星期，就可以支付一年生活的开销，而其余物质需要均属奢侈，可以戒除，换得身心的自由。

在这自由时间里，他读书、交友、写作，做一些有益的事情。他的结论是，一个人的生活所需其实很少，而按照所需来向这个世界索取，不仅对我们置身的大自然有好处，而且对心灵有最大的好处。一切的症结都出在人类自身的愚蠢和贪婪上。而人的一切最美好的创造，无不来自简单和淳朴。他认为，大自然神奇而慷慨，它能轻松地养活人类，但养不起人类的贪婪。大部分的奢侈品，大部分的所谓生活的舒适，非但没有必要，而且对人类进步大有妨碍。所以关于奢侈与舒适，最明智的人生活得甚至比穷人更加简单和朴素。他说，中国、印度的古哲学家都是一个类型的人物，外表牛活再穷没有，而内心生活再富不过。其实，一个人越是能够放下，他越是富有。

在怀特和梭罗等人的生态思想基础上，史怀泽创立了"生命伦理学"，将生命关怀的范围从人扩展到一切生物，敬畏一切生命。他认为："善是保持生命、促进生命，使可发展的生命实现其最高的价值；恶是毁坏生命、伤害生命、压制生命的发展。这是必然的、普遍的、绝对的伦理原则。"① 敬畏生命的理论，是对传统伦理学的一个极大补充和完善。

作为现代生态伦理学的领军人物，著名生态学家利奥波德提出大地伦理学，对生态伦理进行了总结。其理论包括三部分：

（1）生态自然观。他将大地之上的自然之物，诸如山川河流、鸟兽虫鱼、花草树木都视为整体，人也是其中之一，相互之间紧密关联，相互依赖。他尤其强调了人类与自然环境间的关系。这种生态中心观为人类指明了处理人类与自然关系的方法，更为人类的长远发展指明了方向。

（2）生态整体主义方法论。他认为，人类中心主义价值观十分危险，因为它会忽视那些没有商业价值的大地成员，比如城市进程中的野草。而这些成员，恰是大地生态系统不可或缺的部分。为此，人们要改变思维方式，"像一座山那样去思考"，从自然的角度综合考察人与自然的关系，以生态系统各物种的共同生存为环境保护的目的。

（3）生态伦理规范。"一件事情，当它有助于保护生命共同体的完整、稳定和美丽时，它就是正确的；反之，它就是错误的。"这是他对人类行为的要求，也正是生态美学的宗旨。人类技术先进，在自然界几乎没有敌手，所以要靠捕食者来控制人类数量和行为，显然并不可能，人类要想维护生态平衡，必须对自己的行为进行约束，对自身负责，对后代负责，对整个生物圈负责。这也恰是《中庸》说的："赞大地之化育（帮助天地培育生命）。"

此后，西方生态伦理学又出现生态中心论、动物解放权利论等，提出了"种际公正"理论，即"人类与其他动物、植物、微生物及其组成的生态自然等异种之间的公平问题"②，提出所有的动物都是平等的，要敬畏生命，尊重大自然等观点，将伦理关怀的范围，扩大到了大自然，尊重所有的生命，维护生态系统的完整与稳定，做到可持续发展。

其中利奥波德的"大地伦理学"，和中国传统文化中"天人合一"的哲学命题十分相近。对于城市建设而言，崇尚生态整体性，发掘生态美学价值，以及对生态城市建设的"绿色启示"，就必须研究"天人合一"这

---

① ［法］史怀泽：《敬畏生命》，陈泽环译，上海社会科学出版社1992年版，第9页。
② 曾建平：《自然之思：西方生态伦理思想探究》，中国社会科学出版社2004年版，第48页。

—中国传统理念。

二 "天人合一"理念中的东方生态智慧

天人合一是指天与人是相应相合、密不可分的整体，强调整体性、和谐性与统一性。《周易》作为中国人一切智慧的基础，它曾对"天人合一"进行过阐释，建立了一种贯通天人的宇宙和人生哲学。

> 夫天地者，与天地合其德，与日月合其明，与四时合其序，与鬼神合其吉凶，先天而天弗违，后天而奉天时，天且弗违，况于人乎，况于神乎！（《乾卦·文言》）

> 与天地相依，故不违，知周乎万物，而道济天下，故不过。（《系卦上》）

> 天地感而万物化生，圣人感人心，而天下太平，观其所感而天地万物之情可见也。（《咸卦·彖辞》）

这要求人和天地相感相依，同时节制欲念冲动，不违反天时规律，于是人心与宇宙可以无隔无碍，天人可以合一。《礼记·中庸》更详尽地发挥了这一观点：

> 惟天地至诚，故能尽其性，能尽其性，则能尽人之性，能尽人之性，则能尽物之性，能尽物之性，则可以赞天地之化育，能赞天地之化育，则可以与天地参矣。

至诚是精神的境界，达到至诚，可以知道人性，进而了解物性，于是可以顺应自然，参与天道的运行。要理解这里的"赞天地之化育"，我们可以用耕耘类比之。农人春耕夏耘秋收冬藏，至诚尽力，便是参与天地之化育。在此，人不是被动地回到自然界，而是能主动地完成自然界所赋予的使命。

在道家学派里，"天人合一"的观点更为突出。道家的道，同儒家的"天"一样，都是宇宙万物的本体。

> 四时得节，万物不伤，群生不夭……莫之为而常自然。（《庄

子·缮性》）

　　天地与我并生，而万物与我为一。（《庄子·齐物论》）
　　人与天一也。（《庄子·山木》）

　　庄子从道的观念出发，认为万物是一个有机整体，不可分割，人只是天地万物中一部分，不能独立于自然界之外。他心目中最美好的生态环境，乃是"至德之世"，在那里，"山无蹊隧，泽无舟梁；万物群生，连属其乡；禽兽成群，草木遂长。是故禽兽可系羁而游，鸟鹊之巢可攀援而窥"，"同与禽兽居，族与万物并，恶乎知君子小人哉！同乎无知，其德不离，同乎无欲，是谓素朴，素朴而民性得矣"。道家就是这样向往返璞归真，浑然与物同，进而获得精神的虚静和自由。庄周就展开浪漫的想象：

　　昔者庄周梦为胡蝶，栩栩然胡蝶也。自喻适志与，不知周也。俄然觉，则蘧蘧然周也。不知周之梦为胡蝶与？胡蝶则必有分矣。此之谓物化。

　　庄周化为蝴蝶，精神自由飞翔，从容往来于物我之间，做灵与肉、神与形的逍遥之游。这种超脱、轻盈、潇洒的风姿，滋润着中国人的心灵和艺术。
　　董仲舒基于现实政治文化的需要，对"天人合一"做了新的解释：

　　天地人，万物之本也，天生之，地养之，人成之；天生之以孝悌，地养之以衣食，人成之以礼乐，三者相为手足，合以成体，不可一无也；无孝悌，则亡其所以生，无衣食，则亡其所以养，无礼乐，则亡其所以成也。[①]

　　他认为，天、地、人高于万物，而三者"相为手足，合以成体，不可一无"，天地是人生存的环境，生长万物以供养人，人也可以"取天地之美以养其身"。人是由天生成，必须"循天之道"，"与天地同节"。因

[①] （汉）董仲舒：《春秋繁露·立元神》。

此，和谐合同是天地之道，天、人应该相连相合，合而为一，否则就会酿成灾乱。从这一点看，这种天人合一的整体观，对于人类可持续发展是很有启发意义的。

此外，他又推进了一步，提出"天人相类"，说人有"小节三百六十六，副日数也；大节十二分，副月数也；内有五脏，副五行数也；外有四肢，副四时数也。"[1] 说人之构造，是以天为摹本，证明天人同源一体，这自然是并不高明的。

如果说，董仲舒的"天人合一"还含有牵强附会的内容，那么宋代张载的"天人合一"，则更为明晰，肯定人与自然的统一。他在《西铭》中写道：

> 乾称父，坤称母，予兹藐焉，乃混然中处。故天地之塞吾其体，天地之师吾其性，民吾同胞，物吾与也。

将天地视为父母，天地与人都是气所构成，天地的本性与我的本性也是统一的，万民皆是我兄弟，万物皆为我朋友。"民胞物与"，就成了中国传统文化中对人、对物的基本态度。清代王船山强调"天人合一"并不在外形和表面的同一，而关键在于"道"的合一。

而近代以来，"天人合一"的理念，曾被视为唯心主义、神秘主义，受到近一个世纪的严厉批判。有一种观点是这样的，天是宇宙，地球是茫茫宇宙中之一粒，而人则是浩浩天地中之一尘。"天"如此之大，无所不包，"人"如此渺小，只是"天"之一员，一为整体，一为部分，两者又怎能"合一"呢？所以"天人合一"这一中国哲学的核心观念，尽管在中国流传至今，得到儒道释三教的认可，而且生发出"天人合德，天人不二，天人相与，天人一贯，天人一气"等子概念，可谓源远流长，可在西方自然科学思想的观照之下，这一观念显得很玄乎，也很难让人理解。

在20世纪80年代，李泽厚在总结了20世纪以来学界对"天人合一"的批评后指出：

---

[1] （汉）董仲舒：《春秋繁露·人副天数》。

这一类思想的确常常包含着唯心神秘的东西，但另一方面，它强调人与自然的统一性，认为人与自然不应该相互隔绝相互敌对，而是能够并且彼此互相渗透，和谐统一的……我们认为，坚信人与自然的统一的必要性和可能性，乃是中华民族的思想的优秀传统，并且是同中华民族的审美意识不可分离的。①

国学大师钱穆先生在晚年时，曾以天启之感，彻悟"天人合一观，实是整个中国传统文化思想之归宿处"，并认为，"以过去世界文化之兴衰大略言之，西方文化一衰而不易再兴，而中国文化则屡仆屡起，故能蔓延数千年不断，这可说，因于中国传统文化精神，自古以来既能注意到不违背天，不违背自然，且又能与天命自然融合一体"②。著名学者季羡林先生也强调："这个代表中国古代哲学主要基调的思想，是一个非常伟大的、含义异常深远的思想。"

所以我们今天探讨"天人合一"思想，认为它是生态美学的核心理念，也是非常有价值的。

首先，"天人合一"体现了生命性。

从庄子开始，"天人合一"，意味着生命充满着天地自然之间。陈望衡认为，生态美学的基本属性是它的生命性。这个生命是指自然界的生命。这是很好理解的，因为整个自然界都是充满生命的。而这生命，并不仅是指有机物，至于朝日晚霞、蓝海白沙，都充满了生意，因为它们都是生态系统的组成部分。这正如宗白华所说："什么叫做美？自然是美的，这是事实。诸君若不相信，只要走出诸君的书室，仰看那檐头金黄色的秋叶在光波中颤动，或是来到池边柳树下看那白云青天在水波中荡漾，包管你有一种说不出的快感。这种感觉就叫做美。"③ 在他看来，整个自然界是充满美的。

方东美先生说："中国先哲所体认的宇宙，乃是普遍流行的境界。天大其生，万物资始，地广其生，万物咸亨，合天地生生之大德，遂成宇

---

① 李泽厚、刘纲纪主编：《中国美学史》第 1 卷，第 484—486、489 页。
② 钱穆：《中国文化对人类未来可有的贡献》，《中国文化》1991 年第 4 期。
③ 宗白华：《看了罗丹雕塑以后》，见《美的散步》，上海人民出版社 1981 年版，第 269 页。

宙。"《菜根谭》云："林间松影，石上泉声，静里听来，让天地自然鸣佩；草际烟光，水心云影，闲中观去，见宇宙最上文章。"唐志契《绘事发微》说："岂独山水，虽一草一木莫不有性情，若含蕊舒叶，若披枝行干，虽一花而或含笑，或大放，或未谢，俱有生化之意。画写意者，正在此著精神。"在中国哲人看来，天地并非冷寂的所在，而是处处洋溢着生命的活力的领域。大千世界充满盎然生机，飞禽走兽、野草闲花、松影水流，永恒的自然洋溢着生香活意，人的生命不仅是宇宙"普遍生命"的组成部分，而且作为万物之灵长，还参赞了宇宙的创进历程。人既被天地万物所创造，同时也创造天地万物。按照中国哲学的说法，人可以"赞天地之化育"、"与天地参"。所以自然与人可以二而为一。

其次，"天人合一"体现了整体性。

生态学认为，生态系统是由非生物物质的生命支持系统和不同功能特性的生物体所组成。其中绿色植物是生态系统中的生产者，通过光合作用生成有机物质；各种动物都是生态系统的消费者，通过直接或间接依靠绿色植物维持生命；而各种微生物则是分解者，将有机物的残骸分解为无机物回归于环境中去。通过食物链，生产者、消费者、分解者相互连接，实现物质交换、能量转移，形成一个有机整体。人类要想生存，必须依靠自然，与自然和谐共生、协调发展。这是"天人合一"理念在自然科学领域得到的有力证实。

康芒纳在《封闭的循环》中指出："任何希望在地球上生存的生物都必须适应这个生物圈，否则就得毁灭。环境危机就是一个标志：在生命和它的周围事物之间精心雕琢起来的完美的适应开始发生损伤了。由于一种生物和另一种生物之间的联系，以及所有生物和其周围事物之间的联系开始中断，因此维持着整体的相互之间的作用和影响也开始动摇了，而且，在某些地方已经停止了。"①

从宏观上来看，生命的联系，生命与生命之间、有机物和无机物之间的协调平衡是至关重要的。生命的存在就是这种协调平衡的结果。一旦人为破坏，后果不堪设想。生态的平衡性涉及生态的系统性，生态的系统性使得这个地球上的一切具有不可分割的内在联系。

也正是基于这样的考虑，王德胜认为，在生态问题上，美学要确立

---

① [美]巴里·康芒纳：《封闭的循环》，侯文蕙译，吉林人民出版社1997年版，第7页。

"生命存在与发展的整体意识",确立"人与世界关系的审美把握"。他提出"亲和"概念,并将其作为审美生态观的核心。在他看来,要构建起这种审美生态观,人"首先必须培养自己对于自然、社会以及人自身外部存在形式的亲和力,养成一种对于生命整体的直觉与敏感"[①]。

由此,生态美学就将生态伦理引入其中,并且成为其理念的核心,而杭州城湖共生中,也充分体现了这种伦理价值观,将人类的伦理学推广到非人类生命,乃至非生命的山水中去。

第二节 "物我两忘"的寺观园林

在西湖申遗文本中,认为西湖景观符合世界自然文化遗产的标准(ⅳ):

> "西湖景观"是中国历代文化精英秉承"天人合一"、"寄情山水"的中国山水美学理论下景观设计的杰出典范,并具有显著的持续性和关联性;它创始了"两堤三岛"景观格局,拥有现存东方题名景观中最经典、最完整、最具影响力的杰出范例"西湖十景",展现了东方景观设计自13世纪以来讲求"诗情画意"的艺术风格,体现了中国农耕文明鼎盛时期文人士大夫在景观设计上的创造精神;对18世纪的清代皇家园林和9世纪以来的中国、日本、朝鲜半岛等东亚地区的景观设计和造园艺术均产生过明显的影响,在世界景观设计史上独树一帜,拥有重要地位。[②]

该文本认为,西湖景观的核心气质,是"天人合一"的理念。中国传统山水美学"天人合一"是中华民族原创的宇宙观和文化特性,体现在审美方式上表现为"物我交融"。与西方美学理论"移情说"相比,东方的审美方式更追求审美"主体"与"客体"的"共融",而非分立。中国传统山水美学正是以"天人合一"思想为哲理,经由"山水诗"和

---

① 王德胜:《"亲和"的美学——关于审美生态观问题的思考》,《陕西师范大学学报》(哲学社会科学版)2001年第4期。
② 中华人民共和国国家文物局:《杭州西湖文化景观申遗文本》,第216页。

"山水画"的艺术理论形成的，是东方具有代表性的美学理论。而西湖园林，既启迪了中国传统山水美学，又是其实践的成果。

在杭州的湖山之间，最先发展的园林是寺院园林。佛教和道教在中国的传播遍布大江南北，而江南最盛，这是因为江南的清秀山水和充盈的物质财富不仅为常人所需要，也为佛僧道仙们所钟爱。当世人流连于繁华都市、热衷于功名利禄之时，佛僧道士们却反其道而行之，迈开双脚，走向大山深处，啸傲山林，吟风弄月，那些在俗眼中寂寞荒凉、野兽出没的地方，出家人却视为清静美好的世界，并对这个世界中的一草、一木、一花、一鸟细细品读，在这个品读的过程中，他们发现了"一芥一佛陀，一花一世界"，看到了碧溪月，演奏出了松间琴，建造了青莲宇，敲响了东林钟。在这个意义上说，杭州自然山水之美，也是佛家和道家发现的。

从东晋时开始，环西湖一带已有寺院的建制，灵隐寺便是其中之一。隋唐时，各地僧侣纷至沓来，一时西湖南、北两山之中寺庙林立，号称有佛寺三百六十座，风林寺、定慧寺、韬光寺、龙井寺、圣果寺，均建于此时。吴越国建都于此，有一段承平之日，四代钱王都着力扶持佛寺，寺庙更加繁盛，著名的昭庆寺、净慈寺、灵峰寺、云栖寺、开化寺等均建于此时。到了宋朝，寺院又有所增加。苏轼在《怀西湖寄晁美叔》诗中说：

独专山水乐，付与宁非天！
三百六十寺，幽寻遂穷年。

南宋时高宗虽曾有扬道抑佛之举，但并不能遏制皇族官宦建寺院的热情。元代兵连祸结，寺庙兴衰变换，明朝重视佛教，西湖寺院又得到重视，张岱《西湖香市》中记载，进香的善男信女，"数百十万男男女女、老老少少，日簇拥于寺之前后左右者，凡四阅月方罢"。清朝时康熙、乾隆多次寻访东南佛国，自然促进了寺院的发展。只是，清咸丰末年，国运衰微，太平天国两次攻破杭州，佛寺尽毁于战火，西湖佛国盛况一去不复返。

禅僧道士们偏爱这一方湖山幽境，以为静心修炼之所，便在山林繁茂处修筑寺院，精心经营园林，广植松竹，不仅庭院得以绿化，周边也得以园林化，寺观本身也就成了西湖景观中的重要景点。今择灵隐寺园林与理安寺园林予以分析。

一 灵隐寺园林

灵隐寺地处杭州西湖以西，背靠北高峰，面朝飞来峰，两峰挟峙，林木耸秀，深山古寺，云烟万状。

东晋咸和初年，西印度僧人慧理由中原云游入浙，行至杭州山中，见草木繁茂，清泉涌流，又有怪石嶙岣，深以为妙。尤其是飞来峰，"峰高逾数十丈，而苍翠玉立；渴虎奔狖，不足为其怒也；神呼鬼立，不足为其怪也；秋水暮烟，不足为其色也；颜书吴画，不足为其变幻诘曲也"[1]。于是慧理感叹："此乃中天竺国灵鹫山之小峰，不知何时飞来？佛在世时，多为仙灵隐窟，今复尔否？"就于此地建寺留居，名曰"灵隐"。

灵隐寺初创之时，规模很小，到南北朝梁武帝时得以扩建，唐大历六年（771）又曾有大翻修。陆羽曾寓居其中，在《二寺说》中写道："南天竺，北灵隐，有百尺弥勒阁、莲峰堂、白云庵、千佛殿、巢云亭、延宾水阁、望海阁。"可见已颇具规模，以至于白居易评价道："东南山水，余杭郡为最；就郡言，灵隐寺为尤。"

今日灵隐寺是在清末重建基础上陆续修复再建的，其布局与江南寺院格局大致相仿，全寺建筑中轴线上依次为天王殿、大雄宝殿、药师殿。而灵隐寺园林东至七医院西围墙，南起普福岭寺至上天竺，西抵天喜山脚，北至枫树岭、石人岭，规划总面积为257.7公顷。除寺内殿前殿旁还保存有一些假山、古树林木外，其园林主要在于寺前的清溪流水沿岸，以及山泉之间的曲径通幽和小桥飞跨。

陆羽在《杭州灵隐寺记》中写道：

> 晋宋已降，贤能迭居，碑残简文之辞，榜蠹稚川之字。榭亭岿然，袁松多寿，绣角画拱，霞晕于九霄；藻井丹楹，华垂于四照。修廊重复，潜奔潜玉之泉；飞阁岩晓，下映垂珠之树。风铎触钧天之乐，花鬘搜陆海之珍。碧树花枝，春荣冬茂；翠岚清籁，朝融夕凝。

根据此文记述，灵隐寺园林中有榭亭围着袁松，修廊下奔着泉水，飞阁凌于高树，可见建筑与自然的结合。至于碧树花枝、翠岚清籁，都是常

---

[1] 袁宏道：《飞来峰小记》，转引自张岱《西湖梦寻》，中华书局2011年版，第65页。

见之景。陆羽的审美态度，也是显而易见的。

张祜《题杭州灵隐寺》描述了灵隐寺园林的环境。

> 峰峦开一掌，朱槛几环延。
> 佛地花分界，僧房竹引泉。
> 五更楼下月，十里郭中烟。
> 后塔耸亭后，前山横阁前。
> 溪沙涵水静，涧石点苔鲜。
> 好是呼猿久，西岩深响连。

可见灵隐寺是在如手掌的峰峦之间建成，有朱槛几乎环绕山峰。佛地以鲜花与凡间分界，僧房以剡竹引得山中清泉。"五更楼下月"，可见楼高；"十里郭中烟"，可见禅寺远离人烟。亭后有塔，阁前有山。周围又有清溪，流水无声，涧石之上，生了些苔藓。山中又有猿猴，呼叫之声，在岩石间回荡，可见周围之幽静。

开元十七年（729）春，綦毋潜在杭州，作《题灵隐寺山顶禅院》：

> 招提此山顶，下界不相闻。
> 塔影挂清汉，钟声和白云。
> 观空静室掩，行道众香焚。
> 且驻西来驾，人天日未曛。

从诗中可见，灵隐寺有山顶禅院。当中颔联写禅院地势极高，高耸的塔影几乎挂在霄汉，而悠悠钟声似乎追随着白云。"这两句的佳处一是它选择了四个最适于表现佛教出尘脱俗意味的意象：渺渺的塔影、淡淡的银河、悠远的钟声和任意东西的白云；二是它精心选择了两个极富表现力的动词来系连这几个意象，塔本立在地面，它却说'挂'在银河，于是不仅显出它高，而且暗示了它的渺茫，钟声本与白云毫不相干，它却说'和'白云，于是悠扬的钟声仿佛随白云悠悠而去并留下袅袅余音。"[①] 而灵隐禅寺园林的一些特色，也可以从中隐约发现。

---

① 葛兆光：《唐诗选注》，浙江文艺出版社1999年版，第125页。

唐人司空曙的《灵隐寺》曰：

> 春山古寺绕烟波，石磴盘空鸟道过。
> 百尺金身开翠壁，万龛灯焰隔烟萝。
> 云生客到侵衣湿，花落僧前覆地多。
> 不与方袍同结足，下归尘世定如何。

首联是寺院周围环境，古寺藏于春山之中、隐在烟波之内，又有盘空石磴，悠悠穿于山林之间。颔联中"百尺金身"、"万龛灯焰"，可见寺容之伟和规模之大。颈联"云生客到侵衣湿，花落僧前覆地多"写得非常清雅含蓄。白云生处，客人行至，衣为云雾所湿，而心也被山水浸透。寺院之中，山花自开自落，悄然覆地，无人打扰，真是自在清净。诗人感叹，身处尘世一久，当结方外之交，方能暂避尘世、偶得清静。由此可见寺院园林对于诗人身心之影响。

宋之问的《灵隐寺》也多写寺院园林周围环境，以及内心的观感。

> 鹫岭郁岧峣，龙宫锁寂寥。
> 楼观沧海日，门对浙江潮。
> 桂子月中落，天香云外飘。
> 扪萝登塔远，刳木取泉遥。
> 霜薄花更发，冰轻叶未凋。
> 夙龄尚遐异，搜对涤烦嚣。
> 待入天台路，看余度石桥。

鹫岭就是印度灵鹫山，这里借指飞来峰。"岧峣"可见其山势高峻，"郁"又见葱茏之意，可见飞来峰既峭拔又遍生草木。"龙宫"乃是用典，相传龙王曾请佛祖讲经，这里借指灵隐寺。"寂寥"者，清净肃穆也。这两句，先写山，后写寺，山寺相映，更见环境之清嘉。"楼观沧海日，门对浙江潮"，是诗中名句，可见诗人立于此处，顿觉视野开阔，壮人豪情，开人心胸。"桂子月中落，天香云外飘"，则写灵隐及其周边环境的灵秀。相传，在灵隐寺，每到秋季，常有似豆的颗粒从月宫中飘落。桂子从月宫飘落人间，而佛香从寺中上飘九天，真是充满空灵神圣之美。"扪萝"四句，记录了诗人在灵隐山一带寻幽搜胜所见所感，也写出灵隐寺环境之优美。他时而攀着藤萝上塔顶遥望，时而循着引水的剡木去看泉源幽景，时而欣赏霜中怒放的山花与经冰未凋的秋叶。这样的景致，自然让从小喜爱远方奇景的诗人得以洗涤尘世烦恼了。

关于飞来峰，袁宏道在《飞来峰小记》中极赞飞来峰天然之美，而对于为今人所称道的佛像，他却说：

壁间佛像，皆杨髡所为，如美人面上瘢痕，奇丑可厌。

杨髡，党项人，原名杨琏真伽，是元代江南释教总管，曾发掘宋陵，恶名当时。他得势时，曾在灵隐寺飞来峰大肆雕刻佛像，"所刻罗汉，皆貌己像，骑狮骑象，侍女皆裸体献花，不一而足"。袁宏道对此人深恶痛绝，张岱也说："飞来峰，棱层剔透，嵌空玲珑，是米颠袖中一块奇石。使有石癖者见之，必具袍笏下拜，不敢以称谓简亵，只以'石丈'呼之也。"于是"深恨杨髡，遍体俱凿佛像，罗汉世尊，栉比皆是，如西子以花艳之肤，莹白之体，刺作台池鸟兽，乃以黔墨涂之也。奇格天成，妄遭锥凿，思之骨痛"。他甚至联想到，飞来峰惨遭雕凿，就像读书人生不逢时，没有隐遁藏身，反因才华杰出而遭到摧残。细究袁宏道、张岱等人的心思，可知他们反对雕琢，其一是深恨杨髡人品，染指美石，使美石受辱；其二是飞来峰之美，源于天然姿态，其形其色，令人浮想联翩，不一而足，而一旦凿为雕像，顿显人工之笨拙、形象之确定，不如天然之妙趣。

张岱曾寓居灵隐寺旁边的岣嵝山房，喜欢这里的"丹垣绿树，翳映阴森"，以及峭壁上"一泓泠然，凄清入耳"，亭后十余株西栗，大可合抱，"冷飕暗樾，遍体清凉"。他在夏月时分，就带着枕簟，来亭中赏月，旁边涧流淙淙，仿佛丝竹并作。他就享受这种"深山清寂，皓月空明，枕石漱流，卧醒花影"的幽趣。

这不由令人想到张栻在《岳麓书院记》中所写："既成，栻促多士往观焉，为爱其山川之胜，栋宇之安，徘徊不忍去，以为会友讲习，诚莫此地宜。"读书人讲究求学时淡泊名利，反对追名逐利，并强调道德与审美观念之间的潜在联系。所以，择胜地读书、修习，往往有助于悟道与进学。这也是张岱选择此地的缘由。

二　理安寺园林

理安寺中有法雨泉，与虎跑泉齐名，于是旧称"涌泉禅院"，五代时有高僧志逢栖居于此，吴越王为之建寺。南宋理宗曾来此进香，祈祷国泰民安，寺名遂改为"理安"。明弘治四年毁于山洪，清康熙年间重建，寺院达到全盛，外有山门、御碑亭，内则是弥勒殿、大雄宝殿，以及禅堂、法堂、藏经楼、且住庵、松巍阁等。《武林梵志》称理安寺"七峰环绕，双涧合流，境地优胜，视两峰、三竺，又一奇矣"。

据梁章钜记录，"寺之最后最高处为松颠阁，有董文敏书匾，地据全寺之胜"①。《西湖游览志》中，说此阁之后更有符梦阁，契灵尝梦一僧云："此处虽佳，更有佳处。"引至其地，顾而乐之。迟明，缘萝而上，宛符梦境，因凿堑开基焉。寺内外建筑及山水景物屡被题咏。后山有"松巅夜月"一景，被清末画家杨伯润绘入《西湖十八景图》。清末，寺庙日渐衰微，抗战时寺宇基本不存。今日所见理安寺，是2003年由杭州市文物管理局重修，利用遗址周边的林泉山谷、九溪烟树，突出山林野趣。

经修复后的理安寺，从牌坊入内，沿石阶进山门，中有清池，一桥横跨。立于桥上，可见水中莲叶游鱼。左为涌泉厅，右为法雨亭。中间大殿已辟为茶室，外墙有壁画，讲述南宋理宗与清乾隆来寺进香时的盛况。最内侧，仅剩一阁深锁，阁前有志逢禅师伏虎的雕像。

寺北有法雨泉，梁章钜在《浪迹续谈》中曾说："在寺左法雨岩下，自石脉中滴沥下溜，洒空成雨，盖数百年不断于兹矣。"② 如今此景如昔，泉水自岩壁间滴沥而下，聚成一池，泉亭有楹联："碧螺澄法雨，绿树荫清泉。"道出此景妙处。古人又有诗赞曰：

> 晓为云气夕为岚，石上飞泉松下庵。
> 欹枕欲眠惊未得，恍疑秋雨落澄潭。

---

① 梁章钜：《浪迹丛谈·续谈·三谈·理安寺》，见王国平主编《西湖文献集成（第13册）》，杭州出版社2004年版，第431页。

② 同上。

而理安寺园林之妙处，除了这一池一泉，就在于寺院与周边林泉草木的相融。

理安寺之南，有九溪十八涧，溪水逶迤，道路曲折，满目是林木的青翠，其中有楠木、樟树、枫香，也有柳杉直接站在清浅的水中。其中楠木颇为有名，马叙伦在《重寻十八涧理安寺》中曾写道："至理安寺，楠树成林，高相等，枝叶蔽天日。休树下，忘暑。"

俞樾曾作过一篇《九溪十八涧》："逾杨梅岭而至其地，清流一线，曲折下注，虢虢作琴筑声。四山环抱，苍翠万状，愈转愈深，亦愈幽秀。余诗所谓'重重叠叠山，曲曲环环路，丁丁东东泉，高高下下树'数语尽之矣。"写得简短而优美，点出这一路的幽静美好。

三　西湖寺院园林的生态美学智慧

周维权曾谈及江南风景对宗教思维的影响，颇有妙语：

> 生态景观以其形象、动态、色彩、声音诉诸人的感官，经作用于人，人移情于景，产生人景感应并引起美感，并藉此陶冶性情。这是由"物境"直而引发的美感。如果移情作用继续深化，达到情景交融的地步，则不仅人移情于景物，仿佛景物也移情于人，这便使人们的心中出现一种"意境"之美。①

所以佛教信徒乐衷于开发名山，将幽美的山丘生态幻化成佛国的意境，在大自然的生态物境中领悟到清空、虚静、安恬的意趣。"郊野和风景地带的寺观，小园林、庭院绿化、外围环境的绿化或园林化，此三者互相融糅而浑然一体，则不仅赋予寺观以风景建筑的世俗美和浓郁生活气氛，还能够让人们于领略佛国仙界的宗教意趣之余，更多地感受大自然与人文之交织，仿佛置身于一处理想的、超凡脱俗的人居环境。"②

佛教有"缘起论"和"无我论"，均饱含生态美学智慧。所谓缘起论，是认为宇宙万物，因缘和合，瞬息万变，世间无独立之物。所以，人与万物之间，相互依存，没有什么可以脱离其他事物而独立存在。这与

---

① 周维权：《园林·风景·建筑》，百花文艺出版社 2006 年版，第 362 页。
② 周维权：《中国古典园林史》，清华大学出版社 2008 年版，第 696 页。

"天人合一"的整体论存在相通之处。而"无我论"则是"缘起论"的发展,认为四大皆空,事物没有自性,须破除人我执和法我执,"否定了生命主体自身的优越感和在世界中的优先性,是对一切范围的自我中心论的反动"[①]。这与现代生态学反对人类中心主义相似,提倡全球伦理,希望人类与万物相融相和。这是佛教生态智慧的哲学基础,而表现出来的就是自然观和生命观,这在佛寺园林中有直接体现。

其一,佛教的自然观。

大乘佛教将一切法都看作佛性的体现,认为万法都有佛性。所谓"万法",既包括有情识的动物,也包括没有情识的植物、无机物。天台宗大师湛然将其明确定义为"无情有性",即没有情感意识的山川、草木、大地、瓦石都具有佛性。禅宗更是强调大自然的一草一木都有佛性,并认为,大自然是禅宗境界的最好体现。所谓"春天月夜一声蛙,撞破乾坤共一家""春来草自青,月上已天明""青青翠竹,尽是真如,郁郁黄花,无非般若""万古长空,一朝风月",都是很有名的悟道禅诗。

正因如此,西湖名寺都建在风景幽美之处。周密《武林旧事》写道:"大抵灵竺之胜,周回数十里,岩壑尤美,实聚于下天竺寺。自飞来峰转至寺后,诸岩洞皆嵌空玲珑,莹滑清润,如虬龙瑞凤,如层华吐萼,如皱縠叠浪,穿幽透深,不可名貌。林木皆自若岩骨拔起,不土而生。传言兹岩韫玉,故腴润若此。石间波纹水迹,亦不知何时有之。"[②] 李白在饱览此地胜概后,写诗《与从侄杭州刺史良游天竺寺》:

挂席凌蓬丘,观涛憩樟楼。
三山动逸兴,五马同遨游。
天竺森在眼,松风飒惊秋。
览云测变化,弄水穷清幽。
叠嶂隔遥海,当轩写归流。
诗成傲云月,佳趣满吴洲。[③]

---

① 魏德东:《佛教的生态观》,见《现代文明的生态转向》,重庆出版社2007年版,第360页。
② (宋)周密:《武林旧事》,中华书局2007年版,第152页。
③ (唐)李白:《李太白全集》,中华书局2011年版,第791页。

将灵隐天竺比作"蓬丘"——蓬莱仙境，可见寺庙建筑之美。一路叠嶂清溪、幽林浮云，令他逸兴遄飞，又可见山林环境之清。诗中"松风"，本为"松门"，也是大有道理。因西湖入天竺寺路，夹道皆为古松，为唐刺史袁仁敬所植，"凡九里，左右各三行，每行相去八九尺"[①]，所以称"九里松"。这条道"苍翠夹道，藤萝冒涂，走其下者，人面皆绿"[②]，宛如"松门"。

再如崔颢的《游天竺寺》中，他先写天竺寺周围风景：

晨登天竺山，山殿朝阳晓。
厓泉争喷薄，江岫相萦绕。
直上孤顶高，平看众峰小。
南州十二月，地暖冰雪少。
青翠满寒山，藤萝覆冬沼。
花龛瀑布侧，青壁石林杪。
鸣钟集人天，施饭聚猿鸟。

除了第一联中有"山殿"，写建筑；第七联中有"鸣钟"、"施饭"，写人事，其余诗句满目都是厓泉、江岫、孤顶、石林、冰雪、青翠、寒山、藤萝、冬沼、瀑布、众峰，全是自然意象。这也说明，无论是灵隐寺还是天竺寺，就其建筑而言，并不见多少奇特之处，但正因为四周的园林环境特别幽静，使寺院陡然有了引领灵魂的功能，使人静听梵音、松声、鸟鸣，得到极好的审美体验。所以崔颢此诗最后四句，"洗意归清净，澄心悟空了。始知世上人，万物一何扰"，明确地写出园林风景对人的净化。佛寺园林就是这样将人引入禅悟的境界。

其二，佛教的生命观。

佛教生命观的基调是众生平等。所谓众生，共有十类，称为六凡四圣（六凡是：地狱、饿鬼、畜生、阿修罗、人、天；四圣是：声闻、缘觉、菩萨、佛），泛指宇宙间一切生命。而这一切生命，在佛教看来都是平等的。

---

① （明）张岱：《西湖梦寻》，中华书局2011年版，第59页。
② 同上。

唐宋以来，寺院地主经济的丛林制度日益完善，僧侣植树造林成了一项必不可少的公益劳动。杭州西湖寺院也是如此。这个传统一直承传下来，对西湖风景中自然生态的保护起到了积极作用。西湖寺观周围往往古树参天，郁郁葱葱。为了吸引香客和游人前来朝拜、投宿，还在寺观的外围适当地运用园林造景的手法来诱发人们的鉴赏情趣。所以，寺观建筑与山水风景的亲和交融情形，既显示佛国仙界的氛围，也像世俗的庄园、别墅一样，呈现为天人谐和的人居环境。

褚人获在《坚瓠集》讲了一则故事。灵隐寺有古松，大数十围，与月波亭相对。史弥远遣人伐松。灵隐寺僧元肇作诗曰："大夫去作栋梁材，无复清阴覆绿苔。惆怅月波亭上望，夜深惟见鹤归来。"以一种诗意的笔触，让史弥远放弃伐松。又有一回，阎贵妃父良臣起香火功德院，要在灵竺下伐松供屋材，元肇又写诗去劝："不为栽松种茯苓，只缘山色四时青。老僧不会移将去，留与西湖作画屏。"①

可见，佛家爱生的情怀，对西湖景观的维护也起到了极大的作用，使"天人合一"之生态美学理念广为传播。

第三节　从"壶中天地"到"芥子纳须弥"
——州治园林、皇家园林到私家园林

在《后汉书·方术传下》中有一则故事：

> （费长房）曾为市掾，市中有老翁卖药，悬一壶于肆头，及市罢，辄跳入壶中。市人莫之见，唯长房于楼上睹之，异焉，因往再拜奉酒脯。翁知长房之意其神也，谓之曰："子明日可更来。"长房旦日复诣翁，翁乃与俱入壶中。唯见玉堂严丽，旨酒甘肴，盈衍其中。

这则神话虽是方士们的杜撰，但"壶中天地"，以小见大，却成了中国文化中常有的现象。朱良志写道："中国人说，长江白沙无数，却可一尘观之；大海浩瀚屋前，却可一沤见之；群山巍峨绵延，一拳石约略知

---

① 褚人获：《坚瓠集》，见王国平主编《西湖文献集成》（13），杭州出版社2004年版，第374页。

之；更有那一叶落，知劲秋；一月圆，知宇宙；一朵微花低吟，唱出世界的奥秘；一枝竹叶婆娑，透出大千的信息。所谓一花一世界，一草一天国。"[1] 而我们欣赏马远、夏圭的山水画，也都从画幅的一角或半边，读出宇宙的浩瀚无穷。

在园林设计中，壶中天地也成了世人孜孜以求的境界，认为园林虽小，却是宇宙天地的微缩，其本身就是一个小宇宙。南朝庾信自置一园林，占地不大，数亩而已，地处偏僻，种几竿绿竹，养几尾小鱼，垒一片假山，建几处亭台，故称"小园"。他自己十分喜爱，在《小园赋》中开头便说："若夫一枝之上，巢夫得安巢之所；一壶之中，壶公有容身之所。况乎管宁藜床，虽穿而可坐；嵇康锻灶，既暖而堪眠。岂必连闼洞房，南阳樊重之第；绿墀青琐，西汉王根之宅。"觉得虽是小园，足以容他安居，不必重堂高阁、高台大门。

自中唐以后，一来是经济能力有限；二来是审美趣味的变化，中国园林日趋小化，而且这一园林设计空间原则一经确立，就成为中国人的文化自觉。这一原则最强有力的推动者，莫过于白居易。他不仅是中唐首屈一指的诗人、造园家，而且其造园的原则和其人生观、生活方式完全契合，因此对历代士大夫产生了深远的影响。

一 白居易与杭州州治园林

白居易是园林美学中"以小见大"风尚的推动者，在他的诗文中，有相当多的作品都是描写、记述园林的。他曾经先后主持营建了四处私园，为洛阳履道坊宅园、庐山草堂、长安新昌坊宅院，还有渭水之滨的别墅园。他在诗中写道：

> 闲意不在远，小亭方丈间。
> 西檐竹梢上，坐见太白山。
>
> ——《病假中南亭闲望》

小亭虽只方丈，但只要心存闲意，屋檐之外，即可遥望太白山，于是眼界陡然开阔。

---

[1] 朱良志：《曲院风荷》，安徽教育出版社2006年版，第79页。

> 不斗门馆华，不斗林园大。但斗为主人，一坐十馀载。回看甲乙第，列在都城内。素垣夹朱门，蔼蔼遥相对，主人安在哉，富贵去不回。池乃为鱼凿，林乃为禽栽。何如小园主，拄杖闲即来。亲宾有时会，琴酒连夜开。以此聊自足，不羡大池台。
>
> ——《自题小园》

在这首诗的上半段，白居易极生动地描写了当时官员以园林斗富的庸俗做派，而都城中街坊上园林众多，彼此夹峙相对的景象也跃然纸上。后半段中，则自抒己志，以禽鸟自由，反映他悠然自得的生活，同时也极力肯定小园的意韵和价值。

唐长庆四年（824），白居易从杭州刺史任上回到洛阳，在履道里西北隅，相中一个好园子，洛水从旁经过，园内有竹木池馆，颇有林泉之韵致。白居易买了下来，稍加修葺改造，就定居于此，十分满意，写了一篇《醉吟先生传》，记录园中诗酒生活。

> 醉吟先生者，忘其姓字、乡里、官爵，忽忽不知吾为谁也。宦游三十载，将老，退居洛下，所居有池五六亩，竹数千竿，乔木数十株，台榭舟桥，具体而微，先生安焉。性嗜酒，耽琴，淫诗。凡酒徒、琴侣、诗客，多与之游。游之外，栖心释氏，通学小中大乘法。……每良辰美景，或雪朝月夕，好事者相过，必为之先拂酒罍，次开诗箧。酒既酣，乃自援琴，操宫声，弄《秋思》一遍。

可见，这个园子是"具体而微"，其布局正如他在《池上篇》的长序中所描述："地方十七亩，屋室三之一，水五之一，竹九之一，而岛池桥道间之。"园中包括住宅和游憩建筑，占据三分之一，水池面积很大，是园林的主体，池中有岛，其间架设拱桥与平桥相联系。而他则陶然于其间。

> 每至池风春、池月秋，水香莲开之旦、露青鹤唳之夕，拂杨石，举陈酒，援崔琴，弹《秋思》，颓然自适，不知其他。酒酣琴罢，又

命乐童登中岛亭，合奏《霓裳散序》，声随风飘，或凝或散，悠扬于竹烟波月之际者久之。曲未竟，而乐天陶然石上矣。

他造园的目的，就是寄托精神和陶冶性情，正所谓"以泉石竹树养心，借诗酒琴书怡性"，"人与自然那种娱悦亲切和牧歌式的宁静成为它的基本音调"[1]，这是文人普遍的园林观。《池上篇》就清晰地道出了这个造园的主旨：

> 十亩之宅，五亩之园。有水一池，有竹千竿。
> 勿谓土狭，勿谓地偏。足以容膝，足以息肩。
> 有堂有庭，有桥有船。有书有酒，有歌有弦。
> 有叟在中，白须飘然。识分知足，外无求焉。
> 如鸟择木，姑务巢安。如龟居坎，不知海宽。
> 灵鹤怪石，紫菱白莲。皆吾所好，尽在吾前。
> 时饮一杯，或吟一篇。妻孥熙熙，鸡犬闲闲。
> 优哉游哉，吾将终老乎其间。

白居易的这种造园思想，或许与杭州湖山美景和西湖园林颇有关系。这一点不太可考，但可以肯定的是，他的生活理念，对杭州州治园林的整治影响极大。

隋唐时，钱唐郡改名杭州，并从西湖西面群山迁移到西湖东边平地。随着城市日渐庞大，"居住在城市、镇集里面的统治阶级，为了补偿与大自然环境相对隔离的情况而经营各式园林"[2]。最初建立的园林，大多是官僚贵族"宅园式"的私家园林，规模较小，成为日常生活、娱乐与玩赏之所。

当时杭州城中的园林，首推凤凰山麓的州治，这可归入"衙署园林"。据史载，州治始建于隋开皇十年，园林背倚凤凰山，面迎钱塘江，是杭城登高览胜的佳处。州治后苑内，有虚白堂、因岩亭、忘荃亭、望海楼等，从名称来看，就充满退隐冲淡之趣。

---

[1] 李泽厚：《美的历程》，文物出版社1981年版，第168—169页。
[2] 周维权：《中国古典园林史》，清华大学出版社2008年版，第3页。

白居易写了许多州治园林的诗篇，从《因岩亭》"岩树罗阶下，江云贮栋间"两句，我们可以知道，因岩亭凌于岩上，颇为高峻，岩树都罗于阶下，连江云也似乎飘浮栋宇之间。从《忘荃亭》："翠踯公门对，朱轩野径连"两句可知，忘荃亭正对公门，却有一条小径连着野地，虽在州治，但也极富野趣。他有时从东楼（即望海楼）凭轩望去，可见一派江景：

  海天东望夕漫漫，山势川形阔复长。
  灯火万家城四畔，星河一道水中央。
  风吹古木晴天雨，月照平沙夏夜霜。
  能就江楼消暑否，比君茅舍较清凉。

这首诗名为《江楼夕望招客》，几乎是做了一则广告，说尽江楼的好处。在楼上既可纵目望江海，望山势川形，望万家灯火和一道星河，而且此地风吹古木，声如落雨，月照平沙，洁白似霜，读之真有清风扑面之感。如果客人到来，他就在东楼上摆开宴席，"褰帘待月出，把火看潮来。艳听竹枝曲，香传莲子杯"（《郡楼夜宴留客》），几乎是通宵达旦，尽情欢愉的。而站在一座东楼之上，即可将江海尽纳入胸怀，的确是"以小见大"的最好表现。

州治园林中，一亭、一楼、一阁，虽规模甚小，但因为"放到天地之中去，汇入到宇宙的节奏中去，所以不小，招风雨，幕云烟，伴春花秋月，收渔歌鸟鸣。"[①] 这样的园林，自然令人心怡神飞，陶冶性灵，胸襟开阔。

白居易政通人和，心情常是平静，闲时在州治园林中生活，享用着其中的好处，也时常写成诗作。比如，他初到杭州，登楼看到的是"水心如镜面，千里无纤毫"，顿时"烦襟与滞念，一望皆遁逃"（《初领郡政衙退登东楼作》）。有时会效仿陶渊明的诗篇，写《虚白堂》：

  虚白堂前衙退后，更无一事到中心。
  移床就日檐闲卧，卧咏闲诗侧枕琴。

---

① 朱良志：《曲原风荷——中国艺术论十讲》，安徽教育出版社 2006 年版，第 89 页。

又如《闲卧》：

> 尽日前轩卧，神闲境亦空。
> 有山当枕上，无事到心中。
> 帘卷侵床日，屏遮入座风。
> 望春春未到，应在海门东。

可见白居易忙完公事后，来到后苑，移床就日，卧咏闲诗，日子还是悠游恬适的，这也恰是园林之功能。他偶尔凿得一池，也赋诗记之：

> 帘下开小池，盈盈水方积。中底铺白沙，四隅甃青石。勿言不深广，但取幽人适。泛滟微雨朝，泓澄明月夕。岂无大江水，波浪连天白。未如床席间，方丈深盈尺。清浅可狎弄，昏烦聊漱涤。最爱晓暝时，一片秋天碧。
>
> ——《官舍内新凿小池》

这是一个小池，青石砌成，底铺白沙，蓄了盈盈一汪浅水，在院子檐下不远，白居易偶发兴致，可以童趣盎然地狎弄玩耍，昏晕烦闷时也可以幽赏清心。至于其景致，则是"泛滟微雨朝，泓澄明月夕"，以及"最爱晓暝时，一片秋天碧"，从一方小池，能得到纯净的天光，小中见大、近中得远，令他心闲体适。

在《郡亭》一诗中，我们可以看出园林对他心灵的安慰。白居易"平旦起视事，亭午卧掩关"，可见公务之余，便乐得闲暇。除了亲阅官府记事的簿册文书外，就与琴书为伍。偶尔走到虚白亭，坐看云水茫茫。潮水来了，便凭槛一望；客人来了，便开筵痛饮。

> 终朝对云水，有时听管弦。
> 持此聊过日，非忙亦非闲。
> 山林太寂寞，朝阙空喧烦。
> 唯兹郡阁内，嚣静得中间。

他将山林与朝阙相对比，山林过于寂寞，宫廷过于喧烦，都不合他心意。只有做个守郡之吏，既可尽为国为民之心，又可享受忙中得闲之乐。这与园林之趣十分相似，山林太荒蛮，街市太喧杂，开辟一方庭院，"有堂有庭，有桥有船，有书有酒，有歌有弦"，可谓中庸和谐，两得其便。白居易与州治园林，就是如此相得益彰，既有大江阔其心胸，又有竹树养其心志；既有宾客悦其耳目，又有琴书怡其性情。所以，他渐有"中隐"之思：

　　大隐住朝市，小隐入丘樊。
　　丘樊太冷落，朝市太嚣喧。
　　不如作中隐，隐在留司官。
　　似出复似处，非忙亦非闲。

这与园林的气质也是相符的。"隐逸的具体实践已不必'归园田居'，更不必'遁迹山林'，园林生活完全可以取而代之。而园林也受到了'中隐'所代表的隐逸思想之浸润，同时又成为后者的载体。"[①] 士人们得了启示，都经营园林，以此象征乾坤宇宙之大，并寄托超然出尘的心志，在舒适的园林之中，尽享隐逸之乐趣。

连皇家园林，也受到这种思潮的波及。

二　南宋的皇宫园林

唐朝后期，杭州也被战争波及，疫病暴发，百姓流离，人口急剧减少。刘长卿用诗《奉送贺若郎中贼退后之杭州》记录了当时状况：

　　江上初收战马尘，莺声柳色待行春。
　　双旌谁道来何暮，万井如今有几人。

此后，钱镠入主杭州，被唐僖宗任命为杭州刺史，召回流民，恢复城市秩序，两次扩建杭州城。第一次是唐昭宗大顺元年，"筑新夹城，环包家山，泊秦望山而回，凡五十里。皆穿林架险而版筑焉。"第二次是唐昭

[①] 周维权：《中国古典园林史》，清华大学出版社2008年版，第213页。

宗景福二年，钱镠扩建外郭，东南沿江，西濒钱塘湖、霍山，西南至六和塔，东北至艮山门外范浦，凡七十里。因城池牢固，令觊觎者望而生畏，于是保得平安。此后因平乱有功，钱镠先后被封为越王、吴王。唐亡后，受后梁册封，立为吴越国王，定都杭州，于凤凰山麓建造牙城，用以扩建王宫。

经钱氏用心经营，国治方圆约九里，"以山阜为宫室，左界飞楼，右劚严城"，其中园林也得以兴盛。据《旧五代史·世袭列传》记载："镠在杭州垂四十年，穷奢极贵，……平江中罗刹石，悉起台榭。广郡郭三十里，邑屋之繁会，江山之雕丽，实江南至胜概也。"① 此时钱镠所经营的园林，已不再追摹唐代宫苑的繁丽壮阔，倒是乐意在皇家园林中融入士人园林的风格和情趣，也有了"壶中天地"的意境。北宋朱长文记钱镠之子元璙造园，有这样一段描述：

> 南园之兴，自广陵王元璙帅中吴，好治林圃。于是，酾流以为沼，积土以为山，岛屿峰峦，出于巧思，求致异木，名品甚多，比及积岁，皆为合抱。亭宇台榭，值景而造，所谓"三阁""八亭""二台""龟首""旋螺"之类，名载《图经》，盖旧物也。……今所存之亭，有流杯、四照、百花、乐丰、惹云、风月之目，每春纵士女游览，以为乐焉。②

如果说，"酾流以为沼，积土以为山"，与汉唐时期皇家造园风格相类似，但"亭宇台榭，值景而造"，还有景点题名，都已是对士人园林的模仿，甚至在当时著名诗人罗隐看来，南园还有点隐逸之风："敢言逃俗态，自是托幽栖。"朱长文还记载："始钱氏时，广陵王元璙者，实守姑苏，好治林圃，其诸从徇其所好，各因隙地而营之，为台为沼。"其中"各因隙地而营之"，显然也是因地制宜，在有限空间里雕琢园林，以期小中见大。这里所说的虽是姑苏，但风气所及，作为都城的杭州，其园林营造的风格，大抵也是如此。

在杭州，真正有具体记载，并蔚为壮观的皇家园林，自然是在南宋。

---

① 《旧五代史·世袭列传》。
② （宋）朱长文：《吴郡图经续记》卷上。

而在此时，于精微处追求广大，已成了世人设计园林的自觉追求，皇家园林也不能避免。

南宋临安的皇家园林，有大内御苑和行宫御苑。大内御苑为后苑，行宫御苑很多，据《武林旧事》中记载："湖上御园，南有聚景、真珠、南屏，北有集芳、延祥、玉壶。"① 除了德寿宫和樱桃园在外城，其他大都分布在西湖风景优美的地段。如湖北岸的集芳园、玉壶园，湖东岸的聚景园，湖南岸的屏山园、南园，湖中小孤山上的延祥园、琼华苑，三天竺的下天竺御园，北山的梅冈园、桐木园等处。还有一些分布在城南郊钱塘江畔和东郊的风景地带，如玉津园、富景园等。

据《武林旧事》中记载，南宋皇宫位于临安城南的凤凰山下，宫墙内包括宫廷区和后苑林区，在周长九里的地段内计有殿30座、堂32座、阁12座、斋4座、楼7座、台6座、亭90座、轩1座、观1座、园6座、庵1座、祠1座、桥4座。后苑位于凤凰山西部，宫殿区的后部，地势较高，气候凉爽，"山据江湖之胜，立而环眺，则凌虚骛远、瑰异绝特之观，举在眉睫"②，成为当时宫廷内部的避暑之地。同时，"禁中……有大龙池、万岁山，拟西湖冷泉、飞来峰，若亭榭之盛、御舟之华，则非外间可拟。春时竞渡及买卖诸色小舟，并如西湖，驾幸宣唤，锡赉巨万。大意不欲数跸劳民，故以此奉亲之娱耳。"③ 这个人工池约十亩，称为小西湖，湖边有180间长廊与其他宫殿相连。

《马可·波罗游记》里，也有一段记录：

> 这个内宫构成一个大庭院，直达君王和王后御用的各种房间。由大院进去，有一个有屋顶的过道或走廊，这种走廊宽六步，起长度直达湖边。大院的每一边有十个过道通到相应的长形的院子。每院有五十间房子，分别设有花园。这里住着一千宫女，服侍君王。他有时乘坐绸缎覆盖的画舫游湖玩乐，并且游览湖边各种寺庙。……这块围场的其余两部分，建有小丛林、小湖，长满果树的美丽花园和饲养着各

---

① （宋）周密：《武林旧事》，中华书局2007年版，第71页。
② （明）田汝成：《西湖游览志》，东方出版社2012年版，第72页。
③ （宋）周密：《武林旧事》，中华书局2007年版，第105页。

种动物的动物园。①

南宋时的行宫御苑,大都位于西湖边及钱塘江边,均可巧借江湖之景,以有限的园林,融入广大的湖、江、山之中去。玉壶园在钱塘门外南漪堂后,富景园与五柳园在新门外。真珠园在雷峰山前,有真珠泉、高寒堂、杏堂、水心亭、御港。屏山园在钱湖门外,"内有八面亭堂,一片湖山,俱在目前"②。

聚景园在清波门外,《武林旧事》载,园内有含芳殿、瀛春堂、揽远堂等目,及柳浪(柳浪闻莺一景,便在此园)、学士二桥。每盛夏秋首,芙蕖绕堤如锦,游人舣舫赏之,陆游曾作诗咏曰:"圣主忧民罢露台,春风侧苑画常开。尽除曼衍鱼龙戏,不禁刍荛雉兔来。水鸟避人横翠霭,宫花经雨委苍苔。残年自喜身强健,又作清都梦一回。""水殿西头起砌台,绿杨闹处杏花开。箫韶本与人同乐,羽卫才闻岁一来。鹢首波先涵藻荇,金铺雨后上莓苔。远臣侍宴应无日,日望尧云到晚回。"可见花木鸟鱼之盛。

延祥园在孤山,为林和靖故居,《梦粱录》称:"园有瀛屿、六一泉,香月、香莲二亭,挹翠、清新二堂。花明水洁,气象幽古。……香月亭环植梅花,理宗大书'疏影横斜'一联,刻于屏。"此地湖山胜景独为冠,侍臣周紫芝从驾幸后山亭曾赋诗云:"附山结真祠,朱门照湖水。湖流入中池,秀色归净几。……云车倘可乘,吾车兹已矣。便当赋远游,未可回展齿。"可见延祥园既可借西湖之水注入中池,又可借西湖之景以供观瞻。园中有凉台,巍然在于山巅,后改为西太乙宫黄庭殿。高似孙曾赋诗曰:"水明一色抱神洲,雨压轻尘不敢浮。山北山南人唤酒,春前春后客凭楼。射熊馆暗花扶晨,下鹄池深柳拂舟。白首都人能道旧,君王曾奉上皇游。"

玉津园在嘉会门南四里,南宋绍兴四年金使来贺高宗天申圣节,遂宴射其中。孝宗尝临幸游玩,曾命皇太子、宰执、亲王、侍从、五品以上官及管军官讲宴射礼,孝庙御制诗赐皇太子以下官曰:"一天秋色破寒烟,别篆连堤压巨川。欣见岁功成万宝,因行射礼命群贤。腾腾喜气随飞羽,

---

① [意]马可·波罗:《马可·波罗游记》,冯承均译,安徽人民出版社2012年版,第56页。
② 《梦粱录》。

袅袅凄风入控弦。文武从来资并用，酒余端有侍臣篇。"太子及大臣的唱和之作中，有"秋深欲晓敛寒烟，翠木森围万里川""名园佳气霭非烟，冠佩朝宗似百川……恩涵春意鱼翻藻，威入秋声雁落弦""江山秋日冠轻烟，别院风光胜辋川"等句，可见园林风光之胜，与周围"万里川"相融。

集芳园，位于葛岭南坡，坐北朝南，后靠山峦，面迎西湖，地势绝佳。此园本为张婉仪别墅，"绍兴年间收属官家，藻饰益丽，有'蟠翠'、'雪香'、'翠岩'、'倚绣'、'挹露'、'玉蕊'、'清胜'诸匾，皆高宗御题。淳祐间，理宗以赐贾似道，改名后乐园。楼阁林泉，幽畅咸极，古木寿藤，多南渡以前所植者。积翠回抱，仰不见日。架廊叠磴，幽渺透迤。隧地通道，抗以石梁，傍透湖滨。飞楼层台，凉亭燠馆，华邃精妙。前挹孤山，后据葛岭。两桥映带，一水横穿，各随地势，以构筑焉。"①"蟠翠"即古松、"雪香"即古梅、"翠岩"是奇石、"倚绣"是杂花、"挹露"为海棠、"玉蕊"为琼花、"清胜"指假山，从这些堂榭名，可见园中花木石山之盛。周密《齐东野语》卷十九还记载：

又以为未足，则于第之左数百步瞰湖作别墅，曰"光漾阁""春雨观""养乐堂""嘉生堂"。千头木奴，生意潇然，生物之府，通名之曰"养乐园"。其旁则廖群玉之香月邻在焉。又于西陵之外，树竹千挺，架楼临之曰："秋水观""第一春""梅坞""剡船"。亭侧通谓之"水竹院落"焉。后复葺"南山水乐洞"，赐园有"声在堂""介堂""爱此""留照""独喜""玉渊""漱石""宜晚""上下四方"之宇诸亭，据胜专奇，殆无遗策矣。

从匾名来看，充满文人的旷逸恬淡的气息。周密还引用了别人的辞赋以赞美："园囿一也，有藏歌贮舞，流连光景者；有旷志怡神，浮游尘外者；有澄想遐观，运量宇宙，而游特其寄焉者。"可见此园既可歌舞取乐，又可旷志养心，还可神游天外，真是人间胜景。

只可惜杭州皇家园林自被元军侵占后，竟遭受浩劫。时人汪元量写道："美人既去时，阁下麋鹿走，阁上鸱枭鸣。……空有遗钿碎珥狼藉堆

---

① （明）田汝成：《西湖游览志》，东方出版社2012年版，第107页。

玉案，空有金莲宝炬错落悬珠楹。"元至元十四年（1277），大内宫殿被火延烧，七年后，江淮总摄杨琏真伽奏请朝廷，将南宋宫殿遗址改建为五座寺院，即报国寺（原垂拱殿）、兴元寺（原芙蓉殿）、般若寺（原和宁门）、仙林寺（原延和殿）和尊胜寺（原福宁殿）。又过了三十余年，到了延祐六年（1319），除了报国寺，其余诸寺都被大火烧毁了。至此，辉煌一时的南宋宫殿及后苑，逐渐变得破烂不堪。于是，许多南宋遗民诗人过此，抚今追昔，无不唏嘘感叹，留下伤感的诗篇。

元诗人黄溍的《凤凰山故宋宫》诗曰：

> 沧海桑田事渺茫，行逢遗老色凄凉。
> 为言故国游麋鹿，谩指空山号凤凰。
> 春尽绿莎迷辇道，雨多苍藓上宫腔。
> 遥知汴水东流畔，更有平芜雨夕阳。

元诗人郑元祐的《杭州即事》诗曰：

> 瓦砾堆堆塞路坳，胜游巷陌尽蓬蒿。
> 祠宫地卧驼鸣圂，秘殿春扃马矢臊。
> 山色无如今度惨，潮头可似昔时高？
> 王师贵在能安集，岂必兵行血渍刀。

三 "芥子纳须弥"的私家园林

说完皇家园林，再说私家园林。

自从文人造园兴盛之后，能否将园林与更广大的自然景观融合，而表现出宇宙的无穷境界，是评价园林艺术高低的重要标准。杨万里在《无尽藏记》中，写过这样一个有趣的故事。

> 永新县东郭外右十里曰横江，张司理德坚居之，近无邑喧，远不林荒，乃筑山园以郭万家。剞壤为沚，实以芙蕖。布砾为径，夹以海棠。为亭为轩，以憩以临。园成，与吾友刘景明游焉，德坚若不满意者，顾曰："是非不佳，然人为，非天造也。"乃与景明竹杖芒屦，循海棠径北行百许步至禾江之滨，德坚却立曰："止吾得佳处矣。"

盖江水西来，渺然若从天流出，至是分为两，中跃出一洲，如横绿琴，昧昂尻庳，美竹异树，不葀而蔚，水流乎洲之南北崖，若裂碧玉钗股，势若竞骛，声若相应。若将胥命而会于洲之下。览观未竟，云起禾山，意欲急雨，有风东来，吹而散之，不见肤寸。义山之背，忽白光烛天，若有推挽一玉盘疾驰而上山之巅者，盖月已出矣。景明贺曰："'惟江上之清风，与山间之明月，耳得之而为声，目遇之而成色，取之无禁，用之不竭，是造物者之无尽藏也。'东坡尝为造物守是藏矣，自坡仙去，夜半有力者窃藏以逃，尝试与子追亡收逋而贮储于斯乎！"德坚乃作堂于其处，而题曰"无尽藏"云。年月日记

张德坚原先的山园有池有径有亭有轩，本是不错的住宅，他却并不满足，非要在禾江边再去寻找，认为得到"佳处"。或许其庭院不过也是照旧，但妙就妙在，这里风景极佳，江洲如横绿琴，禾山上云蒸霞蔚，东风催动江涛，山巅又有一轮月盘，这都蕴藏着天地之大美，宇宙之豪情，得住所如此，怎能不逸兴遄飞，胸襟一阔呢？

而西湖边的私家园林，也都是借西湖之景，实现园主人身在小园，胸存江湖的目的。

如今西湖边私家园林甚少，大多已成为西湖公共园林的一部分，而南宋时则蔚为兴盛。据吴自牧《梦粱录》记载："杭州苑囿，俯瞰西湖，高挹两峰，亭馆台榭，藏歌贮舞，四时之景不同，而乐亦无穷矣。"他记录了许多园名，比如内侍蒋苑使住宅侧筑一圃，"亭台花木，最为富盛，每岁春月，放人游玩，堂宇内顿放买卖关扑，并体内庭规式，如龙船、闹竿、花篮、花工，用七宝珠翠，奇巧装结，花朵冠梳，并皆时样。官窑碗碟，列古玩具，铺列堂右，仿如关扑，歌叫之声，清婉可听，汤茶巧细，车儿排设进呈之器，桃村杏馆酒肆，装成乡落之景。数亩之地，观者如市"。

又如南山长桥庆乐园，旧名南园，"有十样亭榭，工巧无二，俗云：'鲁班浩者。'射圃、走马廊、流杯池、山洞，堂宇宏丽，野店村庄，装点时景，观者不倦，内有关门，名凌风关，下香山巍然立于关前，非古沈即枯木耳"。

到了明清时期，私家园林又十分兴盛。明代文人李鼎撰《西湖小史》一书，对西湖周边十大著名园林、别墅作了品题："涌金惟寄园颇敞，而

取境不迂；南山惟寓林最秀，而结屋不称；孤山称快雪堂，而更置少韵；里湖推鸣鸥墅，而廓落无致。包园在灵峰者，人巧天工俱错，而斧痕太露；冯园在西溪者，老梅修竹俱古，而山骨不灵。予友江邦玉，筑室横山，林岫深迥，足称最胜。远则土桥金网、白荡懒园，水木幽茂，亦堪游憩。柴园特称丽甚，惜闷不为人见。他圃尚夥，不能悉载。无论宋时诸园不能仿佛，即如太仓弇园、惠山邹园、永嘉王园、云间顾园，皆脍炙一时，数墅一丘一壑，恐不能敌。差足豪者，西湖一大园耳。"

明代江元祚曾作一篇《横山草堂记》，记录了他在杭州一处私家园林的佳构。江元祚，字邦玉，才学出众，喜诗善文，入清后，他退隐著述，有《横山草堂集》10卷传世。世人将六松林的横山草堂、五云山的曲江草堂、九溪的南涧草堂合称为三朝古迹，素负盛名。《定山杂记》有诗，云："近浦田容买十双，高楼好启读书窗；草堂数试三朝迹，南涧横山更曲江。"横山草堂今已不存，但可通过文章，约略知晓当初的形态。

从《横山草堂记》中，我们得知，横山草堂，乃在西溪一侧，从城中过去，可以有两条路，"一由涌金门，以平湖、长江为径，历净慈而梵村，入朱桥；一由钱塘门，以古梅、修竹为径，历东岳而西溪，越大岭。"这两条路，都是风景绝胜，前者萧旷，后者幽邃。江元祚觉得，进山以幽邃为妙，于是常常取道西溪。于是，他开始书写沿途之胜景。

> 西溪抵吾庵，路过半矣。沿途茂林森夹，碧涧纡流，村落茅亭，不数里一憩。且转折烟迷，如入武夷九曲，非止行山阴道，令人应接不暇也。
>
> 今庵二百余武，更有六松，大数十围，高可百尺。古干龙拏，苍姿翠滴。每箕踞其下，清冷之气逼人，不惟为横山翘楚，即三竺、九里，亦避下风。惜局于社垣之间，殊未得所耳。然峭崿路旁，与佛慧古梅、法华老梅，均为吾往来快观。若千百年来预为山居辟此佳径也。
>
> 由是渐入深壑，竹阴转密，日影不漏。有溪一湾，潺潺横泻雪浪漱石齿间。予磊石为桥，即名"漱雪"，更植桃其岸。旁有一泉，尤清澄可鉴，中涵竹色，因以"蓄翠"题焉。过此，则白云苍霭，斜封小径，而一种幽深之致，能令人意自远。

以上所写，均为草堂外景，有苍松修竹、明溪清泉，于此闲步，的确是幽深宁谧，令人尘虑尽消。过了这条小径，"再历高阜，松筠夹道，逶迤而入"，这才看到"编竹为扉，曰'鹿籓'"，籓内是一片空地，种了几十株梅花，冬天时白雪铺地，开出鲜艳梅花，很有孤山疏影之态。此处也有景致，"一望翠竹成窝，青山作障，兼多林木掩映茅檐，而篱垣一带，横亘山腰，如作关栅"，真是清幽动人心。由此再进，才有建筑。

首先是竹浪居，因为此堂"高出竹杪，风枝扫月，如奔绿浪"。然后是净供梵王的"空蕴庵"。庵前有梨树一枝，疏秀入画。等到花开之时，春雨微濛，娇香冷艳，潇洒风前，极有韵致。左边为主人寝榻"香梦窝"，右边是款待朋侣的"挂屐寮"。再后面，是"云髻轩"，名字源于"峰露墙头，如人行于墙外而见其髻"。庭北有两个阁楼，松翠翳目，云壑挂窗，署曰"巢松"，曰"云肆阁"。"之南又有轩，结境虚敞，桐阴藓石点缀阶前，竹露松风时送秋响。更枕小涧，旦夕沸声，非特眼界闲远，抑且耳际多韵。偶举陶句曰'悠然见南山'，取其面山而悠云耳。"稍下数级，临所枕涧，因堪浴砚，即以名溪。溪上架一艇，曰"留屦"，在此可以"凭栏醉目，观星浪碎飞，或汲流煮茗，坐以谈玄"。过了此地，就其高下屈曲，嵌一修廊，宜吟宜步，曰"却月廊"。廊尽，另辟一窦，背山临流，曰"花源云构"，这里有敞阁三楹，因为山翠环拥，所以十分爽适。"当雨雪之晨、霞月之夕，挹岚光之变幻，观浮云之卷舒，能令骨痴心醉。"下有曲室，曰"偕隐"，就是与妻子的住所。再往里进，有半阁，名叫"藏山舫"，这里"两崖相夹，如泊富春山下，境之最幽绝者"。

由此可见，草堂规模甚大，占地数十亩，位置自然天成，风光佳秀，其内则有傲雪桥、竹浪居、香梦窝、偕隐崖、醉山楼、霞外亭、藏山舫、拥书楼、藏经阁、却月廊等，又植有梅、竹、梨，以便四时观赏。

住在草堂中，推窗可见"松翠障目"，凭栏可赏"星浪碎飞"，举头则是岚光变幻浮云卷舒，闲时可"汲流煮茗"，登霞外亭"白云拥足"，更觉飘飘欲仙。

草堂之后，又有白龙潭，也是难得之佳景。钟毓龙在《说杭州》书中描写道："白龙潭在龙门山，一名老龙潭。潭在听法庵下二百步，险涩异常，仅可侧足，不容正步。两岩中劈，峥嵘如牛角、虎牙，齿齿相峙。斧凿剑削，层垒成岩。而苔藓阴郁，寒飙袭人，绝类天台双阙。潭深千尺，奔流下注，如泼万斛珠玑于碧玉峡。其泻响作声，轰雷疾霆，哀丝急竹，莫喻其变也。"

明释大善有《横山草堂》诗，对此园有个很好的评价：

> 六松引径入桃源，潭有潜龙洞有猿。
> 就水结亭花近槛，依山构阁竹临轩。
> 望江移榻栖霞岭，看月因梅倚雪垣。
> 处处化工先位置，不须开凿得名园。

江元祚对此园林也大为满意，甚至有些惶恐，《横山草堂记》的结尾写道："乃知草堂之构，即屏以崇山峻岭，复绕以茂林修竹。前则江湖梅松为径，后则岩石泉瀑为邻，诚为造物所钟，必厚以大福而后乐此。予薄福人，愿依栖焉，敢自期耶？子言归澹圃如寄，子真知我者矣！"前面几句，寥寥数语，写出草堂环境之妙。后面几句，自谓福薄之人，怕是不能消受此地之妙，于是产生"如寄"之感，对此草堂，浑不以占有为念，如对知己，对美人，相慕又相敬，相看两不厌，也是一种佳境。

明清时，中国园林已从"壶中天地"，缩减到"芥子纳须弥"，要以一芥之小，来藏一座须弥之山，园林设计更为精细考究，如陈所蕴的《啸台记》曰：

> 予家不过寻丈，所裒石不能万一，山人一为点缀，遂成奇观，诸峰峦岩洞，岑巘溪谷，陂坂梯磴，具体而微。山人能以芥子纳须弥，可谓个中三昧矣。

而李渔干脆就将自己的园林取名为"芥子园"："此余金陵别业也，地止一丘，故名'芥子'，状其微也。往来诸公见其稍具丘壑，谓取芥子纳须弥之意。"李渔是明清之际著名的造园家，他的理论当然是当时园林艺术原则的终结。

而郭庄也恰能体现这一特色。郭庄始建于清咸丰年间。最初的主人是丝绸富商宋端甫，后归属于山西汾阳郭氏，遂易名为汾阳别墅，杭州人称为郭庄。对郭庄保护居功至伟的陈从周曾在《新民晚报》上刊登文章《郭庄桥畔立斜阳》，介绍了郭庄的情况。

此文先说明郭庄位置，"在卧龙桥北，离刘庄不远，滨湖之西岸，选址极好"。庄内风景,"其最令人叫绝者,应该说是跨溪一桥,桥以湖石垒成,上见一阁,桥外西湖如镜,桥内小溪如环,引入园境。此海内孤例也。如果以舟游,从湖上望景色尤美。以此一桥一溪,园与湖贯气了,而登阁呼啸,湖上风光,园中幽色,皆收眼底,构思在'巧'。园固为大池,中隔以一亭,分左右两部,亭廊皆面水,以桥洞通湖。水汪洋矣,建筑安排紧凑,可与苏州网师园媲美。但网师园园外无景可借,还稍逊一筹呢。"

此文说郭庄之妙,关键在于借景之巧。所谓借景,就是以有限的园林景境,融入无限的宇宙之法。园林创作中,又将之称作"互相借资",张家骥《园冶全释》:

> 任何一处景境的创作,都应是构成园林完美而和谐的整体部分,不论是由外而内,由内而外;自上瞰下,自下仰上;由远瞻近,由近眺远,无不具诗情而又画意。必须从人和人的视觉活动的审美要求,通过时空融合的整体环境,体现出自然山水的精神和意境,这就是"互相借资"的意义。

运用此法,可以使园林突破空间,"得景则无拘远近,晴峦耸翠,绀宇凌空。极目所至,俗则屏之,嘉则收之,不分町疃,尽为烟景"[1]。计成又说:"夫借景,园林之最要者也。如远借、邻借、仰借、俯借、应时而借。"[2]

郭庄地处西湖杨公堤岸,四周风景如画,具有得天独厚的地理位置,所以长于借景,乘风邀月轩、景苏阁、仁云亭,都是借景的佳地。

在乘风邀月轩上,一道石栏直接临湖,并无高墙障目。凭栏远眺,足可览尽六桥烟雨。夏日移去门窗,即成凉亭,风送荷香,尽消暑气。冬日安上门窗,则是一座暖阁,任雪花纷飞,轩内暖意融融。若中秋时节,皓月当空,清风扑面,坐于轩中,便可乘风邀月,令人直欲乘风而去。

景苏阁位于郭庄内的东侧,是主体建筑之 。阁名之内涵,是站在阁中,远眺苏堤烟柳,内心生出景仰先贤苏轼之意。站在此阁东面,推窗即

---

[1] (明)计成:《园冶》,中华书局2011年版,第200页。

[2] 同上。

是苏堤,此为远借。西面依窗,可俯瞰园内全景,此为俯借。在楼下走出小院,面前就是浩浩西湖。站于临湖的平台上,可见水中绿荷亭亭,游鱼嬉戏,而远方苏堤一痕,隐现于烟波之中,加上清风送爽,使人悠然超尘之感,这是邻借。陈从周曾赋《西湖郭庄闲眺》诗:

> 苏堤如带水溶溶,小阁临流照影空。
> 仿佛曲终人不见,阑干闲了柳丝风。

大体说的就是在景苏阁远眺之感。他又曾著文,写郭庄眺望所见:

> 湖畔的云柳,蒙蒙像一尺薄帘,斜阳反射了湖光,有浅有暗,苏堤如玉带般平卧在近处尽头,轻盈得柔弱无力,仿佛浮在水上,飘逸的清态,更是一尘不染,南宗山水秀润之笔,于此得之了。坐久两忘机,归途入梦迷,车匆匆去山阴道上了。

此外,郭庄中还有忾云亭,又名赏心悦目亭,为一四角攒尖方亭,位于太湖石山峰之巅,一亭孤高,前临园外西湖美景,远借山环如屏、苏堤六桥;后俯园内一镜天开湖,俯借湖山画境、庄园诗情。入亭中,依青山,拥西湖,咫尺之地,情怀宽广,以一角小亭而引湖山之胜,可谓妙绝。

在郭庄,还另有一种借景的方式,就是间接借景,比如,设计者将两宜轩与一镜天开湖结合,站在轩内,俯首可见水面上天光云影共徘徊,加上树草亭阁等物,倒影随波荡漾,使景色更富动感,也使园区顿感开阔。

尽管如此,园林空间毕竟日趋狭小,纵然在理水、叠山、建筑、花木、景点组合方面耗尽心力,做到极致,"如何寻丈地,绰有江湖阔"(袁宏道),但往往只具象征意味,仿佛诗文中的用典,接受过文化训练的人,可以会心一笑,了然于心,但其真正价值,比如生态价值、游赏价值,其实寥寥,说破大天,也不过就是楼阁之间,几片假山上挂几条藤蔓,一方小池里浮几枚荷叶罢了。况且,园林空间的狭小,实际上也框住了人心。北宋毛滂对其园貌进行过这样的描述:

> 试择其蜷蚁之余,加以斧斤,乃能为亭二,为庵、为斋、为楼各

一，虽卑隘仅可容膝，然清泉修竹，便有远韵。又伐恶木十许根，而好山不约自至矣。乃以"生远"名楼，"画舫"名斋，"潜玉"名庵，"寒秀""阳春"名亭，"花"名坞，"蝶"名径。而叠石为渔矶，编竹为鹤巢，皆在北池上。

空间如此之小，"卑隘仅可容膝"，因为有了清泉、修竹，伐树以望远山，就有了"远韵"，但总让人觉得局促，"空间日益逼仄，日益令人窒息本是必然的，不论造园者怎样努力将园林与宇宙融为一体，但显然都不能最终克服园林空间实际上的日益狭蹙，……由重重深院、曲池回廊、杨柳珠帘……构成的完美空间艺术，对园居者精神的桎梏。"[1] 这其实是颇为可怜，甚至有些猥琐的。李斗生活于清乾隆年间，当时正值清朝扬州园林繁盛之时，他曾精心记录了当时园亭的风貌。而从中，我们也能看到园林的弊病。在《扬州画舫录》中，他曾这样写扬州某园：

> 薜萝水榭之后，石路未平，或凸或凹，若蹄若啮，蜿蜒隐见，绵亘数十丈。石路一折一层，至四五折。而碧梧翠柳，水木明瑟，中构小庐，极幽邃窈窕之趣。颜曰"契秋阁"，联云："渚花张素锦（杜甫）、月桂朗冲襟（骆宾王）"。过此又折入廊，廊西右折；折渐多，廊渐宽，前三间，后三间，中作小巷通之，覆脊如工字。廊竟又折，非楼非阁，罗幔绮窗，小有位次。过此又折入廊中，翠阁红亭，隐跃栏槛。忽一折入东南阁子，躐步凌梯，数级而上，额曰"委宛山房"。联云："水石有余态（刘长卿）、凫鹥亦好音（张九龄）"。阁旁一折再折，清韵丁丁，自竹中来。而折愈深，室愈小，到处粗可起居，所以顺适。启窗视之，月延四面，风招八方，近郭溪山，空明一片。游其间者，如蚁穿九曲珠，又如琉璃屏风，曲曲引人入胜也。

短短三百字文章里，"折"字竟出现十一次，可见园中是螺蛳壳里做道场，"盘意取屈曲，旋转无定区"（袁枚），虽然用心巧妙，但毕竟气闷憋屈，令人"游其间者，如蚁穿九曲珠"，哪里还有一点胸襟开阔、鹏程万里的大气象？就像园林中的楹联，喜欢集联，集现成的碑帖或诗文句子

---

[1] 王毅：《中国园林文化史》，上海人民出版社 2014 年版，第 164 页。

以成对，有时不免生搬硬套，纵然偶尔用得巧妙，但除了炫耀才学，但却没有了原创的生机和灵动。中国园林到了这地步，"以小观大"，不过是文人的意淫罢了。正如沈复对苏州狮子林的评价：

> 其在城中最著名之狮子林，虽曰云林手笔，且石质玲珑，中多古木；然以大势观之，竟同乱堆煤渣，积以苔藓，穿以蚁穴，全无山林气势。以余管窥所及，不知其妙。①

这话真如皇帝新装的小孩，一语道破天机。我们平常去园林，走进狭窄的小径，看到造型奇怪的假山，再看到一汪富营养化的绿水，不也是这种感觉？俞孔坚教授更是语出惊人，将中国古典园林归入"小脚主义"美学范畴。他说：

> （在古典园林里，）有用的灌渠和丰产的水塘变成园林里的装饰水景；水池里放养的是畸形的金鱼；良田转眼变成了无用的观赏草坪；绿色的丰产作物和乡土植物被金色或黄色叶子园艺品种和奇异的花坛代替；招摇的牡丹和玫瑰淘汰了蔬菜和草药。为了制作盆栽，健康的树被肢解、扭曲；"精致"的太湖石被点缀在大街上；就连桃树也只让其开花不让结果。像小脚女人一样，这些风雅的城市装饰不再生产，却耗尽物力和财力以维护其生存。它们被浇水、修剪、除草，以及无尽的人工再造。

这话虽然偏激，但也是振聋发聩。因为我们一直将传统园林认作是人与自然和谐的典型，这当然也有道理。但是，当园林发展到后期，挖湖、堆石成为常态，种植不结实的果树，天天雇人浇水拔草，哪里还有人与自然和谐的样子呢？其不过就是一种虚假的诗情画意，一种伪装的天人合一罢了。俞孔坚认为，真正的景观应该能自我调节，不能依靠人力维护。

> 平时是自己能够调节自己的土地，生生不息的土地。本来是一个健康的，本来可以自己调节，可以自己生生不息的土地，最后变成一

---

① 《浮生六记》卷四。

个自己不能行踪,不能活动的小脚城市。

幸好,中国传统园林到了晚清,便宣告结束,遗留的园林不过就是历史标本,供人瞻仰而已,而更伟大、更符合生态美学的园林出现了,这便是公共园林。

第四节　民众共享的公共园林

无论是皇家园林、私人园林,还是寺院园林,都属于封闭式内向型园林,以少数人追求视觉之美和精神寄托为目的。周维权先生给它的定义是:"在一定的地段范围内,利用、改造天然山水地貌,或者人为地开辟山水地貌,结合植物栽培、建筑布局,辅以禽鸟养畜,从而构成一个以视觉景观之美为主的赏心悦目、畅情舒怀的游憩、居住的环境。"[①] 美则美矣,但对于普通民众而言,只能望门兴叹,用处并不太大。唯有公共园林,才能让民众生于兹、乐于兹,得以悦目赏心。

一　公共园林的萌芽

据史载,唐代以前,虽有西周王在园囿与民同乐的记载,细究起来,百姓只不过是进园劳作,比如采薪割草、捕雉捉兔而已。秦汉时的上林苑、太液池,隋唐时的东内苑、西内苑和禁苑,一听其名,就不是对外开放的。当然,唐朝长安城有曲江池,真是烟柳繁华地、温柔富贵乡。南有紫云楼、芙蓉苑,西有杏园、慈恩寺。王公大臣、豪门贵族们又在水边盖了许多亭台楼阁,极尽富丽豪华,真是处处花草馥郁,烟水明媚。每到上巳节,游人如织,比肩接踵。达官贵人们也会出现,迎来万人围观。杜甫写下《丽人行》,当中有"炙手可热势绝伦,慎莫近前丞相嗔"之句,说明曲江池边,有许多普通百姓围观,又怕近前,被丞相杨国忠嗔怪。宋代则出现群体游园热,公共园林也陆续出现。

周维权谈到宋代城市公共园林时,说北宋东京城内外散布着许多池沼,由政府出资在池中建植菰、蒲、荷花,沿岸植柳树,并在池畔建筑亭

[①] 周维权:《中国古典园林史》,清华大学出版社 2008 年版,第 3 页。

台楼榭,成为东京居民的游览地,相当于公共园林。[1] 比如城东南三里外有一平台,据说是东汉梁园遗址,被修缮成园林。李白曾留有"平台为客幽思多,对酒遂作梁园歌。却忆蓬池阮公咏,因吟渌水扬洪波"之句,宋代时再加开拓,成为一处公共园林。而东京民众极爱出游,《东京梦华录》记载春游时的盛况:"四野如市,往往就芳树之下,或园囿之间,罗列杯盘,相互劝酬。都城之歌儿舞女,遍满园亭,抵暮而归。"可见民众对公共园林的由衷热爱。

进入工业文明后,城市日渐扩大,人口日渐集中,居住环境恶化。西方有识之士开始保护自然,并设计城市中的公共园林。比如美国园林学家奥姆斯特德就协助联邦政府规划国家公园,禁止任意开发。同时,他还在纽约建设中央公园,在布鲁克林设计前景公园等,力求"将乡村带进城市",建立公共园林,逐步推进城市园林化。

而英国学者 E. 霍华德在《明日之田园城市》一书中提出著名的"田园城市"的设想。他认为,这种形式的社区既可消除城市向外的无限蔓延,又能够成为宜人的居住和工作环境。虽然他的田园城市并未大规模出现,但他的理念,直接推动了公共园林概念的形成。园林将不再只是王公贵族或是官宦富商的后花园,而是由政府出资经营,向公众开放,由内向型转为外向型,让普通市民都能受益。其功能也在转变,"兴造园林不仅为了获致视觉景观之美和精神的陶冶,同时也着重在发挥其改善城市环境质量的生态作用——环境效益,以及为市民提供公共游憩和交往活动的场地——社会效益"[2]。

而杭州是幸运的,凭借其天然的地理优势,在城市发展的过程之中,一直就有意识地将西湖景观建设成公共园林,如今已非常成熟,为世界所瞩目。

二 西湖公共园林

西湖风光甲天下,半是湖山半是园。正所谓"虽由人作,宛如天工",西湖之美,半在山水,半在人工,形成一个开放性的山水园林,其形式异常丰富,其内涵经过日积月累,变得无比深厚。以至于余秋雨在

---

[1] 周维权:《中国古典园林史》,清华大学出版社 2008 年版,第 330 页。
[2] 同上书,第 8 页。

《西湖梦》里写道：

> 它成名过早，遗迹过密，名位过重，山水亭舍与历史的牵连过多，结果，成了一个象征性物象非常稠厚的所在。游览可以，贴近去却未免吃力。为了摆脱这种感受，有一年夏天，我跳到湖水中游泳，独个儿游了长长一程，算是与它有了触肤之亲。湖水并不凉快，湖底也不深，却软绒绒地不能蹬脚，提醒人们这里有千年的淤积。上岸后一想，我是从宋代的一处胜迹下水，游到一位清人的遗宅终止的，于是，刚刚弄过的水波就立即被历史所抽象，几乎有点不真实了。

谁说不是呢？从东晋、隋唐以来，佛寺、道观陆续围绕西湖建置，地方官员也知西湖之好处，就不断疏浚整治。前文说过，李泌任杭州刺史时，开凿六井，兴修水利，做了些民生工程。白居易在杭州刺史任内，筑堤保湖，蓄水灌田之外，还大量植树为林，修阁筑亭，使杭州成为"绕郭荷花三十里，拂城松树一千株"的风景城市。唐末五代，中原陷入战乱，建都杭州的吴越国却保持了百年太平，对西湖进行规模甚大的造景运动，且置军士千人，专门疏浚西湖，力度可谓空前。宋代苏轼修成苏堤，并遍植桃柳，既稳固了堤岸，又使西湖景致更为动人。南宋以杭州为行都，对西湖更作一番整治，因而"湖山之景，四时无穷；虽有画工，莫能摹写"。因此，西湖景观经过许多能工巧匠、画家诗人、禅师韵僧之手，园林之胜极为雅致妩媚。

而西湖园林最可贵者，是其公共开放性。在思想精神上，园林最早从娱天神到后来娱人王，再到娱官宦、娱自己，当然是令人越来越亲近。文人与大众未有不好山水的，城市山林来自于文人士大夫的"中隐隐入市"合目的性的艺术空间。"公共园林"则多为城市山水自然景观与山水相关的受人们爱戴的人文景观的结合系统。西湖就是这种优秀的城市公共园林集合体，不知不觉成了城市山林、公共园林的代名词。在西湖这个大型的城市山水园林之中，隐藏了众多的人文景观，林木森森、云烟万状，真所谓"东南异境"。

西湖风景乃真山真水的风景，是质朴开放明快的风景，是尺度宜人、贴近大众的风景。西湖山水同城市联系密切，城以湖美，湖以城壮。城市居民的生活起居同西湖结下了不解之缘。千百年来，在广大民众的审美精神中自然就积淀了对西湖浓浓的乡情、爱情。清代艺术家李渔走遍天下，最后举家定居杭州西湖旁，即为例证。明末清初张岱的《西湖梦寻》表现了"梦西湖如家园眷属"的情思，我们可以当成一部关于公共园林审美诗话来读。

我们且跟随明朝文人刘邅《叙湖记》的行踪，来一览西湖公共园林的全貌。他乘舟行于水上，"第觉细柳成烟，荷风自冷。画阁临波而半开，游加依岩而云集。歌吹生香，绮罗如水。"这是钱塘、涌金二门之间，今为柳浪闻莺景区。往南，"长林绿暗，缀岩壑以参差；众阜荣荣，对波光而魄冷。松高石瘦，洞远桥幽。"这是雷峰山与南屏山之间，林木岩壑映于波光是其特色。再往北，"绿乍沉而乍浮，峰时高而时下。闲云傍于汀渚，野鸟集于菱芦。花柳陆离，荒堤如带，鱼虾游泳，池畦如围。"这是三潭印月和苏堤六桥之间的景致。从六桥，他渐渐到了北面，"林峦依烟而近遥，塔庙随山而掩映。平堤烟断，遥怜数点之红；荒树梅青，怀想归来之鹤。波间水瀲，藻洁萍浮。"这是白堤与孤山之间所见，有林峦，有塔庙，又有平堤一痕，梅花一片。"堤遥而树影如雾，林开而山阁无人。两山相对，空翠自生。一水瀲涵，清光抹出。新篁摇曳，时闻万竿之雨烟；古荡无波，长留千载之幽魄。"这是西泠桥和里西湖一带的景致。"浮屠高出于云端，金碧辉煌于水上。歌声日沸，林壑传香。草腥而渔子初回，波空而钟响时出。"这就是断桥附近，有保俶塔高耸天际，又有玛瑙寺、大佛寺，所以金碧辉煌。

到此，他将西湖周游了一圈。

除了叙湖，他又作《叙山记》，认为"游湖者，出钱塘，泊南屏，一入里湖而返，以为观止矣。其有好事者，欲舍湖而之山，不过一往灵隐，由六桥、三潭而归"，而他觉得，西湖之山不可胜数，于是乘病体恢复，便去游山。我们且追随他的行踪，做西湖群山深度游。

他先往西湖之北，"望西林而右折"，但见"古藤老树，莱蔚其间；蜩响禽声，摇曳其际。林尽道穷，见一山飞舞而下者，为北峰之支。"这其实就是葛岭。他走上山岭，"从山支取道，仰古松，俯幽石，听新篁，履纤流。穿径过桥，出林落磴，乃见一石，铁色云质，若飞若停者，为紫云洞。从洞中窥天，天小如掌；从洞中瞰云，云出如沸。出洞口、下高岗。苍碧递来而不断，蒙然而可望者，为金鼓洞。"这些景致都在栖霞岭上。栖霞岭有五洞，其中紫云洞为最妙。如今洞口刻有四字，为"紫云洞天",下石阶二十余步,便觉豁然开阔,可容百余人。洞中深藏寺宇,香烟缥缈,前后两厅。沿着岩洞蜿蜒深入,只见岩壁如削,一条狭径将两厅相互连通。前洞较宽,光线从峭壁之间透入,在洞里往外看,可见山树,以及约微的光线,紫霞如烟。洞最深处,有西方三圣佛龛,供人礼拜。

从洞中出来,"岗尽道夷,平畴绿舞。听洞上之风,望四山之美。委蛇于长禾肥草之中,有寺葱葱当其前者,为玉泉寺。寺有二水:一水清皎,可鉴丝发,有大鱼千头散其中者,为玉泉池;一水沈滑无滓,而波面滴滴作受雨状者,为法雨泉。"如今玉泉寺遗址、玉泉池、法雨泉都在杭州植物园内。

从玉泉寺返回,往南至岳坟,再往西行,一路"飞叶洗日,凉风摇耳。流淙淙以自续,烟漠漠以相交。柳尽桤来,行穷花出。有峰嵯峨而立,而一水带其前者,为飞来峰。峰来如坠,峰势如暂立。濑响历历,若裂缯帛。寻响而前,不数武,一刹巍然当其前者,为灵隐寺。"关于灵隐寺飞来峰,前文已多次提及,此不赘言。

在灵隐寺前不远,"细泉戛戛而鸣,紫薇婷婷而舞。木石参差,亭馆崔错者,为包家园",这也是西湖名园之一。从包家园往前,"大壑阴阴而日渗,文瀑袅袅以雨飞。足疲行倦,而一寺适当可憩之所者",这就是韬光寺。"从寺门而盼,高岑层层送霁;攀古萝而上,荒砌步步生寒。砌断萝空,一坪坦焉。其上近可以眺湖,而远可以眺江者,为岑之顶。寺后有洞凝寒,言语皆响者,为维摩洞。返故道,绕飞来峰之根以右折。"这段话,写尽了韬光寺环境的妙处。

出韬光寺,走了里许,就到了三天竺。首先,他看到"三石峭瘦,而倚于峰之侧者",就是著名的"三生石"。此地环境幽阒,"一溪绿暗,覆流泉而响幽;两峰丛深,映山云而气冥。"听到梵音溢林外者,就到了法相寺。由法相寺左折而度坂桥,入荒径,碧青相接,禽鸟相闻,一屋蓬然而临于路者,为石屋。从石屋去里许,有洞铿然而出瀑声,听之若环佩之舞者,为水乐洞。这就到了南高峰烟霞三洞,即石屋洞、水乐洞、烟霞洞,都在南高峰下烟霞岭上。

离开水乐洞,登上烟霞岭,举目只见"江气湖光,时隐现于林杪;峰纹塔影,恍浮动于眉端",这里就是烟霞寺所在地。"寺后有石丹碧色,冷气阴浓,时闻淅沥之声者,为烟霞洞。出洞门而抚深壑。幽度重泉,危蹑岧嵽。"他自觉"身寄虚空之外,目乱群峰之前。来往无定,倏然东西。"又往西北越过一些山岭,偶见一庵,"望町畦幽响自生,野花乱缀一泉,清且冽而出于寺门",就到了龙井。龙井位于风篁岭,经修缮,有众多古迹。清乾隆皇帝于1761年南巡时,曾亲临此地,题龙井为"湖山第一佳",又曾题龙井八景,即过溪亭、风篁岭、龙泓涧、涤心沼、翠峰阁、一片云、方圆庵、神运石,均藏于山谷之中,林木交翠,有清溪流淌,颇为幽静。

他从龙井往东,路远迢迢,回到西湖。过六桥,翻过南山。"傍岩沼江,升峦陟岫十余里,乃见一亭,负山凭江而危立者,为五云亭。出亭蹑磴,凌崎岖,盘青空,林涧壑在下,心眼为开",这就是到了五云山,山势颇高,视野很广,"近俯湖上诸峰,则怒生丛指,若花蕊之初开;远眺江上诸岫,则奔走披离,带烟光而明媚。汀水随秋以共回,湖波吹碧而无休"。山顶有真际寺,"耸然自振,以通江湖之气为五云端"。他越过五云端,一路沿着山溪,"历险巘,杂荒芜。麋鹿为群,猴狖相狎。目不得停,足不得住",就到九溪十八涧。这里,"壁立以抵山根,若从云端而坠者,为十八涧之首。从此而涉清流,履白石,两山翠合。众响相传。桥屡过而不知,涧往来以相送。山穷水尽,湖湛然而明于前者,为十八涧之终"。至此,他基本走遍西湖以北、以西、以南诸山,记录了明代西湖山水园林的全貌。

近代以来,受"西学东渐"的影响,公共意识得以发展,传统园林形态开始"现代化",其突出表现,就是园林边界意义的退化,传统园林突破藩篱,开始有了真正意义上的"公共园林",简称"公园"。民国成立之后,孙中山倡导天下为公,旧日的皇家园林、私家园林,都渐渐向大众开放。解放后,许多公园被称为"人民公园",明确体现出"为中央、为生产、为劳动人民服务"的园林建设方针。

在西湖公共园林的建设中,大概有三种形式:(一)私园直接开放为公园,比如西泠印社由会馆园林变成公共园林,孤山上中山公园是1927年为纪念孙中山先生,由清朝御花园原址上改建,此外虎跑寺改建虎跑公园,云栖寺等改建云栖竹径公园;(二)以私园为基础,进行拓展或改造成为公园,比如曲院风荷公园、花港观鱼公园、柳浪闻莺公园等等,都将众多私园、别墅予以合并;(三)运用私园造园手法,设计、建造新公园,比如杭州植物园、杭州花圃、太子湾公园等。

如今的西湖山水园林，基本包括这样几个层次：它的核心是"两堤三岛"为骨架的水景水体，著名的"西湖十景"大都分布于其中；环湖一圈是敞开式的环湖公园和绿地，面积达数百公顷，构成一个和谐、典雅、秀丽为基调的绿色大圈；最外面，则是"三面云山一面城"为特色的宏大空间背景，举目可见茫茫云山。

第五节　西湖景观中的"天人合一"理念

一般而言，中国古典园林的特色，是没有自然山水的宏大规模，却具有自然山水的生机和情趣。但西湖景观本身就是一个巨大的山水园林，其中又分为许多景观，最为典型的是"西湖十景"，即苏堤春晓、曲院风荷、平湖秋月、断桥残雪、花港观鱼、柳浪闻莺、三潭印月、双峰插云、雷峰夕照、南屏晚钟。西湖园林既有湖山之自然，又有人工之雕琢，且又紧依城市西侧，后来又成为城中之湖，对于杭州这所城市来说，真是极为难得的。

对于西湖园林，前人描述颇多，今摘几段，以供管窥蠡测。

> 出清波门……沿湖人家，水土掩半扉，植标种荷，或带以长薄，亥广里许。花时水云如锦，香随风或闻入城中。……六桥者，大堤亘南北，分湖内外为半，如长虹卧涧中。映波、锁澜以下，桥各有洞，洞各通步，画船入里湖穿卷篷下。时时倚棹听堤上人歌舞。两行间植桃柳，不树它木，春时花飞絮落，撮以为茵，拥丽人驰宝马而至者，更相枕焉。
>
> ——（明）王士性《游武林湖山六记》

梁章钜说长丰山馆：

> 长丰山馆在涌金门外湖边，　园中亭沼鲜明，化竹秀对，有攀云楼尤佳，南北高峰，六桥烟柳，皆在眼底，实游湖者第一好座

落也。①

可见，西湖园林是源于人对自然的依恋，进而建造的特殊空间，在其中，是"一种人欣赏人化自然美与建筑技术与艺术人工美的特殊方式，它是人对大自然欣赏的回眸与复归，是自然美、建筑美以及其他人文美的相互渗透与和谐统一"②。西湖园林以山、水、植物、建筑为四要素，深受历代山水诗、山水画以及儒道释思想影响，构山、理水、配置植物、营造建筑，追求深远、内秀、婉约的意境，以"虽由人作，宛如天开"为最终目标，给人以视觉的愉悦和情操的陶冶。

西湖园林景观涉及了春夏秋冬、晨晌昏夜、晴雾风雪、花鸟虫鱼等关于季节、时段、气象、动植物的景观特色，以及堤、岛、桥、园林、宅院、佛寺、水上园林、佛塔、亭、台、楼、阁等极为丰富的景观元素，并各有侧重地表现出生动、静谧、隐逸、繁荣、闲逸、冷寂、禅境、仙境等审美主题，充分体现了"天人合一"的精神。

具体而言，西湖景观"天人合一"精神体现在如下三个方面。

第一，"天人合一"表现在西湖山水园林和杭州城市的和谐共存上。

西湖作为天然潟湖，本来有堰塞的命运，但通过人工治理，一直保存至今。所以，西湖景观充分体现为古潟湖的自然沼泽化与人工反沼泽化的人地关系相互作用的和谐产物，反映了湖泊水域与城市发展的持续互动的土地利用关系；并作为城市的风景名胜用地延续至今，以其大尺度的景观和有机的生态系统，增进了人与城市、环境之间的和谐程度，是利用古潟湖显著改善人居环境的杰出范例。

其次，"天人合一"体现于西湖园林的"小中见大"的风格中。

西湖园林设计时在"以小观大"的观念指引下，一石可代一山，盆池可代江湖，以塑造具体而微景物，构成一个完整的宇宙模式，正所谓"葺茅如蜗庐，容膝才一丈。规园无四隅，空廓含万象"（杨怡《和章槩西园诗》），人在园林中，可以体察宇宙之运行。

对于"芥子藏须弥"的园林风格，宗白华认为这当中表现着"美感

---

① （清）梁章钜：《浪迹丛谈·续谈·三谈》，见王国平主编《西湖文献集成》（第十三册），2004年版，第435页。

② 傅崇兰：《中国城市发展史》，社会科学文献出版社2009年版，第461页。

的民族特色",他在《中国美术史中重要问题的初步探索》中写道:

> 古希腊人对于庙宇四周的自然风景似乎还没有发现。他们多半把建筑本身孤立起来欣赏。古代中国人就不同。他们主要通过建筑物,通过门窗,接触外面的大自然界。"窗含西岭千秋雪,门泊东吴万里船。"(杜甫)诗人从一个小房间通到千秋之雪、万里之船,也就是从一门一窗体会到无限的空间、时间。这样的诗句多得很,"凿翠开户牖","山川俯绣户,日月近雕梁。"(杜甫)"檐飞宛溪水,窗落敬亭云。"(李白)"山翠万重当槛出,水光千里抱城来。"(许浑)都是小中见大,从小空间进到大空间,丰富了美的感受。外国的教堂无论多么雄伟,也总是有局限的。但我们看天坛的那个祭天的台,这个台面对着的不是屋顶,而是一片虚空的天穹,也就是以整个宇宙作为自己的庙宇。这和西方是很不同的。①

所以,中国园林不是孤立的风景,而是要通过门窗,接触外面的大自然。郭庄以及其余西湖园林,其内部楼阁亭桥虽小,但透过门窗,越过树梢,可以仰观宇宙之宏大,可以俯察四时之烂漫。小空间融入大空间,阁楼融入万物,而人呢,也自然地就与宇宙相融了。

当然,有时园林太小,要想真让人"一拳则太华千寻,一勺则江湖万顷",其实是相当难的。这时,就需要在园林中根据现成景物作出文字的"点题",包括景题、匾额、对联、刻石,等等。游人在游园时所领略到的,已经不仅仅是眼前之境,还有被题名所激发的景外之景,生出一些会心而美妙的联想——即"象外之旨"。

第三,"天人合一"体现在鸢飞鱼跃的生机之美。

西湖园林中生灵众多,花卉、草木、虫鱼、鸟兽,展现出一派天人和谐的勃然生机。

据《南渡行宫记》记载,南宋皇宫后苑以小西湖为中心,山上山下散置若干建筑,并广种花木,形成梅岗、小桃园、杏坞、柏木园等以植物为特色的景点。《西湖游览志》记载得颇为详细:

---

① 宗白华:《美学散步》,上海人民出版社1981年版,第66页。

由绎已堂过锦胭廊，百八十楹，直通御前廊外，即后苑。梅花千树，曰梅岗亭，曰冰花亭。枕小西湖曰水月境界，曰澄碧。牡丹曰伊洛传芳，芍药曰冠芳，山茶曰鹤，丹桂曰天阙清香，堂曰本支百世，祐圣祠曰庆和，泗洲曰慈济，钟吕曰得真，橘曰洞庭佳味，茅亭曰昭俭，木香曰架雪，竹曰赏静，松亭曰天陵偃盖。以日本国松木为翠寒堂，不施丹臒，白如象齿，环以古松。……山背芙蓉阁，风帆沙鸟履舄下，山下一溪萦带，通小西湖，亭曰清涟。怪石夹列，献瑰逞秀，三山五湖，洞冗深杳，豁然平朗，翚飞翼拱。①

这是专供君王休闲享乐之所，"长松修竹，浓翠蔽日，层峦奇岫，静窈萦深，寒瀑飞空，下注大池可十亩。池中红白菡萏万柄，盖园丁以瓦盎别种，分列水底，时易新者，庶几美观"，同时，这人工开凿的小西湖里，还构置六桥，将西湖胜景缩写于宫墙之内。据此可见后苑山地景观之美，以及花木之胜。

后苑有此山水景观，可供皇帝嫔妃日常使用，在《武林旧事》里，周密详细记录了禁中避暑纳凉的场景。

禁中避暑，多御复古、选德等殿，及翠寒堂纳凉。……又置茉莉、素馨、建兰、麝香藤、朱槿、玉桂、红蕉、阇婆、簷葡等南花数百盆于广庭，鼓以风轮，清芬满殿。御笫两旁，各设金盆数十架，积雪如山。纱厨后先皆悬挂伽兰木、真腊龙涎等香珠百斛。蔗浆金碗，珍果玉壶，初不知人间有尘暑也。闻洪景卢学士尝赐对于翠寒堂，三伏中体栗战栗，不可久立，上问故，笑遣中贵人以北绫半臂赐之，则境界可想见矣。②

后苑中花木既多，定时赏花，成了宫中一项娱乐。

禁中赏花非一。先期后苑及修内司分任排办，凡诸苑亭榭花木，妆点一新，锦帘绡幕，飞梭绣球，以至裀褥设放，器玩盆窠，珍禽异

---

① （明）田汝成：《西湖游览志》，东方出版社2012年版，第77页。
② （宋）周密：《武林旧事》，中华书局2007年版，第82—83页。

物，各务奇丽。又命小珰内司列肆关扑珠翠冠朵、篦环绣缎、画领花扇、官窑定器、孩儿戏具、闹竿龙船等物，及有买卖果木酒食、饼饵蔬茹之类，莫不备具，悉效西湖景物。起自梅堂赏梅，芳春堂赏杏花，桃源观桃，粲锦堂金林檎，照妆亭海棠，兰亭修禊，至于钟美堂赏大花为极盛。堂前三面，皆以花石为台三层，各植名品，标以象牌，覆以碧幕；后台分植玉绣球数百株，俨如镂玉屏；堂内左右各列三层雕花彩槛，护以彩色牡丹画衣，间列碾玉水晶金壶及大食玻璃、官窑等瓶，各簪奇品，如姚、魏、御衣黄、照殿红之类几千朵；别以银箔间贴大斛，分种数千百窠，分列四面；至于梁栋窗户间，亦以湘筒贮花，鳞次簇插，何啻万朵。堂中设牡丹红锦地裀，自中殿、妃嫔以至内官，各赐翠叶牡丹、分枝铺翠牡丹、御书画扇、龙涎金盒之类有差。下至伶官乐部应奉等人，亦沾恩赐，谓之"随花赏"。或天颜悦怿，谢恩赐予，多至数次。至春暮，则稽古堂、会瀛堂赏琼花，静侣堂。紫笑、净香亭采兰挑笋，则春事已在绿阴芳草间矣。大抵内宴赏，初坐、再坐、插食盘架者，谓之"排当"，否则但谓之"进酒"。①

当然，在"壶中天地"或是"芥子纳须弥"的小园林中，空间如此有限，除去建筑、叠石，用于种植花木、养鱼育鸟的场所，其实已经极少。于是便有了程式化的花木配置。计成在《园冶·园说》中写过花木的造景：

  开林择剪蓬蒿；景到随机，在涧共修兰芷。径缘三益，业拟千秋。围墙隐约于萝间，架屋蜿蜒于木末。……梧荫匝地，槐荫当庭；插柳沿堤，栽梅绕屋；结茅竹里，浚一派之长源；……白苹红蓼，鸥盟同结矶边。……养鹿堪游，种鱼可捕。凉亭浮白，冰调竹树风生；……夜雨芭蕉，似杂鲛人之泣泪；晓风杨柳，若翻蛮女之纤腰。移竹当窗，分梨为院。②

---

① （宋）周密：《武林旧事》，中华书局2007年版，第64—66页。
② （明）计成：《园冶》，中华书局2011年版，第27页。

可见，在计成的规划里，适宜在园林栽种的花木有如下一些，每种都有特殊的文化含义。

兰花是香草，是君子品行高洁的象征，素而不妖，在幽岩曲涧中开放，娟秀典雅，花香清冽，李白《孤兰》："孤兰生幽园，众草共芜没。虽照阳春晖，复悲高秋月。飞霜早淅淅，绿艳恐休歇。若无清风吹，香气为谁发。"兰花虽被野草埋没，仍卓尔不群，临风挺立，可见其风骨。杭州自有杭兰，"花如建兰，香甚，一枝一花"。

"三益"即松、竹、梅，并称"三益之友"，自然也不可或缺。

松树耐寒、常青，孔子有"岁寒，然后之松柏之后凋也"的名句，《庄子》也说："天寒既至，霜雪既降，吾知松柏之茂"，其傲岸坚韧的品格深入人心。此外，传说中，晋荥阳郡有南石室，室后有一株孤松，高达千丈，常有双鹤绕松而翔，石室内住着一对夫妇，都活了几百岁，死后化为双鹤，于是有"松鹤延年"之说。花港观鱼公园中，青松林立，是景观的重要组成部分。

竹素园中则多竹。竹子姿态秀逸，生而有节，而且虚心（张九龄诗"高节人相重，虚心世所知"），被视作气节的象征。《礼记·礼器》："其为人也，如竹箭之有筠也。"文人欣赏竹之秀美和高洁，王徽之"不可一日无此君"，苏轼"宁可食无肉，不可居无竹"，元杨载《题墨竹》："风味既淡泊，颜色不妩媚。孤生崖谷间，有此凌云气。"写出竹子淡泊、清高、气质凌云，这是中国人追求的品格。

孤山和灵峰多梅。梅花风姿高雅，清香隽永，凌寒独放，映雪盛开，象征坚贞高洁的品格，所以受人尊爱。陆游曾写道："凌厉冰霜节愈坚，人间乃有此癯仙。坐收国士无双价，独立东皇太一前。"而其花姿极美，清尤展《清平乐·咏梅蕊》一词写道："烟姿玉骨，淡淡东风色。勾引春光一半出，犹带几分羞涩。陇头倚雪眠霜，寒肌密抱疏香。待得罗浮梦破，美人打点新妆。"梅花幽香也能醉人，杨万里曾写道："初来也觉香破鼻，顷之无香亦无味。虚凝黄昏花欲睡，不知被花熏得醉。"

此外，牡丹为百花王，雍容华贵；芍药为画中宰相，花大色艳；月季为花中皇后，月月留春，"惟有此花开不厌，一年常占四时春"（苏轼）；荷花为花中君子，"香远益清，亭亭净植"（周敦颐）是其品格特征；水仙为凌波仙子，"莹浸玉洁，秀含芳馨"，不染尘俗；海棠为花中神仙，窈窕春风前，嫣红之色超越百花；菊花为花中隐士，"宁可抱香枝上老，不随黄叶舞秋风"（朱淑真）。而另有梧桐、槐树可以遮阴，柳树如美女，适应沿堤而栽，池中的白苹红蓼可以添野趣，芭蕉叶宽可以用来听雨声，石上藤萝更添雅趣。

除了植物，当然也有动物。西湖园林里时常有白鸽在草坪上扑棱棱飞起，争啄游客喂食的玉米和面包。树梢上偶尔会跳跃过几只活泼的松鼠，时常在树干上停住，瞪着乌溜溜的眼睛，盯住游客只是看。水里更是游着千万条锦鳞，使湖水显得勃勃有生气。

如果我们来到西湖九溪烟树，可见山岭连绵起伏，树木郁郁葱葱。悬崖上一道瀑布喧腾而下，坠入幽幽深潭之中，水流从山涧里经过。沿石阶向上，走到瀑布旁边，俯身下望，透过山崖上横生的枝叶，可以看见涧水淙淙，潭水幽幽。在山岩树林潭水之中，蝴蝶、金龟子、飞蛾、蜜蜂、游鱼，都尽得自然。这座景区就是一个相对稳定的生态系统，所有的一切，瀑布、土壤、岩石、树木、花草、飞鸟、昆虫，还有瞧不见的野兽、细菌和真菌，构成一个整体，彼此既竞争，也互助，所以千姿百态，生机勃勃。

生态美学就是一种坚守慈悲为怀的审美理想，尊重、关爱自然万物，从而使自然万物互利互惠、共生共和。这些在西湖园林中随处可见。当人们喜爱这些生灵，将它们视为好友、知音，自然不会去伤害它们、侵扰它们，而是会对之关怀备至，这种情怀会向前延伸，就会善待自然、善待生命，乃至善待地球。

第 三 章
道 法 自 然
——杭州城湖共生模式的合规律性解读

第一节 真：生态美学的合规律性

生态美学是一种具有深度模式的美学，不同于景观美学，也不同于艺术美学，它"既包括在人类的创造和自然的演化的相互作用下形成的有形的物象系统和感性的形式，也包括潜藏在这些有形系统和感性的形式背后的无形的生物关系和动态的生物运动"①。所以，生态审美必须穿透表象，看到实质，借助生态学知识，确定两个生态美的衡量标准：（一）是否有利于保持生物多样性；（二）是否有利于维持生态平衡，并以这两个标准来超越人类中心主义的价值判断标准和某些"人类审美偏好"。

我们可以这样说，生态美学把人与自然、人与环境的关系作为研究对象，认为能促进人与自然和谐、生态系统平衡的景观，才具有美学价值。

比如凤眼莲原产于南美洲委内瑞拉，为亚马孙流域的漂浮型水生植物。其花色呈浅蓝，为多棱喇叭形，花瓣上生有黄色斑点，如同凤眼一般，也像孔雀羽翎尾端的花点，十分耀眼亮丽，在1884年美国新奥尔良国际博览会上大放异彩，令世人惊叹，于是被引入各个国家，成为庭院、公园中的观赏花种。

可是，凤眼莲在异国他乡没有天敌，繁殖能力极强，很快就阻塞河道，侵占其他生物的栖居地，成为世界各国头号有害植物，目前被我国列为首批最危险的16种外来入侵物种之一。

亚马孙流域的艳丽花朵，却成了导致其他地区生态灾难的紫色恶魔。由此可见，人类对自然美的审美偏好，容易导致生态环境的破坏，不符合

---

① 万书元：《生态美学的性质及其意义》，《江苏社会科学》2004年第2期。

生态美的标准。

所以，自然美和生态美，虽然常常混为一谈，但其内在还是有差别的。所谓自然美，往往是外在的，主要是指自然事物所具有悦目的颜色、形态，悦耳的声音和诱人的气息，其典型代表是优美的自然风景。一般情况下，鸟语花香、桃红柳绿的自然美，往往也意味着生态美。但有时候，自然美的表象下，却隐藏着生态灾难。凤眼莲等入侵生物是一例，还有些山地或公园里种植大量的竹子或松树，遮天蔽日，看上去绿树成荫，但其实物种单一，抵御病虫害的能力很弱，也不符合生态美。

而相反，生态上有重要性的景观和植物，可能由于视觉上没有吸引力，而得不到保护。在城市建设中，经常出现这样的事情，本土的野草和灌木因为不够美艳，所以被整体铲掉，换上外来的景观植物。比如南方一些城市，热衷于花巨资引进热带海滨植物，如棕榈、大王椰和油棕等，以此装点门面，显示富贵大气。其实，这些海滨植物的遮阳、防噪音、改善城市生态的功能微乎其微，倒不如本土的野草杂灌更有益城市生态。后者恰是生态环境不可分割的一部分，具有生态美的价值。

这不是简单的审美选择，而是观念上的巨变。正如当代生态批评家哈罗德·弗洛姆所说："必须在根本上将'环境问题'视为一种关于当代人类自我定义的核心的哲学与本体论问题，而不是有些人眼中的一种围绕在人类生活周围的细枝末节的问题。"[1]

不过，问题就来了，符合生态规律，有利于保护生物多样性和维护生态平衡的景观，就一定让我们感觉到美吗？

一 感性认识中的"道法自然"

庄子对此是肯定的，因为他认为，"天地有大美而不言"，而天地运行，生养万物，不为尧存，不为桀亡，有其恒定的规律。

庄子的思想，源于老子。老子在《道德经》里曾说：

> 有物混成，先天地生……吾不知其名，强名之曰道。道冲而用之，或不盈。渊兮似万物之宗。道者，万物之奥。道可道，非常道。

---

[1] Chery Glotfelty & Harold Fromm: The Ecocriticion Reader. Landmarks in Literary Ecology, University of Georgia Press, 1996, p. 38.

道常无为而无不为。

在老子看来,"道"有三个基本含义:其一,先天地生,是生成万物的本根。其二,其性无为,因无为而无不为。其三,其本体隐秘恒常,只可领悟,不可言说。所以,道的核心是"无为"。所谓"无为",就是"任其自然",即"以辅万物之自然而不敢为"。而"自然",就是"本然如此"。

庄子继承了老子的"道"论,认为道即美,即无为,所以,无为即美。无为就是自然,自然就是天地之本性,因此,"夫天地者,古之所大也,而黄帝尧舜之共美也"。

庄子根据老子"人法地,地法天"的思想,以天地为师,热烈赞颂天地之无为、大美。认为天地之道,不用人为规矩,而自成方圆,只要以无为态度而拥入于大自然,就能使人生境界天人合一,这便是"身与物化","万物复情",人"与物为春"的"天和"境界,"与天地合,谓之天乐"。而"天乐",就是人之内心,去契合天地自然,于是庄生梦蝶,于是鹏举怒飞,于是感到无尽之美。

中华民族在与自然保持亲和、感应和相互交融的关系中,很早就发现了生态美,对生态美有独特的鉴赏力。曾繁仁在探讨生态美学的内涵时,特别强调了栖居之美。他认为,这是一种"人与自然的相融相和的亲密关系,是人的一种怡然自得的生存状态"。它将生存之美放在首位,融入"时间概念",将审美视为一个过程,伴随着生命节奏的起伏状态;同时也将"空间概念"引入审美,认为审美是一种人在空间之中的感受。[①]所以,天人调和,万物昌荣,生活安康,便是一种美的境界。

在西方,则有"场所意识"理论。

这个理论是海德格尔提出的,认为"场所"就是与人的生存密切相关的物品的位置和状况,环境中"称手的"就好,"不称手的"(比如环境污染等)就不好。当代环境美学家伯林特从人与环境的经验,进一步探索了"场所意识"问题。他说:

[①] 曾繁仁:《生态美学——一种具有中国特色的当代美学观念》,见《中国文化研究》,2005年冬之卷。

通过身体与场所的相互渗透，我们成为了环境的一部分，环境经验使用了整个的人类感觉系统。因而，我们不仅仅是看到我们活生生的世界；我们步入其中，与之共同活动，对之产生反应。我们把握场所并不仅仅通过色彩、质地和形状，而且还要通过呼吸、通过味道，通过我们的皮肤，通过我们的肌肉活动和骨骼位置，通过风声、水声和交通声。环境的主要维度——空间、质量、体积和深度——并不是首先和眼睛遭遇，而是先同我们运动和行动的身体相遇。①

也就是说，我们生活在一个场所里，除了视觉和听觉，其实触觉、味觉、嗅觉、运动知觉等同时运作，对环境进行判断。那么，怎样的"场所"，最有利于身心健康，让我们由衷向往呢？

华盛顿大学动物学家奥瑞恩斯曾调研过一个问题：如果你有足够的钱，有足够的选择自由，你愿意住在什么地方？他发现大部分人的回答是一样的。在他们的心目中，"完美家园"是这样的：

房子地势较高，旁边是一片清澈的湖泊，或是面迎碧蓝的海洋，有河流、溪水、瀑布，也都不错，总之，要有水的灵气。房子周围，要有一片公园。有开阔的草地，开满灿烂的鲜花。草坪边缘，有高大的树木，树冠宽广，贴近地面，长满细小美丽的叶片。树上有五彩的羽禽，有灵活的松鼠。

让人惊异的是，完美家园，恰好就是非洲热带大草原的形貌，而非洲在大部分历史学家看来，正是人类的发源地。这是巧合？显然不是。数百万年的进化史中养成的生存习性，不可能在短短几千年的城镇居住历史中改变。

荣格认为，集体潜意识是人格或心灵结构最底层的潜意识部分，是在人类进化和文化历史发展过程中所获得的心理上的沉淀物，是包括祖先在内的世世代代的活动方式和经验库存在人脑结构中的遗传痕迹。集体潜意识最深和最具影响力的层面是我们最古老的前人类经验。

而在人类集体潜意识里，人总想着回归自然。城市居民都喜欢养宠物，种盆栽花草，不也正是源于这种意识？这就是人类最深层的生态智慧，也是生态文明的心理根源，它将帮人们重新找回人类自然的本性，让

---

① [美] 阿诺德·伯林特主编：《环境与艺术》，刘悦笛译，重庆出版社 2007 年版，第 8 页。

我们的心灵回归自然，寻找与自然亲近的体验，在自然中找到回家的感觉，在和谐的生态美中得到心灵的滋养和恢复，那是真正美好的"场所"。

这是从感性层面来阐述"道法自然"和美之关系，那么，从理性层面分析，"道法自然"和美之关系又会是怎样的呢？

二 理性层面的"道法自然"

"道法自然"中的所谓"自然"，在生态学中，其实就是生态规律。而生态规律是极为纷繁复杂的。因为地球本身经过多年演变，形成了许多微妙的平衡。

比如地球气候的稳定，依靠的是碳平衡。这是一个非常微妙神奇的机制，由火山和植物共同完成。绿色植物通过光合作用，将二氧化碳固定下来。而植物死后，埋入地底，化作岩石和煤炭。如果故事到此为止，那么大气中碳含量将逐渐下降，地球也随之变冷。幸亏随着地球板块的移动，一个板块升高，一个板块下沉。许多富含植物尸体的岩层俯冲到地球深处，被加热之后，又开始上升，通过火山喷发，重新回到大气之中。于是碳平衡得以实现，火山和植物，一起精细地调控着地球的气候。而如今人类进入工业文明，碳排放超过了限度，气候变得很不稳定。

比如生物和其环境之间，有着非常紧密的关系。达尔文认为，生物是在演变的，而演变的原因，就是生物和环境、生物与生物之间密切相连，彼此适应，密不可分。1831年12月，达尔文乘坐小猎犬号，从普利茅斯港开始了为期五年的环球旅行。他在加拉帕戈斯群岛的观察，堪称现代生态学的起航之旅。他发现，生活在不同岛屿上的同一种鸣雀和象龟，其形态和习性大不相同，这使他深刻地认识到自然环境对当地动植物的影响，并由此启发他开始思索自然环境与生物种群的关系，为他后来的不朽杰作《进化论》奠定了基础。

现代生态学最基本的原则就是系统整体论的观点，在此前提下又有平衡规律、对立统一规律、反馈转化规律和物质循环代谢规律等。我国著名生态学家马世骏所说：

> 基本生态规律有：一，作用与反作用，即输出和输入平衡的规律；二，排斥和组合，即对立统一规律，是自然界生物群落中的普遍

现象；三，相互依赖与制约，即反馈转化规律，又称数量极限规律；四，物质生生不息和循环不息的再生，即互生规律，又称物质循环的代谢规律。[①]

这些生态学规律经过融合、加工，被吸收进生态美学观中，成为美学理论中的"绿色原则"。正如老子所说，人应"辅万物之自然而不敢为"，也就是说人应克制个人欲望，顺应万物本来的情形，而不要破坏万物本来的状态。

美国学者保罗·H. 高博斯特在《服务于森林景观管理的生态审美》（1999）一文中提出，美学价值和生态可持续性价值是森林景观中非常重要的方面，而这两个价值有时会互相冲突。他更强调生态系统的可持续性。他十分服膺利奥波德的大地审美理论，认为形式应服从功能，认为一个地区的审美魅力与它外在的颜色和形式没有多大关系，但与该地的生物进化和演变进程的完整性有关。因为人们重视景观外在的颜色、形式，往往是将之视为静态的、井然有序的杰作，但生态系统本身是动态的、变化的。

他举例说，1988年黄石国家公园森林大火，当然会破坏景观美，但却是自然生态系统中一种循环的、有再生能力的温床。所以，景观美学是表面的、静态的、视觉的、感性的，非常直观；而生态美学则是深层的、动态的、理性的，需要人们体验并理解，能透过杂乱无章的表面去发现其生物多样性和生态平衡之美。因此，他提倡将生态审美理念融入森林生态系统管理之中，将审美价值和生态可持续景观政策予以结合。

于是许多人认为，在生态多样性、生态系统健康与美景、人们的审美偏好之间，肯定存在巨大的矛盾，但高博斯特在《森林与景观：生态、可持续性与美学》（2001）一文前言中提到，这种矛盾并没有那么严重，而且可以调和。

波兰学者马尔塔·泽澳莱克等人（2004）以波兰七个国家公园为对象，通过民意调查的方式，对公园景观的美学价值进行评价试验，并将收集的数据（1016份问卷）与自然保护研究所内进行的自然稳定性试验结

[①] 马世骏：《生态规律在环境管理中的作用——略论现代环境管理的发展趋势》，《环境科学学报》1981年第1期。

果进行比较，最后发现，景观美学和生态美学是一致的。①

由此可见，符合生态规律的景观，其本身就会让我们感受到美。

第二节　西湖景观的模山范水

计成在《园冶·自序》中曾说：

> 不佞少以绘名，性好搜奇，最喜关仝、荆浩笔意，每宗之。游燕及楚，中岁归吴，择居润州。环润皆佳山水，润之好事者，取石巧者置竹木间为假山，予偶观之，为发一笑。或问曰："何笑？"予曰："世所闻有真斯有假，胡不假真山形，而假迎勾芒者之拳磊乎？"或曰："君能之乎？"遂偶为成"壁"，睹观者俱称："俨然佳山也。"遂播名于远近。②

所谓"勾芒者之拳磊"，是说润州（镇江）好事者在竹木中堆积拳状石块，既无天然之态，又无雕琢之美。而计成造园，是要模仿润州的真山，如金山、北固山、焦山，置于园中，自然秀挺多姿。可见，江南园林虽是人工，却模仿真山真水。这条原则，在计成的《园冶》随处可见："掇石莫知山假，到桥若谓津通。""岩、峦、洞、穴之莫穷，涧、壑、坡、矶之俨是。""夫理假山，必欲求好。要人说好，片山块石，似有野致。"可见，传统造园中，模山范水是常用的手段。

在他的影响下，"无论皇家苑囿还是官宦、地主、富商、文人私园的文化模式，都执着于自然山水式，追求明代造园大家计成所谓'虽由人作，宛如天开'的境界。其园景模山范水，布局曲折多情，忌用欧洲古代那般的几何造型。楼阁灿烂，亭榭多姿，厅堂连属，往往构成院落，在叠石堆山、开池引水以及花木栽培等方面都极富为大众化的民族特色，称为世界苑囿文化之中的东方奇葩。"③

---

① ［波兰］马尔塔·泽澳莱克、伍斯耶齐·泽古洛毕斯基、格莱克健·泽澳莱克、博古斯瓦娃·拜伦-泽古洛毕斯：《景观美学与生态美学——以波兰国家公园为案例》，见《国外生态美学读本》，长春出版社2010年版，第198—208页。
② （明）计成：《园冶》，中华书局2011年版，第15页。
③ 罗哲文、王振复：《中国建筑文化大观》，北京大学出版社2001年版，第276页。

而西湖园林也以此为追求。

一　德寿宫园林

在南宋时，不仅皇宫后苑模仿自然湖山，做了具体而微的西湖、飞来峰，连皇家御苑如德寿宫，也掘池塑山，精心打造"壶中天地"。

德寿宫位于临安外城东部望仙桥之东，原为秦桧宅邸，宋高宗晚年将之扩建，并移居于此。其范围南至望仙桥直街，北至佑圣观路，西临靴儿河下，东至吉祥巷。因高宗"雅好湖山之胜，恐数跸烦民"，孝宗命修内司"于北内后苑，建造冷泉堂，叠巧石为飞来峰，开展大池，引注湖水，景物并如西湖"，并遍植荷花，可乘画舫作水中游，也号称"小西湖"。

据南宋人李信传《建炎以来朝野杂记》乙集卷三记载，苑中可分四个景区。

> 东则香远、清深、月台、梅坡、松菊三径、清妍、清新、芙蓉冈，南则载忻、忻欣、射厅、临赋、灿锦、至乐、半丈红、清旷、泻碧，西则冷泉、文杏馆、静乐、浣溪，北则绛华、旱船、俯翠、春桃、盘松，得之以归。

东区以观赏各种名花为主，如香远堂赏梅花，清深堂赏竹，清妍亭赏荼蘼，清新堂赏木樨，松菊三径赏菊、芙蓉、竹，芙蓉冈植有大量芙蓉，形成一个生机勃勃的植物世界。

南区用于会客游宴，如载忻堂是御宴处，忻欣亭用于观古柏、太湖石，临赋亭用于观荷，射厅用于看百戏，灿锦亭用于观赏金林檎，至乐堂用于祝寿，半丈红亭观郁李花，清旷堂观木樨，泻碧亭筑于金鱼池中以观鱼。

比如，南宋乾道三年三月初十，南内遣长至德寿宫奏知已退位的赵构："连日天气甚好，欲一二日间恭邀车驾幸聚景园看花，取自圣意选定一日。"赵构却说："传语官家，备见圣孝，但频频出去，不惟费用，又且劳动多少人。本宫后园亦有几株好花，不若来日请官家过来闲看。"于是与皇后、太子及官员来德寿宫。且来看他们的行程：

> 车驾与皇后太子过宫起居二殿讫，先至灿锦亭，进茶，宣召吴郡

王、曾两府已下六员侍宴，同至后苑看花。……次至球场，看小内侍抛彩球、蹴鞠千；又至射厅，看百戏，依例宣赐；回至清妍亭，看荼蘼，就登御舟，绕堤闲游。亦有小舟数十只，供应杂艺、嘌唱、鼓板、蔬果，与湖中一般。太上倚阑闲看，适有双燕掠水飞过，得旨，令曾觌赋之……次至静乐堂，看牡丹。进酒三盏，……是日三殿并醉，酉牌还内。①

南区的布置大概如此，建筑与花草并列。而西区更富野趣，为山水风景，有小溪沟回环萦绕，可在冷泉亭观古梅，文杏馆赏牡丹，浣溪亭观海棠。此地颇为阴凉，据周密记载：

淳熙十一年六月初一日，车驾过宫，太上命提举传旨："盛夏诸官家免拜。"至内殿起居，太上令小内侍扶掖免拜，谢恩，太后处亦免拜。太上邀官里便背儿，至冷泉亭，尽早缮讫。太上宣谕云："今岁比常年热甚。"上起答云："伏中正要如此。"太上云："今日且留在此纳凉，到晚去。或三省有紧切文章，不妨就幄次进呈。"上领圣旨，遂同至飞来峰，看放水连帘。时荷花盛开，太上指池心云："此种五花同干，近伯圭自湖州进来，前此未见也。"堂前假山、修竹、古松，不见日色，并无暑气。②

可见西区模仿飞来峰和冷泉亭，因林木葱郁，山石遮阴，水气浩荡，虽酷夏而无暑气。

北区有绛华亭、俯翠亭、盘松亭。在俯翠亭可观春桃，盘松亭上可观盘松。据说周密《浩然斋雅谈》中记载，高宗于吴中得盘松，虬枝夭矫，清荫数亩，曾作《祭盘松文》："我游湖园，乃获奇松。植之禁苑，百态千容。婆娑偃盖，夭矫腾龙。翠色凝露，清音舞风。醉吟闲适，予情所钟。雍培封植，人力或穷。鸟乌外拢，蚁蠹内攻。神其剿绝，勿使能终。精邪窃据，斧斤适逢。神其呵逐，勿使遗踪。常令劲节，坐阅隆冬。坚逾

---

① （宋）周密：《武林旧事》，中华书局2007年版，第195—197页。
② 同上书，第206—207页。

五柞，弱异双桐。历千万年，郁郁葱葱。性牢旨酒，嗣录汝功。"① 可见盘松之姿态及气势，令人赏阅之中，能得到一些感怀。

宋孝宗禅退之后，也于此安享晚年，并改名为重华宫。此宫后又侍奉宪圣太后、寿成皇太后，先后更名慈福宫、寿慈宫。2006 年，杭州考古研究人员对德寿宫遗址进行二期发掘，发现大量园林遗迹，并根据史料，绘成德寿宫复原图，可容我们一睹当年皇家园林胜概。

而在皇家园林里模仿飞来峰，给南宋园林建设带来了深远的影响。此假山叠石而成，山洞里可容百人。旁边有聚远楼，取苏轼"赖有高楼能聚远，一时收拾与闲人"之意，此地修竹古松，参天蔽日，足以遮凉。周益大曾进《端午帖子》，对此进行了描述：

飞来峰下水泉清，台沼经营不日成。
境趣自超尘世外，何须方士觅蓬瀛。

又说：

聚远楼高面面风，冷泉亭下水溶溶。
人间炎热何由到，真是瑶台第一重。

孝宗在此游赏之后，曾赋长篇《题冷泉亭飞来峰》诗曰：

山中秀色何佳哉，一峰独立名飞来。
参差翠麓俨如画，石骨苍润神所开。
忽闻彷像来宫闱，指顾已惊成列岫。
规模绝似灵隐前，面势恍疑天竺后。
孰云人力非自然，千岩万壑藏云烟。
上有峥嵘倚空之翠壁，下有潺湲漱玉之飞泉。
一堂虚敞临清沼，密荫交加森羽葆。
山头草木四时春，阅尽岁寒人不老。
圣心仁智情幽闲，壶中天地非人间。

---

① （宋）周必大：《玉堂杂记》卷中，文渊阁《四库全书》本。

> 蓬莱方丈渺空阔，岂若坐对三神山。
> 日长雅趣超尘俗，散步逍遥快心目。
> 山光水色无尽时，长将挹向杯中绿。

诗艺虽然平庸，但词藻华贵典雅，又有些超然之象，高宗览之，欣然曰："老眼为之增明。"并为之写了一篇跋：

> 吾儿自幼岐嶷，进德修业，如云升川增，一日千里。吾比就宽闲之地，垒石为山，引湖为泉，作小亭于其傍，用为娱老之具，且俾吾儿万几之暇，时来游豫。父子杯酒相属，挹闪光而听泉流，濯喧埃而发清兴，恍若徜徉于灵隐天竺之间，其乐可胜纪哉。吾儿乃肆成章，形容尽美。

从"挹闪光而听泉流，濯喧埃而发清兴"中可见，此时的皇家园林，深受文人造园的影响，不仅富丽堂皇，也追求散逸从容的隐逸气质，在山光水色之中逍遥度日。

而这座叫飞来峰的假山，既被孝宗称为"壶中天地"，足见其缩移模拟手法之高明。从此，灵隐飞来峰不仅为皇家园林所模仿，在大臣的园林里也逐渐出现。

周密曾游览宝莲山韩侂胄故园，只见"山四环皆秀石，绝类香林、冷泉等处，石多穿透崭绝，互相附丽"[①]。陆游在《南园记》中写道："自绍兴以来，王公将相之园林相望，莫能及南园之仿佛者。"可见，私家园林也纷纷模仿飞来峰。当然，韩侂胄本人因此也受到惩处。当时官员弹劾他，其中一则罪名，便是"创造亭馆，震惊太庙之山；燕乐语笑，彻闻神御之所。忽慢宗庙，罪宜万死"。可见他是僭越违制了，但也从一个侧面反映出，当时叠石成山，已成风尚。

鲍沁星（2013）进行考证，发现唐代园林尚没有叠石为山。早期的园林叠山自秦汉以来叠土为山追求大而真[②]，魏晋以前的叠山记载，名称

---

① （宋）周密：《癸辛杂记》。
② 王劲韬：《中国皇家园林叠山研究》，博士学位论文，清华大学景观系，2009年，第1、37页。

为"积土"、"聚土"、"覆土"、"采土"为山。唐代流行山池院,追求小巧,有"聚拳石"、"环斗水"等。周维权先生指出:"唐代文人园林的假山,以土山居多,也有用石间土的土石山。纯用石块堆叠的石山尚不多见,但由单块石料或者若干块石料组合成景的'置石'则比较普遍。"①北宋时园林叠石为山也未流行,北宋汴梁艮岳也仍是"积土"、"叠石",并无叠石为山,顶多在土山上布列奇石,谓之"石林"。而到了南宋中后期,叠石为山已是园林中常见之景,到南宋后期几乎"无园不石"。而其中,南宋皇家园林仿灵隐飞来峰叠山现象,很值得注意,即便不是开风气之先,也是借皇家之力,使叠石成山风行一时,影响后世。

二 小瀛洲园林

在西湖当中,湖心亭、小瀛洲、阮公墩统称"湖中三岛",便是模仿传说中的"蓬莱三岛"。《史记·封禅书》:"自(齐)威、宣、燕昭使人入海求蓬莱、方丈、瀛洲。此三神山者,其传在渤海中,去人不远,……诸仙人及不死之药皆在焉。"蓬莱神话具有极强的吸引力,于是秦始皇统一六国之后,屡次派人海中求仙。汉武帝对此也颇为热心,多次东临大海,遣船入海去寻访蓬莱,因仙山缥缈,时隐时现,他便派专人驻守海边,以望蓬莱之气。他们一无所得,并不甘心,于是在园林之中仿造三座仙山。

《秦记》:"始皇都长安,引渭水为池,筑为蓬、瀛。"
(建章宫未央殿)其北治大池,渐台高二十余丈,名曰泰液,池中有蓬莱、方丈、瀛洲、壶梁,象海中神山龟鱼之属。②
武帝广开山林,……穿昆明池象滇河,营建章、凤阙、神明、馺娑、渐台、泰液,象海水周流方丈、瀛洲、蓬莱。③

这一风气流传极深广,以至于西湖历经多年经营,也形成了湖上三岛。烟雨之中,三岛恍若仙山,的确是惹人遐思。

---

① 周维权:《中国古典园林史》,清华大学出版社2008年版,第237页。
② 《汉书·郊祀志下》。
③ 《汉书·扬雄传》。

这里且以小瀛洲为例。

元代时,杭州地位一落千丈,从国都沦为省会,园林日益荒废。直到明代正德三年疏浚西湖,嘉靖三十一年重建西湖三塔,万历三十五年钱塘县令聂心汤兴建西湖放生池,不久又建造湖心寺与三座小石塔,西湖景观园林逐渐修复。

小瀛洲最初形成于明万历,是放生之所,名为"德生堂"。清雍正年间,浙江总督李卫将放生池东西以柳堤相连,南北缀以曲桥。水面栽种荷花,环池植木芙蓉。小瀛洲便呈今日的田字状布局,"湖中有岛,岛中有湖",并以此著称,成为水上园林的典范。

船到码头,迎面就见小瀛洲馆,即彭公祠,乃清湘军名将彭玉麟的退省处。后有先贤祠,祭祀吕留良、杭世骏、黄宗羲、齐周华四人。过先贤祠,便是九曲石桥,临于水面,移步换景,低头可见睡莲游鱼,景色佳妙,此即旧时西湖十景之"渔沼秋蓉"。

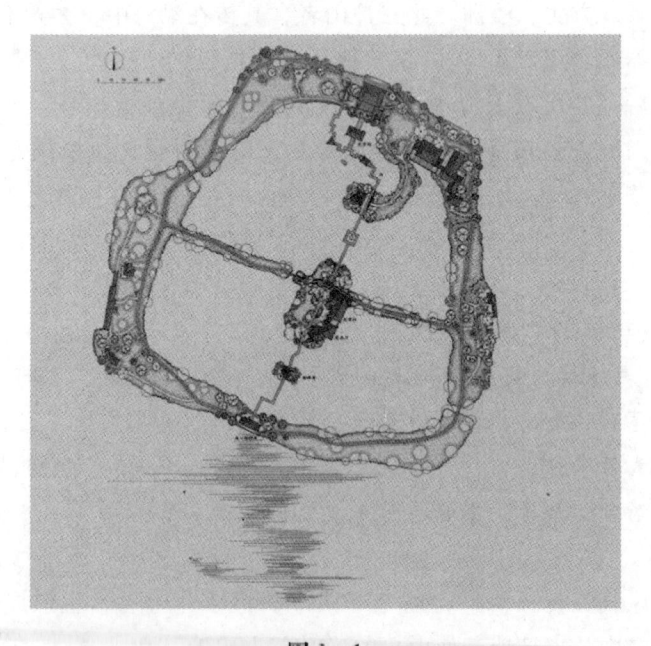

图 3—1

往北,有三角小亭,名为开网亭,两面临水有扶栏,一面敞开,即网开一面,迎合"放生"之意。沿曲桥向前,就是一桥亭,名曰"亭亭亭"。此亭本名百寿亭，按明朝诗人聂大年诗句"纤云扫迹浪花收，塔影亭亭引碧流"而更名。亭前有一奇石，立于水中，石上攀生藤蔓，乃九狮石，有点景之功。

九狮石后，则为中心绿洲，小径尽头，有一道白墙，墙上有洞门，上有康有为手书"竹径通幽"。其内有翠竹森森，掩映着彭玉麟的退省处——闲放台。顺路向前，又见一群古建筑群落，为迎翠轩、木香榭、花鸟厅，而景因水活，一路景致宜人。到九曲桥南端，有一六角石柱碑亭，即"御碑亭"，御碑上"三潭印月"是清康熙帝南巡西湖时所题。小岛最南端是"我心相印亭"，似亭似廊，透过圆洞门，可见三潭印月和湖水浩淼。两边有匾联：

  波上平临三塔影，
  湖中倒浸一轮秋。

此联点出秋日景致，引人遐思，也使眼前景致变得生动。和别处一样，景点的楹联匾额都是极具意义的，它几乎是西湖园林心象的凝结，渲染气氛，且塑造意境，令人浮想联翩。

明人张宁有诗云：

  片月生沧海，三潭处处明。
  夜船歌舞处，人在镜中行。

康有为亦有对：

  岛中有岛，湖外有湖，通以卅折画桥，览沿堤老柳，十顷荷花，食莼菜香，如此园林，四洲游遍未尝见。
  霸业硝烟，禅心止水，阅尽千年陈迹，当朝晖暮霭，春煦秋阳，饮山水绿，坐忘人世，万方同概更何之。

上联描绘西湖园林之妙，岛外有岛，湖外有湖，加上画桥长堤，老柳荷花，真是美妙绝伦。下联则借景生情，并托物言志，说西湖当前，令人世虑全消，坐忘人世。

宋人所建三塔，明人所题之诗，加上近人的楹联，以及相关画作，在时间长河中，共同塑造了独特的意象，使后人每每观之，受到前人启迪，更觉眼前景外有景，不由心荡神驰，浮想联翩，进而达到眼与心合、心与神合的境界。

其余西湖园林如黄龙吐翠景区，位于西湖北山栖霞岭北麓，前为庭院，后有洞壑。贴泉池在悬崖间，有黄龙吐水，珠帘倒挂，清泉流入一方池塘，池中又有巨石兀立，真山之中又有假山叠石，上面苔痕常绿，将人工与天然融为一体。

由于贯彻了法天贵地、假中见真的生态美学原则，西湖园林的优秀之作不仅能做到本乎自然、有若自然，而且还能进一步做到胜似自然、超越自然。

第三节　西湖园林的因地制宜

计成在《园冶·相地》中，着重论述如何根据地貌形势来规划设计园林。他首先说，任何地基均可造园，在方向和朝向上没有禁忌，只需因地制宜，构园得体即可，讲究"涉门成趣，得景随形，或傍山林，欲通河沼。"园林布局，要利用天然地形，"如方如圆，似偏似曲；如长弯而环璧，似偏阔以铺云。高方欲就亭台，低凹可开池沼。"又要善于用水，"卜筑贵从水面，立基先究源头，疏源之去由，察水之来历。"他甚至还细致地提到，若是遇到多年生长的树木妨碍建筑物，就应该把房屋的位置退让一步，以便保留树木，需要的话，修剪几根枝丫即可，因为"雕栋飞楹构易，荫槐挺玉成难。"[①] 其主旨是，先保留原有自然系统，适当地加以保护利用，再在这个基础上建筑园林，自然能实现建筑与自然的和谐。

西湖园林的建造，恰能反映这一原则。

一　南园

南园位于西湖东南岸之长桥附近，为平原郡王韩侂胄的别墅园。陆游《南园记》曾对此园有如下描述：

---

① （明）计成：《园冶》，中华书局2011年版，第37页。

其地实武林之东麓，而西湖之水汇于其下，天造地设，极湖山之美。公既受命，乃以禄赐之余，葺为南园，因其自然，辅以雅趣。……因高就下，通室去蔽，而物象列。奇葩美木，争效于前。清泉秀石，若拱若揖。飞观杰阁，虚堂广厦，上足以陈俎豆，下足以奏金石者，莫不毕备。升而高明显敞，如蜕尘垢；入而窈窕遽深，疑于无穷。既成，乃悉取先侍中魏忠献王之诗句而名之。堂最大者曰"许闲"，上为亲御翰墨，以榜其额。其射厅曰"和容"，其台曰"寒碧"，其门曰"藏春"，其阁曰"凌风"。其积石为山，曰"西湖洞天"。其潴水艺稻为"囷场"，为牧羊牛、畜雁鹜之地，曰"归耕之庄"。其他因其实而命之名。堂之名则曰"采芳"，曰"豁望"，曰"鲜霞"，曰"矜春"，曰"岁寒"，曰"忘机"，曰"眠香"，曰"堆锦"，曰"清芬"，曰"红香"。亭之名则曰"远尘"，曰"幽翠"，曰"多稼"。自绍兴以来，王公将相之园林相望，皆莫能及南园之仿佛者。然公之志岂在于登临游观之美哉？始曰"许闲"，终曰"归耕"，是公之志也。

这段话说明了南园的几个特点：

首先是富丽。据《梦粱录》卷十九记载：园内"有十样亭榭，工巧无二，俗云'鲁班造者'"，且又有"射圃、走马廊、流杯池、山洞，堂宇宏丽"，符合韩侂胄高官的身份。

其次是野趣。对于韩侂胄而言，在园林中设置野店村庄，取名"归耕之庄"，标榜"许闲"，都不过是故作清高风雅而已，但到底保留了几分野趣，说明园林的宗旨是要返璞归真。

再次是天然。南园选址甚佳，"天造地设，极湖山之美"，园主人颇有修养，亲自策划，"因其自然，辅之雅趣"，是追求园林与外部湖山的契合，同时园中有清泉秀石，遍植奇葩美木，充满天然之趣，可见深得园林之妙。

二　孤山庭园

在西湖畔的名园之中，明万历五年（1577）会试状元、秀水（今嘉兴）人冯梦祯（1548—1605）在西湖孤山南麓所建宅园较出名。冯梦祯官至南京国子监祭酒，万历二十六年（1598）被劾罢官，遂不复出，移家杭州，筑室于孤山之麓。这一宅园具体面貌见于冯梦祯的《结庐孤山记》。他在文中，先写孤山环境。

> 居士得地于孤山之阳，北际山阴，不尽五之四而面大湖。登其巅，如青虬偃卧镜中：群山西来，分而为二，层叠环绕，又如百千姬妾整容侍立；东南之缺，则江外诸峰与雉堞掩映相补，足称湖山最胜处。

他觉得孤山如青虬卧于镜中，是湖山风景最胜处，自觉不能辜负美景，于是在此结庐。

> 先成者曰青岩居。中为堂，左右二室，卧榻在焉。前辟广庭，后半之，俱植枇杷。启北扉，则岩石乱松，青翠溢目。前庭留旧竹数竿，不艾，待其子孙。又植桐二于竹西，槁其一，凳其中丈许，以容露坐。青山出于屋角，高树映接，使人意远。青岩居之前曰晚研堂，徙旧而青黄之，广不盈念肘①，纵半之，庖湢②附焉。前以为广庭，植梅三。其一几槁而苏，盖绕庐东南皆竹也，而介于桑，守者利桑薄竹，令瘠而生花。余起以湖溆，今岁生孙。特多，翠色，荡衣裾，又饱竹阴，至今不尽。竹之西南有桐一章，大可合抱，扶枝修干，能障夏日，实落几满斛，此余园中树王也。有池不能亩，去五月始栽荷，月余敷花结实，清芳撩人矣。池之西，竹少于东而盛于东。径而南，置扉焉，小，令不通肩舆，所谓设而常关者，颜之曰慧业庵。吾庐不啻成已，然坐晚研，惟西南一隅受湖，竹树蒙密，限以短垣，所得无几。

到此，园林格局已成，虽有松竹桑桐之趣，但临湖而不得湖景，深为遗憾，于是又从半山起堂，"刚如引镜自照其面，湖山全收矣"，以快雪堂为中心，前有石台，又建卧楼及小轩。从这里眺望西湖，"而湖山窈

---

① 念肘：二十肘的长度。
② 庖：厨房；湢：浴室。

窕，遂为几案间一物。阴晴寒暑，朝夕变幻，螭舫往来，青骢油壁，乍盈乍虚，皆入余游戏三昧中矣"，的确十分快意。

三　岣嵝山房

岣嵝山房更是得地形之妙。此园位于灵隐山麓，园主李芝，号岣嵝，明代杭州人，好诗，与徐渭等人交好，"客至，则呼僮驾小舫，荡桨于西泠断桥之间，笑咏竟日"。如此散逸之人，就"造山房数楹，尽驾回溪绝壑之上。溪声淙淙出阁下，高崖插天，古木蓊蔚，人有幽致"，人与园与景都是相称的。

张岱游览之后，撰写了一篇《岣嵝山房小记》，详细记载了此园的景色：

岣嵝山房，逼山、逼溪、逼韬光路，故无径不梁，无屋不阁。门外苍松傲睨，蓊以杂木，冷绿万顷，人面俱失。石桥低碰，可坐十人。寺僧刳竹引泉，桥下交交牙牙，皆为竹节。

作为李芝友人，徐渭曾作《访李岣嵝山人》诗：

岣嵝诗客学全真，半日深山说鬼神。
送到涧声无响处，归来明月满前津。
七年火宅三车客，十里荷花两桨人。
两岸鸥凫仍似昨，就中应有旧相亲。

可见在林荫山麓，涧水轻鸣，明月满津，已是令人内心如涤，而荷花鸥凫也与人如此亲近，真是诗意栖居之所。

四　韬光寺园林

韬光寺在北高峰南麓，距灵隐寺约一里。据说是韬光禅师所建。韬光禅师在唐穆宗时，辞其师出游。师嘱之曰："遇天可留，逢巢即止。"韬光游灵隐山巢沟坞，恰逢白居易（字乐天）守郡，悟曰："吾师命之矣。"于是留驻，建造寺院。五代后晋天福三年（938）吴越王重建，改名广岩庵。宋真宗时，又名法安院，而世人均以僧号称之为"韬光"。清雍正年间,"韬光观海"被列为"西湖十八景"之一。相传,古时吕洞宾曾在此炼丹,故有"吕严祠",清代遂曾将之改为道观,并设有吕祖炼丹遗址,如今寺中依然有吕纯阳殿,颇为奇特。

先看韬光寺周围环境。韬光寺悬崖结屋,势若凌空,所以要想探访,必要经过一条小径,一路古木修竹,苍翠茂密,路旁则有山涧,溪流潺潺。袁宏道记曰:"路径甚可爱。古木婆娑,草香泉渍,淙淙之声,四分五路,达于山厨。"麟庆《鸿雪因缘图记》中有"韬光踏翠"一节,描写韬光寺的园林化环境:

> 径路屈曲,筠篁蒙密,人行翠影中,仰不见日色。转入转高,不辨所出。山僧刳竹引泉,随磴道盘折,琤琳作琴筑声,倾耳可听。延缘三四里,始达庵中。山窗洞户,明净无滓。每一忆及,令人有出尘之想。

对于这片山林,萧士玮的总结最为到位:"大都山之姿态,得树而妍;山之骨格,得石而苍;山之营卫,得水而活;惟韬光道中能全有之。"说出韬光寺周边园林之妙处:有浓荫、苍石、深苔,又有溪流、鸣禽、山月。

到达山顶,就是韬光寺,依崖结屋,势若凌空。殿庑有烹茗井,相传为白乐天汲水烹茗处。张元京《韬光寺小记》则记录一处小景:"至庵,入坐一小室,峭壁如削,泉出石罅,汇为池,蓄金鱼数头。"真是幽静可喜。

韬光寺建筑一正两厢,又依据山寺而制宜。中轴线上,先是大雄宝殿,中间为法安堂,最上层为吕纯阳殿、祖师殿。中轴线左边为茶院、僧寮,供游客品茶赏景。建筑都有镂空门窗,与户外相连通。

大雄宝殿右侧,是一个标准的江南园林。前为金莲池,相传韬光曾于此处植莲,如今莲叶田田,花色金黄,瓣裂为五,根茎上互生着皱边叶片,顶叶呈椭圆。池水清清,有游鱼往来。池左侧为一瓯亭,右侧为诵芬阁与观音殿。穿过诵芬阁,踏过一座小桥,可见观音殿建在水池之上。

寺中,法安堂二楼扶廊,乃是最佳观景台。立于此上,可见亭台楼阁,层层叠叠,隐于绿树之间,而远方则是群山簇拥的西湖。以前,"顶有右楼方丈,正对钱塘江尽处,即海。"① 庵后有洞,洞侧建楼,正对钱塘江,江尽即海。袁宏道发现,"庵内望钱塘江,浪纹可数",才知宋之问诗句句入画。萧士玮在《南归日记》中也说:"初至灵隐,求所谓'楼观沧海日,门对浙江潮'者,竟无所有,至此乃了了在目矣。"可见当时视野更为开阔。

五 西泠印社园林

西泠印社园林居山而建,在自然山岩的基础上进行艺术加工,如同一卷山水画,可分上、中、下三段,与湖山林木相融为一。亭台楼阁依山势而建,高低错落,井然有序,可见自然之巧;摩崖林立,墨迹纵横,可见人文之美,实为江南园林佳构,是别具一格的山地园林。

它并不醒目,走尽白堤,临近孤山时,可见一道粉墙黛瓦,一个月洞门,温温婉婉,不施粉黛,素面朝天。门内树影扶疏,鸟声上下,又有莲池、古石、苍苔、藤萝之属,以此来分割空间,显得玲珑剔透。大小十来座亭台,依山傍势,安置于山坡、水池、曲径、叠山之间,构成高低参差、疏密有致的整体。

走进去,但觉幽静安详,不起尘嚣,沿着石级缓缓上去,园地豁然开朗,具有"占湖山之胜,撷金石之华"的优美境界。庭园南面为四照亭,亭阁四面临空,凭窗观景,远可见西湖胜概,近可看庭园花草。上有对联,颇见意趣:

> 面面有情,环水抱山山抱水;
> 心心相印,因人传地地传人。
> 合内湖外湖风景奇观都归一览;
> 萃东浙西浙人文秀气独有千秋。

四照阁北面有人工开凿的小龙泓洞,洞壁石龛中有吴昌硕造像,洞前有池,池边有邓石如像。洞顶北面是颜襟馆,又有华严经塔一座,都映照在池水之中。园林植物配置结合地形,石塔边用高大的乔木如青松栎木,池边缀以低矮的杜鹃、黄杨,山阜则种修竹梅花,十分和谐得体。在此闲

---

① (清)翟灏:《湖山便览》。

步，脚步静了，心也静了，恍然就有了种谦逊和谨穆，似乎每一步都踩在文化的倒影，每一步都踩响历史的回音。

第四节　西湖园林的理水技巧

园林既不能缺山，也不能缺水。郑绩《梦幻居画学简明·论泉》中说道："石为山之骨，泉为山之血。无骨则柔不能立，无血则枯不得生。"这虽然说的是绘画，但也适用于园林。有了水，园林不会干枯，就能花木葱茏，生机盎然。苏轼《李氏园》有云："其西引溪水，活活转墙曲。东注入深林，林深窗户绿。"就从生态的视角，揭示水之功用——使院内林木葱绿。

此外，园林里水还可供听泉、赏景、养鱼、观瀑、垂钓、濯足、泛舟，正如明朝钟伯敬在《梅花墅记》中所说："园于水，水之上下左右，高者为台，深者为室，虚者为亭，曲者为廊，横者为渡，坚者为石，动植者为花鸟，往来者为游人，无非园者，然则人何必各有其园也，身处园中，不知其为园，园之中，各有园，而后知其为园，此人情也。"

所以，和植物、建筑一样，水也是构成园林景观的基本要素之一。宋朝郭熙在《林泉高致》中指出："水活物也，其形欲深静，欲柔滑，欲汪洋，欲廻环，欲肥腻，欲喷薄。"极为详细地描绘了水的多种形态。可见，水体是园林中不可缺少的部分，也是表达生态美的绝佳手段。

下面，我将对西湖园林中根据水体类型不同，逐一作出概述。西湖水体颇大，一碧无垠。著名景观如苏堤春晓、平湖秋月等，都借助于湖面之浩淼。而且西湖也是西湖山水园林的核心，在此不再赘述。我且先只说其余水体如池沼、溪涧、泉源在西湖园林中的作用。

一　池沼

在西湖园林中，池沼比湖海面积小，所以灵活多样，成为园林中构成景点非常重要的水体类型。

金莲池，在北高峰韬光寺中，相传为韬光禅师种金莲处，为一方形水池，上有水源，通过一龙头注入池中，池水清冽。

洗心池，位于云栖竹径景区，由山涧汇聚而成，为一方形水池，水清澈见底，映着四周的修竹与乔木。旁边有洗心亭，清人陈灿有诗云："客道洗心亭子坐，顿教尘虑一时湔。"

其余如净慈寺前的万工池、紫阳山瑞石洞前的月波池、灵隐寺东廊下的蘸笔池、龙井一片云石北的涤心池、上天竺寺讲堂前的如意池等，都颇为有名。

这些池沼，有大有小，有规整有错落，都为园林增色。杜牧曾写过一首《盆池》，当中有妙语：

凿破苍苔地，偷它一片天。
白云生镜中，明月落阶前。

原来一方小池，就可借来白云明月，这自然是一种深刻的禅境，十分讨人喜爱。

郭庄的池沼更有典型性，其水体设计是以两宜轩为界，将水面一分为二，一侧为一镜天开区域，一侧为静必居区域，当中流水互通，遂有生隐约迷离且不可穷尽之感。

在静必居区域，驳岸呈几何形，由条石堆砌，较为规整。而一镜天开水域，驳岸则起伏凹凸，散置自然石块，既可保护坡岸，又可种植各类花草。刘敦桢先生在总结这方面的经验时，曾说：

沿池布石是为了防止池岸崩塌和便于人们临池游赏，但处理时还必须与艺术效果统一。苏州各园中的叠石岸无论用湖石和黄石，凡是比较成功的，一般都掌握了石材纹理和形状的特点，使之大小错落，纹理一致，凸凹相间，呈出入起伏的形状，并适当间以泥土，便于种植花木藤萝。……总之，叠石池岸不宜僵直，尤不能太高，否则岸高水低如凭栏观井，和凿池原意无异背道而驰。①

这话虽是评论苏州园林，但对于西湖园林，乃至于西湖的湖岸，都是恰当的。郭庄一镜天开水域的驳岸参差而不僵直、错落而不板律，显得活泼多姿，点缀藤蔓植物，四周建亭、廊、曲桥，可以赏鱼、赏鸟，较有自然生趣。

---

① 刘敦桢：《苏州古典园林》，中国建筑工业出版社2005年版，第17页。

这也是值得现代园林乃至河道效仿的。

二　溪涧

与池沼相比，溪涧是一带流水，而且经常曲折萦回，给人以源远流长之感，加上岸边的闲花乔木，有种真实的野趣。

灵隐寺山门之西南，有一座冷泉亭。亭前涧水溜玉，画壁流香，水声与松风交响而鸣，是个极清净的所在。白居易任杭州刺史时，于唐长庆三年八月写《冷泉亭记》，生动地记录了他在冷泉亭上，心随景化而俗念顿消的意境。

> 东南山水，余杭郡为最。就郡言，灵隐寺为尤。由寺观，冷泉亭为甲。亭在山下，水中央，寺西南隅。高不倍寻，广不累丈，而撮奇得要，地搜胜概，物无遁形。

他认为，冷泉亭虽高不到十六尺，宽不超过两丈，但抓住了关键，地势包罗所有美景，景物毫无遗漏。这恰是中国园林之妙处，登一亭而美景在望，把酒临风，思绪万千，与天地相融为一。

> 春之日，吾爱其草薰薰，木欣欣，可以导和纳粹，畅人血气。夏之夜，吾爱其泉渟渟，风泠泠，可以蠲烦析酲，起人心情。山树为盖，岩石为屏，云从栋生，水与阶平。坐而玩之者，可濯足于床下；卧而狎之者，可垂钓于枕上。矧又潺湲洁沏，粹冷柔滑。若俗士，若道人，眼耳之尘，心舌之垢，不待盥涤，见辄除去。

可见寺院周边草木繁密，溪泉淙淙，岩石磊磊，可以"导和纳粹，畅人血气"，可以"蠲烦析酲，起人心情"，可以消除眼耳心舌之尘垢，的确可以助力于修行。

理安寺园林也以九溪十八涧闻名。如今溪涧经过修整，叠石做成跌水景观，于是一片涧水轻响，混入枝头的鸟声。若不是时有汽车碾着石板路铿铿而过，真会感受到太古一般的宁静。郁达夫就曾有幸享受过这种宁静，他在《半日的游程》一文中写道：

在溪房的石条上坐落，等茶庄里的老翁去起茶煮水的中间，向青翠还象初春似的四山一看，我的心坎里不知怎么，竟充满了一股说不出的飒爽的清气。两人在路上，说话原已经说得很多了，所以一到茶庄，都不想再说下去，只瞪目坐着，在看四周的山和脚下的水，忽而嘘朔朔朔的一声，在半天里，晴空中一只飞鹰，象霹雳似的叫过了，两山的回音，更缭绕地震动了许多时。我们两人头也不仰起来，只竖起耳朵，在静听着这鹰声的响过。回响过后，两人不期而遇的将视线凑集了拢来，更同时破颜发了一脸微笑，也同时不谋而合的叫了出来说："真静啊！""真静啊！"

而清代魏源也曾从此经过，他从六和塔上岸，峰回路转，前去理安寺，先听江声，再听涧声、鸟声、樵声，最后听到理安寺的梵声，便写了《理安寺偶题赠道宜上人》两首，其一写道：

六合塔畔舍舟行，峰回路转流泉迎，不闻江声闻涧声。
入谷九溪十涧更，渐渐穿林略彴横，不闻人声闻鸟声。
参天云树无阴晴，日暮空谷林丁丁，不闻鸟声闻樵声。
再转风幡出塔层，寺门铃语钟磬鸣，不闻樵声闻梵声。

其二写禅境：

松梢浮烟暮霞薄，槲叶无人自相逐，白云到门无剥啄。
山中鸟啼山月起，隔烟邀人度春水，山童早入前山里。
老僧磊落万夫特，闭门自养桃花色，晚唤白云作檀越。
夕阳西下无炊饭，惟有朝朝树鸦返，天外归来不辞远。

在他的笔下，山童、老僧、白云、树鸦，都是自在自为的，又是彼此相依的，人与物相融为一，彼此互不侵害，这种境界，真是令人悠然神往。

溪涧之水往往清冽，能使园林景区充满活泼灵秀之气，而且也有利于生态环境的维护。

三 泉源

在杭州园林中，泉是重要的水源，也是重要的景观。其中虎跑泉、玉泉和龙井泉，并称西湖三大名泉。

玉泉在西湖仙姑山北青莲寺内（今植物园玉泉观鱼景点），为一长方形水池，据张岱《西湖梦寻》中记载："南齐建元中，僧昙起说法于此，龙王来听，为之抚掌出泉，遂建龙王祠。晋天福三年，始建净空院于泉左。宋理宗书'玉泉净空院'额。祠前，有池亩许，泉白如玉，水望澄明，渊无潜甲。中有五色鱼百余尾，投以饼饵，则奋鬐鼓鬣，攫夺盘旋，大有情致。泉底有孔，出气如橐籥，是即神龙泉穴。又有细雨泉，晴天水面如雨点，不解其故。泉出，可溉田四千亩。"

如今经过整修，玉泉观鱼景点为一雅致庭院，进门可见一个宽大的窗框，窗内为一幽静天井，立湖石一方，植翠竹数竿，是一幅天然的竹石写意图。庭院间以回廊、粉墙相隔，墙上有漏窗引景，使几个庭院隔而不绝。回廊中间，便是玉泉池，名"鱼乐国"。泉水自池底渗出，池中依然养鱼百余尾，均身长数尺，重数十斤，悠然自得，一如张岱当年所见。

虎跑寺本名定慧寺，唐元和十四年性空师所建。据说当年性空师为蒲坂卢氏子，得法于百丈海，来游此山，乐其灵气郁盘，栖禅其中。苦于无水，意欲他徙。梦神人语曰："师毋患水，南岳有童子泉，当遣二虎驱来。"次日，果见二虎跑地出泉，清香甘冽。大师遂留。性空在虎跑生活43年，孜孜不倦，开拓大慈山，使寺庙"殿宇崇盛"，香烟袅袅。如今屡经兴替，已成为虎跑园林景区。

此园林在大慈山和虎跑山之间，中间修一条石板路，为虎跑径，边缘则为碎石，缀满青苔，生生可喜。径旁，一道清流从幽谷流下。溪涧经过布景，垒石为堤，涧水满盈时，则跌落而下，有淙淙之声，悦耳动听。临近山麓，则汇而成池。水极清冽，池中遍生水杉，树干不甚粗，而皆挺立峭拔。池边有六角亭，名双绝亭。柱上有一联，乃李叔同所书："方便行于世，寂静调其心。"说出此地好处。坐在亭中，鸟声不绝，涧水轻响，兼以满目青翠，清风徐至，实有清心之效。

沿虎跑径往上行，便到含晖亭。此亭正对玉皇山，据说，晨曦之时，日光映亭，有朝暾散彩景致，故而名曰"含晖"。亭两侧青松葱茏，绿竹猗猗，正如亭中对联所说："石涧泉喧仍空静，松荫路转入清凉。"

过了含晖亭,踏上泊云桥。桥两边方池,分别名曰池、月池,是寺里的放生池。再往里走,便是虎跑寺旧址。拾阶而上,路侧有一大照壁,上书大字"虎跑泉"。照壁后边即是定慧寺和虎跑寺的遗迹。另一堵粉墙上,大字书"天下第三泉"。

再前行,滴翠崖下,就是虎跑泉了。但见石壁上大字书"虎跑泉",其下有一个二尺见方的池潭,上盖玻璃。定睛细观,可见一股细流从岩缝中流出,水面上鼓起微漾的波纹。

虎跑泉旁有叠翠、凝翠二轩。左侧有圆门,门上写"一段秋",穿过圆门,中间挖出一池,边上草木,有亭翼然临于水上,亦可观之。

苏轼曾多次来虎跑,其《虎跑泉》诗云:

> 亭亭石榻东峰上,此老初来百神仰。
> 虎移泉眼趋行脚,龙作浪花供抚掌。
> 至今游人灌濯罢,卧听空阶环玦响。
> 故知此老如此泉,莫作人间去来想。

"亭亭石榻东峰上"一句,可见虎跑园林之貌。而"卧听空阶环玦响"、"莫作人间去来想",又写出园林之清净,令人忘尘绝俗。他第二次来虎跑时,又作诗《病中游祖塔院》云,当中有"闭门野寺松阴转,欹枕风轩客梦长"之句,可见虎跑寺四周多松荫,令园林更增环境之清幽。

苏辙也曾来过虎跑,作《次韵子瞻病中游虎跑泉僧舍二首》:

> 扫地开门松桧香,僧家长夏亦清凉。
> 公庭多事久来厌,净处安眠计甚长。
> 修竹填窗藤簟绿,白莲当户石盆方。
> 香厨晚饭红粳熟,忽忆烹鸡田舍尝。

> 涧谷新晴草木香,野情萧散自生凉。
> 雨添山色翠将溜,日转松阴晚更长。
> 病客独来唯有睡,游僧相见亦它方。
> 还家烦热都消尽,不信医王与药尝。

从"修竹填窗藤簟绿，白莲当户石盆方"一联，可知僧房周围，植修竹、种藤蔓，石盆里浮一些白莲，充满盎然生趣。而虎跑园林，借助四周环境，使得"涧谷新晴草木香，野情萧散自生凉"，并且"雨添山色翠将溜，日转松阴晚更长"，可见，虎跑园林不仅为寺观中人提供了良好的修行条件，也为各种各样的动植物生存提供了理想的生存环境。人与动植物共存其中，相互为邻。

明朝洪武十一年，学士宋濂朝京，途经山下。主僧邀他观泉，寺僧披衣同举梵咒，"泉矞沸而出，空中雪舞"。宋濂颇感心异，便作铭以记之，末几句曰："扰扰征骖，风埃渺弥。有素者衣，化而为缁。愿挹寸波，如习禅定。洗涤尘根，一时清净。"如今行走在虎跑园林，咀嚼流翠的大慈山色，聆听虎跑泉水的叮咚，嗅闻空气中氤氲的茶香，的确也令人"一时清净"。

其余如孤山西麓的六一泉、灵隐寺下的冷泉、栖霞岭下的白沙泉、理安寺中的法雨泉、老和山北麓的兔儿泉、灵峰掬月亭前的掬月泉，都极为灵秀清澈，令人一见难忘。

第 四 章
审美交融
——杭州城湖共生模式的生态美育功能

第一节 西湖景观的审美意象体系

从景观角度讲，杭州以西湖自然山水"秀美"而著称，城市、湖水与群山紧密相依。旖旎的城市风光激发了中国古代文人无限的创作灵感，成为中国山水画的重要题材，也是历代诗词文学的描写对象。清代梁绍壬曾写过一部《两般秋雨盦随笔》，当中有一段文字，很让人回味：

> 余尝暮游湖上，水色山光，深浅一碧，红霞如火，岸桃俱作白色，欲写之，苦无好句。偶读孙子潇太史诗云："水含山色难为翠，花近霞光不敢红。"适与景合，真诗中画也。又尝夜登吴山，风月清皎，烟雾空濛，颇惬游骋。今读屠修伯大使《吴山夜眺》句云："江湖两面共明月，楼阁半空横断烟。"亦恍如置身其间。①

对于一般人来说，看到眼前好景，想要抒怀，却苦于"意不称物，文不达意"（陆机《文赋》序），于是骨鲠在喉。而有些心智灵慧的诗人，以其高超的文字技能，使心与景合、诗与景合，写出眼前之景，且道出共有之情，使人会心共鸣，于是妙不可言。

而这种"心与景合"，便形成了"意象"。

"意象"一词最早可追溯到王充的《论衡·乱龙》："夫画布为熊麋之象，名布为侯，礼贵意象，示义取名也。"这里的"意象"，是指意义象征，含有抽象性符号的特征。而正式把"意象"引入文学理论中，则始

---

① （清）梁绍壬：《两般秋雨盦随笔》，见《西湖文献集成》（第十三册），杭州出版社2004年版，第461页。

于南朝的刘勰。《文心雕龙·神思》写道：

> 使玄解之宰，寻声律而定墨；独照之匠，窥意象而运斤。①
> 神用象通，情变所孕。物以貌变，心以理应。②

上一句的"意象"，是指"意中之象"，是构思时外物在头脑中构成的形象。下一句则说，作者的神思与外象相合，外物千变万化，内心也与之相和。

从刘勰开始，意象的定义逐渐明确。袁行霈认为，意象是"融入了主观情意的客观物象，或者是借助客观物象表现出来的主观情意"③。物质世界的所谓"象"，一旦根据与诗人的"意"相和，并经过语言组织，形成书面语，就成了"意象"。所以，意象是文人和艺术家情感外化的产物，我们常说的"移情入景"和"触景生情"，都是指意象的营造和构思，而"情景交融"，就是意象的基本规定。

宗白华说："艺术家以心灵映射万物，代山川而立言，他所表现的是主观的生命情调和客观的自然景象交融互渗，成就一个鸢飞鱼跃，活泼玲珑，渊然而深的灵境。"④ 这个灵境，也就是"意象"，由内心与外物相互交融而成。

叶朗在《胸中之竹》中则明确提出"美在意象"，并详细阐明了柳宗元"美不自美，因人而彰"⑤的主张。叶朗认为，柳宗元提出了一个重要的思想：只有在审美活动中，通过审美主体的意识去发现"景"（清湍修竹），并"唤醒"它、"照亮"它，使这种自然之"景"由实在物变成一个完整的、有意蕴的、抽象的感性世界即"意象"时，自然之"景"才能够成为审美主体的审美对象，才能成为美。⑥ 也就是说，"清湍修竹"作为自然客观的"景"，是不依赖于审美主体而客观存在的，美并不在于

---

① 刘勰：《文心雕龙译注》，齐鲁书社1995年版，第359页。
② 同上书，第361页。
③ 袁行霈：《中国诗歌艺术研究》（第三版），北京大学出版社2009年版，第54页。
④ 宗白华：《美学散步》，上海人民出版社1981年版，第70页。
⑤ 柳宗元在《邕州柳中丞作马退山茅亭记》中写道："夫美不自美，因人而彰。兰亭也，不遭右军，则清湍修竹，芜没于空山矣。"
⑥ 叶朗：《美学原理》，北京大学出版社2009年版，第44页。

外物自身("美不自美"),只有经过人的审美体验,自然景物的"美"才可能被彰显出来("因人而彰")。

朱光潜在《诗论》一书中,曾借用王国维的"境界"一词来称呼"美"的本体。他说:

> 比如欣赏自然风景,就一方面说,心情随风景千变万化,睹鱼跃鸢飞而欣赏自得,闻胡笳暮角则黯然神伤;就另一方面说,风景也随心情而变化生长,心情千变万化,风景也随之千变万化,惜别时蜡烛似乎垂泪,兴到时青山亦觉点头。这两种貌似相反而实相同的现象就是从前人所说的"即景生情,因情生景"。情景相生而且契合无间,情恰能衬景,景也能传情,这便是诗的境界。每首诗的境界都必有"情趣"和"意象"两个要素。"情趣"简称"情","意象"即是"景"。

按他们的理论推理可知,杭州西湖自然山水本是天然景象,无所谓美丑,但"因人而彰",与欣赏者的内心融合,成为了审美意象。凯文·林奇在《城市意象》中又在此基础上,阐述了"环境意象"的概念。他写道:"环境意象是观察者与所处环境双向作用的结果。环境存在着差异和联系,观察者借助强大的适应能力,按照自己的意愿对所见事物进行选择、组织并赋予意义","一处好的环境意象能够使拥有者在感情上产生十分重要的安全感,能由此在自己与外部世界之间建立协调的关系,它是一种与迷失方向之后的恐惧相反的感觉"[1]。由此可见,意象因欣赏者情感需求的不同、审美经验的不同,而具有多义性,或者叫美感的差异性。

而与此同时,意象的美感又会呈现出共性。我们一想到西湖山水,脑海中总会涌现出一些画面和诗文,诸如"欲把西湖比西子,淡妆浓抹总相宜",或是"烟柳画桥,参差十万人家"等。这是因为文人心中熔冶的意象,本来是部分的、片段的,但一经形成,就成为典范,经过更多人精心雕琢,反复吟咏,通过诗文、绘画广为传播,久而久之,因为文化背景的共同性,西湖自然山水已逐渐成为"公共意象"。所谓"公共意象",

---

[1] [美]凯文·林奇:《城市意象》,方益萍、何晓军译,华夏出版社2001年版,第4—5页。

凯文·林奇解释道:"公共意象应该是大多数城市居民心中拥有的共同印象,即在单个物质实体、一个共同的文化背景以及一种基本生理特征三者的相互作用过程中,希望可能达成一致的领域。"[①]

西湖自然山水经过千年的欣赏、读解、提炼、流传,承载了丰富的历史文化内涵,也就形成了相对稳定的"西湖山水意象"。而后人亲历西湖山水,或者接触有关媒体(诸如诗词、绘画、影像),耳濡目染,就形成了一个稳固的西湖"心象"。余秋雨先生在《西湖梦》一文中,曾细致地描写了这种"心象"的形成:

> 初识西湖,在一把劣质的折扇上。那是一位到过杭州的长辈带到乡间来的。折扇上印着一幅西湖游览图,与现今常见的游览图不同,那上面清楚地画着各种景致,就像一个立体模型。图中一一标明各种景致的幽雅名称,凌驾画幅的总标题是"人间天堂"。乡间儿童很少有图画可看,于是日日逼视,竟烂熟于心。年长之后真到了西湖,如游故地,熟门熟路地踏访着一个陈旧的梦境。[②]

他还引用了明代正德年间一位日本使臣游西湖后写的诗:

> 昔年曾见此湖图,不信人间有此湖。
> 今日打从湖上过,画工还欠费工夫。

可见,许多人身未能至,脑海中也会浮现出一派湖光山色,一种旖旎温柔的情致。而一旦身在西湖,脑中自然闪现出几首诗、几幅画,与眼前的湖光山色相对照,沉醉到千年造就的西湖意象里去了。难怪余秋雨会说:"这简直成了中国文化中的一个常用意象,摩挲中国文化一久,心头都会有这个湖。"

那么西湖意象有哪些表现呢?

1. 意象体系之一:芳景如屏。

杭州作为名胜,风景天下独绝,西湖"春则桃李呈芳,夏则芙蕖设

[①] [美]凯文·林奇:《城市意象》,方益萍、何晓军译,华夏出版社2001年版,第6页。
[②] 余秋雨:《文化苦旅》,东方出版中心1992年版,第123页。

色，秋则桂子施香，冬则白雪幻景，其雨既奇，其晴亦好，白日固可游览，夜月尤属幽奇，不闻其有不备之美也"[1]，自然引得游人如织，无论是舟行湖上、马行岸边，还是登山鸟瞰、临窗远望，景观之美都美妙绝伦。而西湖如画的形象深入人心，风光秀丽，是人人心中游乐的天堂。此外，文人西湖以美人来比喻美景，因此，"芳景如屏"的意象体系往前进一步，便成了"晴雨丽人"，正所谓"欲把西湖比西子，淡妆浓抹总相宜"。西湖是爱情发生最适合的背景，故而西湖山水经常是"晴雨丽人"，眉眼如画，芳姿动人。

2. 意象体系之二：林泉高致。

中国政权中心在北方，属于"庙堂之高"，而江南向来处于"江湖之远"。杭州发迹比扬州、绍兴等名城晚，即便吴越国、南宋定都于此，杭州繁华至今，可西湖山水一直盛行隐逸之风，葛洪在此修行，林逋在此隐居，西湖禅师行走于湖山之间，以丘壑意趣净化着尘俗之心，于是在西湖新旧十景中，既有苏堤春晓、柳浪闻莺的繁丽热闹，也有平湖秋月、云栖竹径、断桥残雪、雷峰夕照的清寒幽静。

这两个意象体系，一个热闹，一个宁谧；一个世俗，一个超逸。两者各自发展，并行不悖，使西湖山水意象兼容并包，活泼中不失艳丽，艳丽中不失雍容，雍容中不失洒脱，可谓"西湖天下景，游者无贤愚。深浅随所得，谁能识其全"[2]。那么，它们两者之间，哪一个更合乎生态美学的标准呢？且让我分别开来，细细分析。

第二节 湖上春来似画图

据张岱《西湖梦寻》记载，宝石山保俶塔下，"石壁孤峭，缘壁有精庐四五间，为天然图画阁"[3]。又说："宋时宦杭者，行春则集柳洲亭，……登高则集天然图画阁。"[4] 王思任《谑庵文饭小品·游杭州诸胜记》云："保俶塔有天然图画阁，绝胜左江右湖，烟岚万千。"所谓"天

---

[1] （明）周清原：《西湖二集》序，华夏出版社2013年版，第1页。
[2] （宋）苏轼：《怀西湖寄晁美叔》。
[3] （明）张岱：《西湖梦寻》，中华书局2011年版，第29页。
[4] 同上书，第99页。

然图画阁",自然是山巅一阁,身处其中,推窗可见湖山胜景,在眼前铺开去,但见烟水朦胧,山峦如梦,加上点点小舟、隐隐长堤,宛如一幅天然图画。

的确,景致旖旎如画,正是西湖给人的普遍印象。这种美,虽本自天然,但也依赖于文人画师对美景的发掘与雕琢。柳永曾写过一首《木兰花慢》词,当中有"拆桐花烂熳,乍疏雨,洗清明。正艳杏烧林,湘桃绣野,芳景如屏",描绘的是江南清明时节。其中"芳景如屏"四字,恰好概括了"山水如画"的意象体系。而开创西湖这一意象体系的,正是唐代诗人白居易。他用其诗心慧眼,发掘了西湖之美,并述诸笔墨,给后人展示了超越自然山水本身的西湖"心象"。

一 富贵太守的西湖心象

白居易十一二岁时,其父白季庚任徐州别驾,白居易也从河南来到了徐州。当时徐州一带遭遇兵乱,战火不息。为避战乱,白居易来到苏、杭两郡,沉醉于景致之美,曾下定决心:"异日苏、杭苟获一郡,足矣。"果然,五十岁时,他因直言敢谏,惹得皇帝不喜,奉旨卸去从京城外放,出任杭州刺史。年届半百,又一次外放他乡,白居易感慨万千:"退身江海应无有,忧国朝廷自有贤。且向钱塘湖上去,冷吟闲醉二三年。"幸运的是,杭州对他极富吸引力,"杭州五千里,往若投渊鱼",竟把自己比作投渊鱼,而杭州就是那一泓清潭了。

白居易到杭州后,做了几件德政,先是修复了六井,后又筑堤立闸,使下塘一带百姓无荒旱之苦。他也满心欢喜,便于政事之暇,时常到西湖上来游览。杭州市民也乐意看到刺史大人政务之余玩赏西湖,在小说《西湖佳话·白堤政迹》中就如此描述:

> (白居易)见南山一带,树色苍苍,列着十数里的翠屏,甚是豁人的心眼。又见涌金、清波一带的城郭列于东,又见保俶塔、葛仙岭、栖霞乌石、北高峰绕于西北,南高峰、南屏山、凤凰山绕于西南,竟将明圣一湖,包裹在内,宛如团团的一面大水镜。但恨水阔烟深,举动要舟,不便散步。又见孤山一点,宛在水中,而西泠一径,尽是松筠,往来必须车马,因而动了一片山水之兴,遂从那断桥起,又筑了一条长堤,直接着孤山,竟将一个湖,分作里外两湖。又在长

堤上种了无数的桃李垂杨，到春来开放之时，红红绿绿，绵延数里，竟像一条锦带，引得那些城里城外之人，或携樽揭盒，或品竹弹丝，都到堤上来游赏。来来往往，就如虬一般，再没个断绝之时。

白居易素来是崇尚闲适的，他曾写道："自遂意如何？闲官在闲地。""月俸百千官二品，朝廷雇我作闲人。"所以他来杭州，真如飞鸟投林、池鱼入渊，说不出的快意，政事一完，就到各名胜游赏题诗，享受着山水诗酒之乐。而百姓感念他修井筑堤的功业，都心悦诚服，巴不得他在湖上享用，鱼水之情，令人感动。

对于西湖自然山水之美，白居易兴之所至，写下了许多诗篇，勾勒出风景的特色，也寄托了自己的情怀。

余杭形胜四方无，州傍青山县枕湖。
绕郭荷花三十里，拂城松树一千株。
梦儿亭古传名谢，教妓楼新道姓苏。
独有使君年太老，风光不称白髭须。

——《余杭形胜》

这首诗写出杭州地形特色，州县依傍着青山，又头枕着西湖，城郭之外有三十里荷花、一千株青松，可见城市与自然相处之和谐。而亭台楼阁间谢灵运和苏小小的踪迹，也令他发思古之幽情。面对怡人风景，白居易感叹自己已老，与湖山不太相称。

又有《西湖晚归，回望孤山寺，赠诸客》：

柳湖松岛莲花寺，晚动归桡出道场。
卢橘子低山雨重，棕榈叶战水风凉。
烟波澹荡摇空碧，楼殿参差倚夕阳。
到岸请君回首望，蓬莱宫在海中央。

此诗首联宛如电影镜头，先出现全景——柳湖，继而镜头推近，出现松岛与莲花寺，镜头再近，就是特写——诗人正乘舟辞别道场。颔联是归途所见，卢橘即枇杷，果实累累，山雨过后，更是果枝低垂。棕榈叶如蒲扇，在雨后清风中轻摇，可见清爽袭人。颔联是回望孤山寺，烟波潋滟，色呈碧绿，衬出夕阳中寺院楼殿的金光闪耀，令诗人由衷感慨："蓬莱宫在海中央。"短短八句，就勾勒出湖山如画，且又有仙逸之气。

白居易卸任杭州刺史时，极为留恋，写下不少留别诗，缠绵动人心，又着力概括西湖之美，其中《重题别东楼》中，有"湖卷衣裳白重叠，山张屏障绿参差"之句。又如《春题湖上》：

> 湖上春来似画图，乱峰围绕水平铺。
> 松排山面千重翠，月点波心一颗珠。
> 碧毯线头抽早稻，青罗裙带展新蒲。
> 未能抛得杭州去，一半勾留是此湖。

诗中以"画图"为总评，再细写画图中的景物。乱峰绕湖为全景，松、月、早稻、新蒲为特写，都加上巧妙的比喻，"千重翠"、"一颗珠"、"碧毯线头"、"青罗裙带"，使我们几乎疑心他已化身为画师，立在湖滨，铺开画纸，先是寥寥数笔，勾勒出湖山格局，再用细腻笔触，绘出松、月、稻、蒲，色彩鲜亮明丽，意象直观生动，又富有生活气息，使图画十分饱满迷人。面对此画，诗人由衷地说出"未能抛得杭州去，一半勾留是此湖"，自然是"万千赞叹，尽此二句"（《唐七律选》）。

在他心目中，在西湖这幅长卷中，景物都是大红大绿，明丽鲜艳的。

> 万株松树青山上，十里沙堤明月中。（《夜归》）
> 早梅结青实，残樱落红珠。（《官舍》）
> 红袖织绫夸柿蒂，青旗沽酒趁梨花。（《杭州春望》）
> 绿藤阴下铺歌席，红藕花中泊妓船。（《西湖留别》）

他所用的意象及其色彩，大都是浓烈的、热闹的，甚至是浮艳的。他在元稹面前，更是对西湖极尽夸耀之能事：

> 立换登山屐，行携漉酒巾。
> 逢花看当妓，遇草坐为茵。
> 西日笼黄柳，东风荡白蘋。

小桥装雁齿，轻浪蹙鱼鳞。

画舫牵徐转，银船酌慢巡。

野情遗世累，醉态任天真。

——《早春西湖闲游，怅然兴怀，忆与微之同赏，因思在越官重事殷，镜湖之游，或恐未暇，偶成十八韵，寄微之》

逢花而当妓，遇草而为茵，实在是富贵太守所为。他眼前所见，小桥有"雁齿"，轻浪如"鱼鳞"，徐转的是"画舫"，慢巡的是"银船"，这些都是繁丽豪奢的物件、精心雕琢的意象。

而此后文人写西湖如画，也都套用了这个意象体系。

海霞红，山烟翠。故都风景繁华地。谯门画戟，下临万井，金币楼台相倚。芰荷浦溆，杨柳汀洲，映虹桥倒影，兰舟飞棹，游人聚散，一片湖光里。

——柳永《早梅芳》（上阕）

和煦。雁齿桥红，裙腰草绿，云际寺、林下路。酒熟梨花宾客醉，但觉满山箫鼓。尽朋游、同民乐，芳菲有主。自此归从泥诏，去指沙堤，南屏水石，西湖风月，好作千骑行春，画图写取。

——张先《破阵乐·钱塘》（下阕）

西湖万顷，楼观矗千门。春风路，红堆锦，翠连云，俯层轩。风月都无际，荡空蔼，开绝境，云梦泽，饶八九，不须吞。翡翠明珰，争上金堤去，勃翠婆姗。看贤王高会，飞盖入云烟。白鹭振振，鼓咽咽。

——辛弃疾《六州歌头》（上阕）

这些词中的意象，也都华丽艳冶，如翡翠、如明珰，让人由衷感叹，西湖色彩缤纷绮丽，是个欢筵乐舞的所在。清代俞蛟在《梦厂杂著》中，曾写过一篇文章，题为《灵隐寺》。文中说到，他与友人严巨川小憩于灵隐之冷泉亭，听一位晋地客人谈西湖之妙处，这位客人侃侃而谈：

崇楼飞榭，画栋连云，旋室回房，珠帘蔽月，真不啻五步一楼，十步一阁也；而莫不彩栌丹槛，刻桷镂楹，引水为池，波纹潆漾；叠山以石，磴道嵯峨，极人间之结构，聚天上之仙灵。至若酒垆茶社，任酿饮以抒怀；萧寺琳宫，洵焚修之乐土。又若肩舆堤上，放棹湖滨，静女如云，妖姬联袂，脂香如麝，鬓影笼蝉，尽尘世之繁华，助湖山之景色，此余之所以不能忘怀于西湖也。①

这位客人的眼光，也与小市民无异，看重的是浓妆艳抹的西湖。

虽然有林逋说："水墨屏风状总非，作诗除是谢玄晖。"又说："匠出西湖作画屏，望中浑恐是蓬瀛。"把青绿山水置换成水墨屏风，有淡逸之风，但到底不是主流。更多人是认同西湖的艳丽和风情，而这正是西湖自然山水在人们心中最初，也是最浅的印象。

二　从"蓬莱景"到"销金锅"

宋朝之后，以西湖为背景，或出现西湖场景的白话小说层出不穷，成为一个独特的文学现象。在此，我们可以看看这些小说中的西湖意象。

在通行版一百回本的《水浒传》中，宋江受朝廷招安，征讨方腊，攻取杭州城时，双方僵持不下，张顺自恃精通水性，决定独自从西湖潜入涌金门去。当他"身边藏了一把蓼叶尖刀，饱吃了一顿酒食，来到西湖岸边"，在这腥风血雨的紧张时刻，作者却还是忍不住荡开一笔，写起那"三面青山，一湖绿水"的好处来。

三吴都会地，千古羡无穷。凿开混沌，何年涌出水晶宫。春路如描桃杏发，秋赏金菊芙蓉，夏宴鲜藕池中。柳影六桥明月，花香十里薰风。也宜晴，也宜风，也宜雨，冬景淡妆浓。王孙公子，亭台阁内，管弦中。北岭寒梅破玉，南屏九里苍松。四面青山叠翠，侵汉二高峰。疑是蓬莱景，分开第一重。

自古钱塘风景，西湖歌舞欢筵。游人终日玩花船，箫鼓夕阳不断。昭庆坛圣僧古迹，放生池千叶红莲。苏公堤红桃绿柳，林逋宅竹

---

① （清）俞蛟：《梦厂杂著》，见《西湖文献集成》（第十三册），杭州出版社2004年版，第471页。

馆梅轩。雷峰塔上景萧然,清净慈门亭苑。三天竺晓霞低映,二高峰浓抹云烟。太子湾一泓秋水,佛国山翠蔼连绵。九里松青萝共翠,雨飞来龙井山边。西陵桥上水连天,六桥金线柳,缆住采莲舡。断桥回首不堪观,一辈先人不见。①

小说写到此处,本来沙场征战,刀枪无情,梁山兄弟死伤过半,让人心生忧戚,此刻却因为有了西湖,小说的肃杀气氛中,忽然掺入了一丝温润旖旎。不独作者如此,连笔下的硬汉子张顺,也生发了一些感慨:

> 张顺来到西陵桥上,看了半晌。时当春暖,西湖水色拖蓝,四面山光叠翠。张顺看了道:"我身生在浔阳江上,大风巨浪,经了万千,何曾见这一湖好水,便死在这里,也做个快活鬼!"②

张顺号称"浪里白条",与水是极亲近的,虽是武夫,却也有一份山水的灵性,故而能鉴赏这湖山之美。最后,他在涌金门被守军用踏弩、硬弓、苦竹箭射杀,很是惨烈,到底死在了这"一湖好水"里,也不枉了他的名号。

前文已提及的《西湖佳话》,全名《西湖佳话古今遗迹》,作者古吴墨浪子,则直接以西湖名胜为背景,选择了十六个与西湖有密切关系的人物,诸如葛洪、白居易、苏轼、苏小小、林逋、岳飞、白娘子等,根据史传、杂记和民间传说,写成十六卷故事,很迎合民众口味,于是广为流传。而其中关于西湖景观的笔墨,就很能反映民间对西湖的看法。

比如此书的序,就是一篇美文:

> 宇内不乏佳山水,能走天下如鹜,思天下若渴者,独杭之西湖。何也?碧嶂高而不兀,无险崿之容,清潭波而不涛,无怒奔之势。且位处于省会之间,出郭不数武,而澄泓一鉴,瞭人须眉。苍翠数峰,围我几席,举目便可收两峰、二竺、南屏、孤屿之奇,随棹即可躧八桥、十锦、湖心、花港之胜。至欲穷其幽奇,则风雅之迹,高隐之

---

① (明) 施耐庵、罗贯中:《水浒传》,人民文学出版社1975年版,第1177页。
② 同上书,第1178页。

庐,仙羽之玄关,名衲之精舍,山之麓,水之湄,杰阁连云,重楼霞起,又竟月之游不足尽也。所以佳人才子,或登高选句,或鼓楫留题者比比;而忠贞节烈,寄影潜形者,亦复不少。甚而点染湖山,则又有柳带朝烟,桃含宿雨,丹桂风飘,芙蓉月浸,见者能不目迷耶?黄鹂枝上,白鹤汀中。画舫频移,笙歌杂奏,闻者有不心醉乎?随在即是诗题,触处尽成佳话,故笔不梦而花,法不说而雨。自李邺侯、白香山而后,骚人巨卿之品题日广,山水之色泽日妍;西湖得人而显,人亦因西湖以传。

此段用词华艳,写明西湖的特色:一是群山不高,湖水无涛,而柳带朝烟,桃含宿雨,丹桂风飘,芙蓉月浸,风景独绝;二是离城郭很近,抬眼可见湖山,乘船可至妙景;三是人文荟萃,楼阁连云,留题甚多。而文章中的意象都是繁丽艳俗的。

《西湖二集》是明代一部短篇平话小说集,刊行年代大概是在明末崇祯年间。著者署名周清原,别署济川子,武林人。此书共三十四卷,包含平话三十四篇,都是说发生在西湖上的故事。在序中,周清原认为西湖之迷人,原因有八,其中有五条都与自然山水有关:

其一,"夷犹澹宕,啸傲终日,直闱阁间物,室中单条耳,不闻其有风波之险也"。

其二,"可坐可卧,可舟可舆,水光盈眸,山色接牖,不闻其有车殆马烦之病也"。这是说西湖临近城市,无车马之累。这两条说明,西湖并非险恶之奇景,而是适合平常市民游赏的。

其三,"亦有清音,亦有丝竹,绣罾香轮,朱帘画舫,曳冰执雾縠,而掩映于绿杨芳草之间,所谓'红蕖映隔水之妆,紫骝嘶落花之陌'者,触目媚人,不闻其有岑寂之虞也"。

其四,"水香苹洁,菱歌渔唱,莺鸟交啼,野凫戏水,龙井之茶可烹,虎跑之泉可啜,环堤之酒垆可醉,嫩草作裀,轻舟容与,富者适志,贫者慨心,不闻其有荣枯之异也"。这是说人事与自然并重,西湖有丝竹画舫映于红蕖落花之间,山中又有虎跑泉、龙井茶,不论贫富,都可游赏。

其五,"春则桃李呈芳,夏则芙蕖设色,秋则桂子施香,冬则白雪幻景,其雨既奇,其晴亦好,白日固可游览,夜月尤属幽奇,不闻其有不备之美也"。这是说，西湖之景，不论寒暑，不论日夜，都可观赏。

这是对西湖景致的大概介绍，所用的笔墨文辞，所选的意象，可以归入"山水如画屏"的意象体系，寄托了文人骚客的游乐之梦，认为西湖是游乐的天堂。

在《西湖二集》第十二卷《吹凤箫女诱东墙》中，潘用中以箫声打动杏春，彼此情投意合，苦于难以相会，后来二人在苏堤偶遇，正值三月艳阳天气，端的是好风光：

青山似画，绿水如蓝。艳杏夭桃，花簇簇堆成锦绣；柔枝娇蕊，香馥馥酿就氤氲。黄莺睍睆，紫燕呢喃，柳枝头，湖草岸，奏数部管弦；粉蝶低徊，游蜂飞舞，绿子畔，红花梢，呈满目生意。①

触目都是"艳杏夭桃""柔枝娇蕊""黄莺""紫燕""粉蝶""游蜂"之类的意象，极尽艳华之美。

《六桥才迹》中的"风流太守"苏东坡修复六井，疏浚西湖，又筑了苏堤，让西湖之境更为优美。他政务之下，更把西湖游乐的文士情趣推行极致，使游乐之梦蔚然成风，于是就有了对西湖这样的描写：

自此之后，西湖竟成仙境，比白乐天的时节，风景更觉繁华。凡游西湖者，都乐而忘返……东坡政事之暇，便约一班儿的同僚官长、文人墨客，都到湖上来嬉游……直到一二鼓，夜市未散。众妓华服骑马，点着灯烛，乘着月光，异香馥郁，光彩夺人，恍如仙子临凡，纷纷逐队而归。无一个不道他是"风流太守"。②

因为这些小说的读者为普通市民，行文之间，颇能反映普通市民的心声。从小说人物的眼睛中看到的西湖山水意象，应该就是西湖山水在平常人心目中的形象。而这种形象，大红大绿，富丽繁华，很像是乡间年画。

《西湖二集》第二卷《宋高宗偏安耽逸豫》和《鞠头陀传》第一、第二则等篇章详尽叙说了高宗的湖山游乐。高宗"自南渡以来，建宫殿

---

① 周楫：《西湖二集》，江苏古籍出版社1994年版，第204页。
② （明）古吴墨浪子：《西湖佳话》，华夏出版社2013年版，第31页。

于凤凰山，左江右湖，曲尽湖山之美，沿江数十里，风帆沙鸟，烟霭霏微，一览而尽"，又建延祥园，"亭馆窈窕，丽若画图，水洁花寒，气象幽雅，为湖上极盛之处。从此一意修饰佛刹，不计其数，多栽花柳，广种荷花。朝欢暮乐，箫管之声，四时不绝"。

金主完颜亮偷遣画工入临安，图画西湖山水，裱成屏风，每日观赏，垂涎三尺，立誓要"提兵百万西湖上，立马吴山第一峰"，从此又要兴起战争的祸端。谢肇在《五杂俎》中说宋高宗"即位三十六年，日受西湖之乐"，定都临安就是为了西湖山水的缘故。这种断论难免有失偏颇，却也代表了后人的评价。

据周密《武林旧事》记载：南宋淳熙年间，宋高宗已经禅位，常游幸湖山。一日，御舟经过断桥，桥旁有小酒肆，颇为雅洁，中有素屏，书《风入松》一词于上，词曰：

一春长费买花钱，日日醉花边。玉骢惯识西湖路，骄嘶过、沽酒楼前。红杏香中箫鼓，绿杨影里秋千。

暖风十里丽人天，花压鬓云偏。画船载取春归去，余情寄、湖水湖烟。明日重扶残酒，来寻陌上花钿。

上阕写晨游之兴致，花钱如水，爱酒如命，连马都熟识西湖路，何况人呢？以马写人，颇为巧妙。而"红杏""绿杨"两句对仗工整，由"箫鼓"可见歌舞行乐之盛，由"绿杨"隐现红男绿女之丽影。可见，西湖之春，的确令人情满意溢，兴致盎然。下阕则写暮归。暖风十里，花光鬓影，可见景色之美，游人之盛。随着画船载着游人归去，一湖烟水，更显意境，令人余情未已。作者恋恋难舍，便想到，明日再来西湖重游。全词以"游情"为中心，自晨至暮，又盼来日，运思巧妙，真是景色如画，游人忘归。

高宗颇为赏识，驻足良久，宣问何人所作，乃太学生俞国宝醉笔，因箸道："此词甚好，但末句未必儒酸。"遂改为"明日重扶残醉"，意境大开，比"残酒"更为丰富生动。高宗起了爱才之心，便让俞国宝做官去了，一时成为佳话。但皇帝只爱这等香艳绮丽、醉生梦死之词，的确也并非佳音。

杭州游湖的习俗本来就比较浓厚，加上宋高宗如此感召，臣民百姓游乐之风愈加炽烈，渐渐就失了分寸。"朝中无宰相，湖上有平章"，名声不佳的宰相贾似道喜好声色，把名妓"不拘一五一十，总拉到西湖上，与宾客乘舟游玩。若宾客众多，分船并进"。此风一盛，上自皇家贵族，下到平民百姓，也都热衷于消闲游览。

周密在《武林旧事》卷三《都人游赏》里，对当时动辄倾城出游的盛况有生动的记载：

> 西湖天下景，朝昏晴雨，四序总宜；杭人亦无时而不游，而春游特盛焉。承平时，头船如大绿、间绿、十样锦、百花宝、胜明玉之类，何啻百余；其次则不计其数，皆华丽雅靓，夸奇竞好。而都人凡缔姻、赛社、会亲、送葬、经会、献神、仕宦恩赏之经营，禁省台府之嘱托，贵珰要地，走贾豪民，买笑千金，呼卢百万，以至痴儿騃子，密约幽期，无不在焉。日糜金钱，靡有纪极，故杭谚有"销金锅儿"之号，此语不为过也。[①]

许多有志北征的士人更觉不满，对此"销金锅"进行批判。文及翁《贺新郎》云：

> 一勺西湖水。渡江来、百年歌舞，百年酣醉。回首洛阳花石尽，烟渺黍离之地。更不复、新亭堕泪。簇乐红妆摇画舫，问中流、击楫何人是？千古恨，几时洗？
> 余生自负澄清志。更有谁、磻溪未遇，傅岩未起。国事如今谁倚仗，衣带一江而已！便都道、江神堪恃。借问孤山林处士，但掉头、笑指梅花蕊。天下事，可知矣！

西湖水对比北方河山，不过是"一勺"。而皇帝王公们迷恋于歌舞酣醉，不思光复中原。洛阳遭受涂炭，如今已历百年，自然让人扼腕叹息。而文及翁自负澄清天下之志，却像姜太公垂钓磻溪、商朝傅说在傅岩做筑墙工奴一样，郁郁不能得志。大家都说长江天险可以阻拦北人南下，其实到底只是空想。而后世人学林逋，只顾归隐，笑指梅花，又指望不上。

---

① （宋）周密：《武林旧事》，中华书局 2007 年版，第 71 页。

朱敦儒的《风流子》情绪也颇为相似。上阕是西湖的旖旎风光和游赏之乐：

吴越东风起，江南路，芳草绿争春。倚危楼纵目，绣帘初卷，扇边寒减，竹外花明。看西湖、画船轻泛水，茵幄稳临津。嬉游伴侣，两两携手，醉回别浦，歌遏南云。

而下阕就是心中的忧愁：

有客愁如海，江山异，举目暗觉伤神。空想故园池阁，卷地烟尘。但且恁、痛饮狂歌，欲把恨怀开解，转更销魂。只是皱眉弹指，冷过黄昏。

这时的西湖，就成了烟柳繁华地、温柔富贵乡，令人忘却国仇，只顾苟且享乐。南宋词人陈人杰在《书丰乐楼壁》的序中写道："孙、刘虎视遗迹依然；山川草木，差强人意。泪回京师，日诣丰乐楼以观西湖。因诵友为'东南妩媚，雌了男儿'之句，叹息者久之。酒酣，大书东壁，以写胸中之勃郁。"其实，西湖之妩媚，不也"雌了男儿"吗？

所以，对于西湖"芳景如屏"的意象体系，审美主体与审美客体之间的关系，既有和谐的一面，但往往容易流于玩赏，甚至于亵玩，却并未相融，主客体之间依然壁垒分明，并未相互融合。

三　观西湖如赏美人

袁宏道在《初至西湖记》写道："从武林门而西，望保俶塔突兀层崖中，则已心飞湖上也。午刻入昭庆，茶毕，即棹小舟入湖。山色如娥，花光如颊，温风如酒，波纹如绫；才一举头，已不觉目酣神醉，此时欲下一语描写不得，大约如东阿王梦中初遇洛神时也。"

文中写景甚美，其中尤以"山色如娥，花光如颊，温风如酒，波纹如绫"最为精彩，以女性意象来形容西湖，如同曹植初遇洛神，为后世所传诵，说明在许多人心里，西湖是如美人的。

其实，"芳景如屏"的意象体系往前发展，就演变成"晴雨丽人"的意象体系。将清丽山水比作美女，有血有肉，更显得亲近迷人。而开创这一意象体系的，也是白居易。

在白居易《春题湖上》和《杭州春望》等诗中，出现了"青罗裙带"、"草绿裙腰"等有女性特征的意象。此后的文人，也大都用白居易的眼光去打量西湖。"谁把香奁收宝镜？云锦红涵湖碧。"（宋·辛弃疾《酹江月·西湖和人韵》）"山腰收束一绡云，湖面初翻半蹙痕。"（宋·杨万里《清晓湖上》）"外湖莲子长参差，雾山青处鸥飞。水天溶漾画桡迟，人影鉴中移。桃叶浅声双唱，杏红深色轻衣。小荷障面避斜晖，分得翠阴归。"（宋·张先《画堂春》）"西湖如明镜，诸山如美人。美人照明镜，形影两能真。"（明·徐霖《看花山中分韵》）这些诗人游赏西湖，眼前的湖水、群山、绿岸、烟树、锦花，以及红袖翠衣、游船新曲，丰富的意象一时让人眼花缭乱，展开"西湖如美人"的程式化想象，诉诸笔端的，是"青罗裙""菱花镜""香奁""宝镜"等女性化的妩媚意象。

当然，"西湖如美人"的影响深入人心，还归功于苏东坡脍炙人口的名诗《饮湖上初晴后雨》：

  湖光潋滟晴方好，山色空蒙雨亦奇。
  欲把西湖比西子，淡妆浓抹总相宜。

后人多仿效此诗，南宋词人卢炳《蓦山溪》词中说："除却淡妆浓抹句，更将何语比西湖？"陆游也说："坐诵空濛句，予怀玉居仙。"于是，西湖就成了西子湖。而西湖山水不论晴雨皆为丽人的形象，都深入人心。

《西湖二集》第十四卷《邢君瑞五载幽期》写的是邢君瑞与西湖水仙相爱，并相约五载后相会，西湖美景的描写起了烘托作用。清明节上坟祭扫时，邢君瑞游于南北两山之间，到处题咏，自得其乐，眼看着"苏堤一带，桃红柳绿，莺歌燕舞，花草争妍，无一处不是赏心乐事"。邢君瑞陶醉于"春景融和，花香扑鼻，月满中庭，游鱼喷跳"，便取出焦尾琴，弹奏起来，琴声悠悠扬扬，就吸引了一女子穿花度竹而来。这女子不是别人，正是西湖水仙。那她又是怎么的形象呢？书中写道：

  淡淡丰姿，盈盈态度。秋水为神玉为骨，见脂粉嫌他点染；芙蓉如面柳如眉，看百花兀自娇羞。香雾云鬟，蕊珠宫仙子下降；朱唇玉貌，瑶台畔帝女临凡。

这样的描写，在古典小说里处处可见，不算出彩，颇有些陈词滥调之嫌。但我们若是来细细分析这一形象，也很有意思。因为她是西湖水仙，相貌气质自然就代表着西湖。她相貌姣好，芙蓉如面柳如眉，不施脂粉。她气质超然，秋水为神玉为骨，有着淡淡丰姿。这是她神仙的一面。同时，她又有凡人的一面。听到邢君瑞琴声不俗，文采过人，她便心生爱慕，相约五年之后，来此结为配偶。那邢君瑞虽然才貌出色，但不过是凡夫俗子，他念念不忘五载之约，也只是想"与她准准结为夫妻，同其衾而共其枕，颠其鸾而倒其凤，岂不乐哉"。其实，西湖在人们心目中也是如此，是个美艳而可亲近，甚至可亵玩的美女。

于是，张岱在《西湖梦寻》中就不客气地说：

> 余弟毅孺常比西湖为美人，湘湖为隐士，鉴湖为神仙。余不谓然。余以湘湖为处子，眠娗羞涩，犹及见其未嫁之时；而鉴湖为名门闺淑，可钦而不可狎；若西湖则为曲中名妓，声色俱丽，然倚门献笑，人人得而媟亵之矣。人人得而媟亵，故人人得而艳羡；人人得而艳羡，故人人得而轻慢。[①]

将西湖比作名妓，虽也能自圆其说，但无论怎么说，总让人感觉有些不堪。

当然，在民间看来，西湖别有一份亲近之意。而这种亲近，有部分原因是对纯美爱情的共同期待。的确，杭州与爱情，似乎有着天然的联系。杭州号称"爱情之都"，也因为有西湖的存在。西湖风光秀美，文士集聚，佳丽如云，也氤氲着一种浓郁的浪漫与梦幻色彩。比如在《西湖佳话·断桥情迹》中，文世高"因慕西湖佳丽，来到杭州……整日去湖上遨游"，是带着对爱情的美好憧憬远道而来，"忽闻有人娇语道：'美哉少年！'"于是一段爱情佳话在西湖上开始诉说。

前文讲过，《邢君瑞五载幽期》中邢君瑞"丰姿不群，典雅出格"，在与西湖水仙一见钟情后，毅然恪守五年之期，相约于"十里荷花盛开，香风扑鼻"的西湖。"后人常见邢君瑞与采莲女子小舟游荡于清风明月之

[①] （明）张岱：《西湖梦寻》，中华书局2011年版，第7页。

下，或歌或笑，出没无时。远观却有，近视又无。方知真是水仙，人无不羡慕焉"。

西湖上最传奇的爱情故事与三大西湖美人有关，且在民间广为流传。

其一，苏小小。

她家先世曾为东晋官，十五岁时，父母谢世，于是变卖家产，带着乳母贾姨移居西泠桥畔，常以诗会友，成了有名的诗妓。一日，她乘油壁车遇见阮郁，彼此倾心，形影不离，日则游山玩水，夜则同榻而眠。可是阮郁父亲闻讯大怒，责令返回金陵。苏小小日夜企盼，不见阮郁回来，无比失意。又一日，她遇见一落魄书生，相貌酷似阮郁，却衣衫简朴，神情沮丧。原来，此人叫鲍仁，因盘缠不够而无法赶考。苏小小资助了他。鲍仁感激不尽，满怀抱负地奔赴考场，果然金榜题名，出任滑州刺史，赴任时顺道经过苏小小家，却赶上她的葬礼，鲍仁抚棺大哭，在她墓前立碑曰：钱塘苏小小之墓。如今西泠桥边有慕才亭，上有对联"湖山此地曾埋玉，花月其人可铸金"。

后人写苏小小的诗文可谓多矣。权德舆《苏小小墓》：

　　万古荒坟在，悠然我独寻。
　　寂寥红粉尽，冥寞黄泉深。
　　蔓草映寒水，空郊暧夕阴。
　　风流有佳句，吟眺一伤心。

温庭筠《苏小小歌》：

　　买莲莫破券，买酒莫解金。
　　酒里春荣抱离恨，水中莲子怀芳心。
　　吴宫女儿腰似束，家在钱唐小江曲。
　　一自檀郎逐便风，门前春水年年绿。

据《温庭筠全集校注》笺评："前四句谓真挚爱情非金钱可买，离情亦非醉酒可解，水中莲子自有芳心，女子自有怜爱情郎之意。后四句谓女子腰似束素，家在钱塘江曲。一自情郎去后，音讯杳然，唯见年年春江水绿而已。全篇盖写一痴情女子之离情与幽怨，后四句既饶民歌风味，又颇见韵致。"

李贺的《苏小小》诗也传之甚广。

> 幽兰露，如啼眼。
> 无物结同心，烟花不堪剪。
> 草如茵，松如盖。
> 风为裳，水为佩。
> 油壁车，久相待。
> 冷翠烛，劳光彩。
> 西陵下，风吹雨。

也有些诗人将笔下主人公与苏小小相比，委婉地表露心底情思。如南宋康与之的《长相思·游西湖》写道：

> 南高峰，北高峰，一片湖光烟霭中，春来愁杀侬。
> 郎意浓，妾意浓，油壁车轻郎马骢，相逢九里松。

这首词上阕先写双峰插云的胜景，再写湖上水光潋滟、烟雾迷蒙，正是春光明艳，本应令人愉悦，但女子的内心却掀起了春愁。以乐景写哀愁，自然更增悲哀。愁思的原因何在？下阕引用钱塘名妓苏小小与少年阮郁的爱情故事，说明她也曾有同游、欢会、定情的往事，如今别离，空对春景，不由黯然神伤。可见，苏小小的凄婉爱情，既让人同情，又引起共鸣。

其二，祝英台。

《梁祝》故事最早见于一千四百多年前南朝的《金镂子》，千百年来，《梁祝》经历了历朝历代的作家和百姓的修改创造，直至今日，《梁祝》大体流传成现如今的版本。

晚唐张读《宣室志》记载："英台，上虞祝氏女，伪为男装游学，与会稽梁山伯者同肄业，山伯，字处仁。……问知山伯墓，祝登号恸，地忽自裂陷，祝氏遂并埋焉。晋丞相谢安表其墓曰'义妇冢'"。梁祝二人曾在西湖边万松书院同窗三年，梁山伯竟不知祝英台是女子。后来，祝父来信催归，梁山伯十八相送，在长桥上不忍分离，后遵祝英台的嘱托，去祝府提亲，才知道祝英台是女子，二人楼台相会，情深意浓。只可惜此时祝英台已许配马文才。梁山伯郁郁寡欢，不久去世。祝英台出嫁途中，绕到梁山伯的坟头，前往祭拜，以头撞墓，坟墓裂开，祝英台纵身跃入，双双化作蝴蝶。

后人有歌云："碧草青青花盛开，彩蝶双双久徘徊。千古传诵深深爱，山伯永恋祝英台。同窗共读整三载，促膝并肩两无猜。十八相送情切切，谁知一别在楼台。楼台一别恨如海，泪染双翅身化蝶，彩蝶翩翩花丛来。历尽磨难真情在，天长地久不分开。"梁祝化蝶的故事，就成为百姓心目中的爱情经典。

其三，白娘子。

《白蛇传》的传说源远流长，如果真的要追本溯源，那这个故事首先见于明代冯梦龙的白话小说《警世通言》中的一篇《白娘子永镇雷峰塔》，说的是白娘子勾引许宣，图财害命，后被法海镇于雷峰塔之下。许宣拜法海为师，出家为僧。

这段故事，让后世人不满意，于是陈玉乾写了《义妖传》，让白娘子变成追求爱情的义妖。峨眉山上的白蛇、青蛇，在青城山下修炼成仙后，羡慕人间生活，化成白素贞、小青，至西湖游玩。白素贞为报许仙（许宣）1700年前的救命之恩，在断桥与他相遇后，便以身相许。金山寺僧法海蛊惑许仙，离间其夫妇。许仙听信谗言，弃家出走金山。白素贞至金山索夫，与法海发生争斗。法海将白素贞压在雷峰塔下。小青苦学武艺，又请来神将，烧毁雷峰塔，救出白素贞。至此，白娘子的形象既素且贞，流传于大街小巷。她的爱情既浪漫又感人，而她与许仙相遇的断桥，就成了情人桥。

所以，西湖如美人的意象体系中，既有西施的绝艳、名妓的轻浮，也有苏小小的清高、白娘子和祝英台的坚贞，宛如烟霭，迷迷蒙蒙，再也分不清。

有趣的是，西湖如美人，此美人并不单指女性，也有词人以美男喻之。黄人杰在《感皇恩·西湖》中写道：

> 秋色满西湖，雨添新绿。一派烟光望中足。清香十里，画舸去来相逐。酒酣时听得，渔家曲。
>
> 人道似郎，郎还第六。云水相逢未谙熟。晚来风静，闲浸几枝红

玉。水神应不禁，江妃浴。

上阕写游乐之美，满目秋色，雨添新绿，眼前一派烟光，身边十里荷香，画船相互追逐，饮酒听曲，此乐无限，于是醉矣。下阕写夜景之美，诗人忽发奇想，以六郎来比拟西湖。六郎为谁？乃是武则天男宠张昌宗，行六，人称六郎，美姿容，人称"美如莲花"。词人初来临安，与西湖初遇，自然"云水相逢未谙熟"。后面四句，写西湖夜景。晚风之中，荷花亭亭玉立于水面，令词人想到了《列仙传》中的"江妃"①。前有六郎，后有江妃，两者相呼应，也颇有意趣。

四　"芳景如屏"与"物我两隔"

"芳景如屏"的意象体系，在一定程度上体现出人与景的和谐。白居易等人的诗作也清晰地反映了这一点。在此，我们着力分析一下柳永的名作《望海潮》。相传，"孙何帅钱塘，柳耆卿作《望海潮》词赠之"②，故而柳永先写政通人和，再写"千骑拥高牙"。孙何政务之余，饮酒赏音，得意于湖山烟霞之间，实在是令人称贺的。而柳永笔下的烟柳繁华、物阜民丰，至今让人目眩神迷：

东南形胜，三吴都会，钱塘自古繁华。烟柳画桥，风帘翠幕，参差十万人家。云树绕堤沙，怒涛卷霜雪，天堑无涯。市列珠玑，户盈罗绮，竞豪奢。

重湖叠巘清嘉。有三秋桂子，十里荷花。羌管弄晴，菱歌泛夜，嬉嬉钓叟莲娃。千骑拥高牙，乘醉听箫鼓，吟赏烟霞。异日图将好景，归去凤池夸。

---

① 《列仙传》：江妃二女者，不知何所人也。出游于江汉之湄，逢郑交甫。见而悦之，不知其神人也。谓仆曰："我欲下，请其佩。"仆曰："此间之人皆习于辞，不得，恐罹悔焉。"交甫不听，遂下与之言，曰："二女劳矣。"二女曰："客子有劳，妾何劳之有。"交甫曰："橘是柚也，我盛之以笥，令附汉水，将流而下。我遵其旁，采其芝而茹之，以知吾为不逊也。愿请子之佩。"二女曰："橘是柚也，我盛之以莒，令附汉水，将流而下。我遵其旁，采其芝而茹之。"遂手解佩与交甫。交甫悦，受而怀之，中当心，趋去数十步，视佩，空怀无佩。顾二女，忽然不见。

② 《鹤林玉露》卷十三。

这首词大开大阖，笔力雄健，描写了杭州的繁荣景象，仿佛一幅宏伟壮丽的历史画卷。上阕鸟瞰杭城，概括全貌，点出杭州位置的重要，历史的悠久。自"烟树"以下，便从市区的街巷河桥（"烟柳画桥"）、居民住宅（"风帘翠幕"）、人口蕃庶（"参差十万人家"），写到郊外，但见长堤云树、怒涛卷雪、澎湃浩荡。而"市列珠玑，户盈罗绮，竞豪奢"，又写尽市民生活之繁华奢侈。

下阕专咏西湖，写湖山胜概（"重湖叠巘"），写四时景物（"三秋桂子，十里荷花"），可见湖外有湖、山外有山，山水秀丽可嘉；又有三秋桂子，十里荷花，抬眼见色，闭目闻香。继而又写湖中人事：不管昼夜，均有钓叟吹羌笛，莲娃唱菱歌（"羌管弄晴，菱歌泛夜"），歌声与笛声交融，晴日与幽夜互协。太平盛世之下，百姓富裕安乐，沉醉于喜乐与美景之中。这幅景致，如同年画，是百姓所喜闻乐见的。

元曲中的西湖也多有类似的句子：

　　里湖，外湖，无处是无春处。真山真水真画图，一片玲珑玉。宜酒宜诗，宜晴宜雨。销金锅、锦绣窟。老苏，老逋，杨柳堤梅开墓。
　　　　　　　　——徐再思《中吕·朝天子·西湖》

　　东风景，西子湖，湿冥冥柳烟花雾。黄莺乱啼蝴蝶舞，秋千儿打将春去。
　　　　　　　　——张可久《双调·落梅风·春晚》

　　浓淡峰峦，高低杨柳，远近桃花。临水临山寺塔，半村半郭人家。
　　　　　　　　——赵善庆《双调·折桂令·西湖》

　　微风不定，幽香成径，红云十里波千顷。绮罗馨，管弦清，兰舟直入空明镜。碧天夜凉秋月冷。天，湖外影；湖，天上景。
　　　　　　　　——刘时中《中吕·山坡羊·侍牧庵先生西湖夜饮》

这些词曲，温和婉转，都写出西湖之美，而人在其中，深感美景动人，免不了赏心悦目，一时忘情，美则美矣，但如果细心考量，却会发现，这种审美方式终不免主客两分、物我两隔：我是我，湖是湖；我是我，景是景。

其实，在日常生活里，我们容易主客两分，将外在事物作为我们认识或利用的对象，于是人与物之间就有了一道间隔。陆象山曾说："宇宙不曾限隔人，人自限隔宇宙。"① 人就被自隔于牢笼之中，正所谓"误入尘网中"、"久在樊笼里"，不自在，不自然，天性受到压制。日本哲学家阿部正雄就说：

> 作为人就意味着一个自我，作为自我就意味着与其文化及其世界的分离；而与其自身分离及其世界分离，则意味着处在不断的焦虑之中。这就是人类的困境。这一从根本上割裂主体和客体的自我，永远摇荡在万丈深渊里，找不到立足之处。②

人本是处在大千世界之中，与世界万物本是一体，人因此得以逍遥而畅游，但一旦进入主客两分的思维框架中，人就被局限在"自我"的有限空间里，也就失去了自由。而通过审美，可以超越自我，超越这道间隔，回归世界万物中去，从而得到人生的自由。

从这点来说，西湖"芳景如屏"的意象体系，就是一个良好的审美对象，虽然也让人亲近自然，但更多只是欣赏其外在声色，并不能让人悠然宁静，与天地精神往来。我们面对美景，想到的只是游乐、欣赏，甚至想到可以亵玩的美女，那么物我之间，难免还有隔阂。

这就类似现在许多城市景观，种植奇花异草，甚至在节日时临时摆出各类花盆，其中花卉极尽色彩绚丽之能事，并作出各种造型，或为长城，或为动物，但这种景观，与生物多样性无关，与生态平衡无关，更缺乏可持续性，只是博人眼前一亮而已。

第三节　悠然咏招隐，何许叹离群

宋代任士林写过一则《西湖游约》，邀请四方诗人画师前来相聚，仿

---

① 《象山全集》卷一。
② ［日］阿部正雄：《禅与西方思想》，王雷泉、张汝伦译，上海译文出版社1989年版，第11页。

竹林、兰亭之聚：

> 结方外友，同作胜游，真个中人，允为好事。况千里相逢，诚非草草；百年一息，去者滔滔。登山临水，或啸或歌；抱琴与书，徐行徐坐。人耳人耳，时哉时哉！竹林之胜，不数牙筹；兰亭之集，肯同金谷。江上清风，山上明月，不亦悦乎！不亦乐乎！水中盐味，色里胶清，必有异也！必有与也！善画者图形，其有赋诗者随意不拘。

可见，在文人雅士心里，西湖除了芳景与丽人之喻外，还有另一种意象体系，可与竹林、兰亭并论的。这个意象体系，核心是"西湖如隐士"，我将之称为"林泉高致"。这本是北宋郭熙山水画理论著作题名，用于此处，也颇恰当。所谓"林泉"者，《辞海》解释为："山水与泉石。指幽静宜于隐遁之所。《梁书·庾诜传》：'经史百家无不该综，纬候书射，棋算机巧，并一时之绝，而性托夷简，特爱林泉。'亦用以称退隐。"所以，林泉高致，便是心怀山林泉石的超逸之致。的确，人们对西湖自然山水的留恋，除了寻花访柳，追求和品味湖山意趣，更重要的是推崇和景仰此地所蕴含的隐逸之气。

自古以来，"隐逸"便是中国文化中一道独特的风景线。唐尧时许由洗耳，伯夷叔齐不食周粟，长沮桀溺躬耕自食，严光隐身富阳，陶渊明归耕柴桑，他们都不事王侯，逍遥于山林江湖，追求心灵的自由，被后人传为美谈。在思想资源方面，孔子曾说："邦有道，则仕；邦无道，则可卷而怀之。"孟子也说："穷则独善其身，达则兼济天下。"庄子更是喜欢自然无为，不役于物。于是，中国的文人士大夫进可居庙堂之高，退可处江湖之远，真是进退从容，游刃有余。

郭熙在《林泉高致》的开头就说："看山水亦有体，以林泉之心临之则价高，以骄侈之目临之则价低。"[①] 所以，以隐逸之心去欣赏西湖自然山水，将西湖山水视为挚友，才能更深入地了解西湖的品质。

一 朱门何足荣，未若托蓬莱

据说，许由当初拒绝王位，在颍水边清洗了被功名利禄玷污的耳朵

---

① （宋）郭熙：《林泉高致》，中州古籍出版社2013年版，第75页。

后,就逃到了江南,或许也来过西湖。虽然许由在史书中一直是个无法考证的人物,但他超然出尘的隐逸气质,却影响了后世来西湖的文化人。

第一个有史书明确记载,且有隐逸之气的诗人,乃是东晋郭璞。他精通儒学,诗作被钟嵘尊为"中兴第一",却也偏好卜筮术数,擅长堪舆之术。他曾写过一组《游仙诗》,其一有诗句曰:"京华游侠窟,山林隐遯栖。朱门何足荣,未若托蓬莱。"追求功名者聚于京城,而隐遁之人栖居于山林。朱门富贵本来虚幻,不如托身于蓬莱仙境。而后,他开始写游仙之好处:"临源挹清波,陵冈掇丹荑。灵溪可潜盘,安事登云梯。"这真是极美的山水诗。你看,在水流源头捧取那最清澈的水,在山冈上摘取丹荑(大约是初生草木的红色嫩芽,或是赤色灵芝)来食用,可以去幽美的灵溪游玩盘桓,又何必乘云而升天呢?

郭璞便是这样"以仙姿游于方内"(清代陈祚明语),来到杭州后,登山临水,写下两句诗:"天目山前两乳长,龙飞凤舞到钱塘。"说西湖边的玉皇山、凤凰山蜿蜒有龙凤之姿。这算是最早的西湖诗。

葛洪是郭璞同时代人,从北而南,一路寻觅善地以隐居修仙。他深受道家思想影响,道视为最高之美,以"逍遥游"与"物我两忘"为最高审美境界,以超功利的目光来观照自然万物。

《西湖佳话》中如此描述:

> (葛洪)直至临安,见两峰与西湖之秀美,甲于天下,方大喜道:"此地可卜吾居矣。"因而遍游湖山,以择善地。南屏嫌其太露,灵隐怪其偏枯,孤山厌其浅隘,石屋憎其深沉,皆不称意。一日,从赤霞山之西而行,忽见一岭蜿蜒而前,忽又回环后盼,岭左朝吞旭日,岭右夜纳归蟾,岭下结茅,可以潜居,岭头设石,可以静坐,有泉可汲,有鼎可安。最妙是游人攘攘,而此地过而不留;尤妙在笙歌沸沸,而此中安然独静。葛洪看了,不觉大喜道:"此吾居也。"因出金购地,结庐以处。①

他在这东结宝石山、西连栖霞岭的山岭上建了"抱朴庐",且在初阳台上留下他的踪迹。《西湖志》卷三载:"十月之朔,海日初出,炯然可

---

① (明)古吴墨浪子:《西湖佳话》,华夏出版社2013年版,第7—8页。

观。盖地势既高,直望东北海际。当日轮乍起,微露一痕,瞬息间霞光万道,天半俱赤,红若琥珀,大如铜盘,光景离奇倏然变换,不可端倪,故有东海朝暾之目。"同时,他也在湖西风篁岭一带炼丹,留下葛坞、葛洪井等遗迹。

但他们并没有留下太多诗文,所以,真正开辟"西湖如隐士"这一意象体系,还要等到北宋的林逋。

二 林逋视西湖为知己

林逋(967—1028),字君复,杭州钱塘人。《宋史》载:"少孤,力学,不为章句。性恬淡好古,弗趋荣利,家贫衣食不足,晏如也。初放游江、淮间,久之归杭州,结庐西湖之孤山,二十年足不及城市。"

之所以选择孤山,张岱《西湖梦寻·孤山》中引用沈守正的一句话或许可以作为依据:"西湖之上,葱蒨亲人,亦爽朗易尽。独孤山盘郁重湖之间,水石草木皆有幽色。"同在西湖上,即便同是春天,白堤上桃柳沐浴在暖阳下,呈现怡红快绿的明丽之美,而孤山一带即便天气晴好,其山石、林泉、草木,也郁结着温润幽暗之色。

林逋选择此处结庐隐居,也是恰到好处。他不娶妻,不生子,没有家室之累,只在居所植梅养鹤,因有"梅妻鹤子"之称。时泛小舟,游览西湖僧寺。如有客至,童子开笼纵鹤,林逋一见,及棹舟以归。《本传》云:"和靖喜为诗。既就,稿随辄弃之。或谓,何不录以示后世乎!和靖曰,吾方晦迹林壑,且不欲以诗名一时,况后世乎!"写诗不为博名,只为陶冶身心,真是率性而为,实有高士风范。为了解决生计,他按一年三百六十日,在孤山种梅三百六十余树。"花既可观,实亦可售。每售梅实一树,以供一日之需。"如此既清雅,又务实,而且有节制,更是令人叹服。

隐士有道隐与儒隐。所谓道隐,是甘于林泉如庄子,以无用于世而隐。所谓儒隐,是世道纷乱而归隐,穷则独善,达则兼济。而林逋当为儒隐。梅尧臣的《林和靖先生诗集序》道:"天圣中,闻钱塘西湖之上,有林君崭崭有声。若高峰瀑布,望之可爱,即之愈清,挹之甘洁不厌也。"又说,他拜访林逋时,"其谈道,孔孟也。其语近世之文,韩李也。"而只有谈起诗,"则平淡邃美,咏之令人忘百事也。"

林逋一生作诗甚多,因不太在意,所以只留存三百余首,但以其澄淡峭特的诗风，不受西昆体影响，成为宋初山水隐逸诗人中的翘楚。他身处西湖山水之间，因为性情的缘故，虽然同样写青山绿水，却有别于白居易笔下的娇艳绮丽，呈现出湖山的空灵幽逸之境。且来看这首《西湖》中的颔联：

> 春水净于僧眼碧，晚山浓似佛头青。

"僧眼碧"用典于《高僧传》"达摩大师，眼绀青色，后称碧眼胡僧"。一湖春水，在白居易眼里本是柔媚如女子，而在林逋看来，却如僧人达摩之眼眸，清净而平和，超然于物外，有神秘的佛家色彩。晚山呈现青色，这是实景，但却被林逋写成绘画专用的石青——"佛头青"，暗含僧侣佛像青色的头皮，更是别有一番禅意。

再来读他的《孤山寺端上人房可望》：

> 底处凭阑思渺然，孤山塔后阁西偏。
> 阴沉画轴林间寺，零落棋枰葑上田。
> 秋景有时飞独鸟，夕阳无事起寒烟。
> 迟留更爱吾庐近，只待重来看雪天。

首联破题，诗人在何处凭阑远眺呢？他在孤山塔后一高阁西边。他眼前所见，是一幅"方外寺"：阴沉沉的树林中，隐约可见禅院古寺。暮色苍茫，远远望去，景色暗淡得如同一帧褪色的画卷。这画境真是阒寂幽深，可见方外之境。然后他又看见"葑上田"。夕阳西下，农人们荷月带锄回，水面上零星飘着几块架田，宛如棋盘上的方格，更是宁静之极。他眺望天宇，只见寥廓秋空，偶尔飞过一只小鸟。秋深时分，地面上升起袅袅炊烟，也带着丝丝寒意。

寺、田、鸟、烟，宛如四幅风景画，色彩古朴简淡，展现出高僧端上人所居之环境，而这与诗人不慕荣利、潇洒物外的性情相吻合。而正因如此，他流连忘返，依依不舍，决定等冬日雪花漫天时，再来观赏这与其庐舍相近的佛门圣地。

而他的《小隐自题》，写的就是他日常的生活情致：

竹树绕吾庐，清深趣有余。
鹤闲临水久，蜂懒采花疏。
酒病妨开卷，春阴入荷锄。
尝怜古图画，多半写樵渔。

首联写隐居环境之美，有竹树绕庐，自然清幽深秀，隔开尘世喧嚣，所以诗人感到"趣有余"。中间两联则详说这种趣味。仙鹤本应忙于啄食，却临水久立，从容闲适之极。蜜蜂本应忙于采蜜，此刻却不采，显得慵懒洒脱。这虽是写鹤、蜂，却显然是写自己。因为唯有闲人，才能抱着一份闲心，恬然而长久地观赏那鹤与蜂的举止。他接下来写自己，因为心无闲事，故而时常酒至酩酊，醒来时尚觉困乏，于是干脆不再读书。当然，偶尔趁着春阴替诗人挡住烈日，也要亲自荷锄耕作，享受那田间之乐。尾联是说，他曾爱那古代的图画，多半画着樵夫渔人，如今，他也能入画了。全诗惬意之极、情调轻松之极，笔法妙处横生，充满了隐逸的高趣。

对比一些白居易笔下的春："孤山寺北贾亭西，水面初平云脚低。几处早莺争暖树，谁家新燕啄春泥。乱花渐欲迷人眼，浅草才能没马蹄。最爱湖东行不足，绿杨阴里白沙堤。"还有其笔下的："澹烟疏雨间斜阳，江色鲜明海气凉。蜃散云收破楼阁，虹残水照断桥梁。风翻白浪花千片，雁点青天字一行。好着丹青图画取，题诗寄与水曹郎。"我们可以看到，白居易虽也笔法清丽，但他将西湖视作景物，视为女子，是供游赏甚至把玩的对象，与这湖山总是隔了一层，到底不如林逋将西湖视为挚友而无隔无碍。

魏源曾说："逋仙但得此湖雪，坡老但得此湖月，白公但得此湖桃柳春。"得桃柳春者俗，得湖月者雅，得湖雪者幽。在中国文化里，雪是个独特的意象。"雪是干净的，而人们平时的生活很容易沾染上污浊的东西，在雪中，我们似乎将心灵洗涤了一番；雪是冷寂的，给人凄凉的感受，使人有更深的内心体验，和这个充满戏剧般喧闹的世界形成鲜明的对比，在雪中，人们获得深深的心灵安宁。"[①] 林逋自然懂得湖雪的皓洁纯净，他最喜"冷挨松雪瞰西湖"，常在雪霁之后，站在清冷异常的松林之

---

① 朱良志：《曲院风荷》，安徽教育出版社2006年版，第166页。

中，居高临下，鸟瞰苍茫一片的西湖雪景。如这首《西湖舟中值雪》：

　　浩荡弥空阔，霏霏接水濆。
　　舟移忽自却，山近未全分。
　　冻轸间清泛，温炉接薄薰。
　　悠然咏招隐，何许叹离群？

这种意境是浩茫的，在空阔的湖面上，大雪纷纷扬扬，天与地、水与岸、近山与远山，竟都混沌一片，难以分辨。小舟自行自却，行到山前，竟还看不分明。诗人在舟中拥炉而坐，停止了弹琴，全身心感受这大雪。一切污浊都消失了，只剩下清朗朗、白净净的乾坤。于是，他又深感归隐离群之妙，不必哀叹孤寂离群。便是有人高唱招隐士，他也决意不去了，因为他在雪湖中，找到了一个蓬莱般的仙境，这里"璚树瑶岑掠眼新，鲜飙时复颭珠尘"，触目只见漫天珠玑，晶莹闪烁，"此中自是蓬莱阙，何处更寻姑射人"，他自己身处其中，已经飘然出尘，做了姑射仙人了。

而且，林逋赏识雪西湖，绝非出自衣轻裘、饮暖酒之后的闲情逸致，而是衣褐裋袍、箪瓢屡空之中的悠然从容。他在《雪三首》中写道："独有闭关孤隐者，一轩贫病在颜瓢。"贫寒人家，最怕风雪交加，然而他却"堪怜雀避来闲地，最爱僧冲过短桥"，看到鸟雀来避雪，就爱怜地呵护它；看到来访的僧人冲过雪中短桥，就招呼取乐。

当然，林逋笔下的湖山除了幽寂之外，细节处又是充满生机的。他与湖山为友，日夜徜徉其中，就发现了大自然盎然的生趣，由此获得身心的宁静与活泼。

　　昼岩松鼠静，春堑竹鸡深。
　　　　　　　　　　　　——《湖山小隐》（其二）

　　草长团粉蝶，林暖坠青虫。
　　　　　　　　　　　　——《小圃春日》

上一联中，白昼是如此宁静祥和，连胆怯的松鼠也从容不迫，端坐在岩石上十分自得。山涧里藏匿的竹鸡，也知道四处安全，就泰然自若地出来活动。下一联中，江南草长，粉蝶翩然往来。青虫吐丝，在树上悬空晃荡。暖融融的春意，就沁人心脾了。林逋简单地选用了眼前的意象，就写出一派人与自然和谐相处的美妙境界，令人身心俱宁。

综合来看，林逋笔下的西湖，具有超脱冲淡、开阔幽邃、灵动野逸的特色，深具老庄意味，又有禅宗情趣。这样的西湖，对于我们的身心都会有极大的抚慰。

三 苏轼未成小隐聊中隐

苏轼来到杭州后，颇为倾慕林逋的隐士生涯和清逸诗风，虽不能相遇，却用诗笔塑造了自己心目中林逋超然绝俗的风姿。

> 吴侬生长湖山曲，呼吸湖光饮山渌。
> 不论世外隐君子，佣儿贩妇皆冰玉。
> 先生可是绝俗人，神清骨冷无由俗。
> 我不识君曾梦见，瞳子瞭然光可烛。
> 遗篇妙字处处有，步绕西湖看不足。
> 诗如东野不言寒，书似西台差少肉。
>
> ——《书林逋诗后》（节选）

开头两句，写的是林逋故乡的情致。杭州说吴语，"我""你"均称"侬"。林逋及其乡人生于湖山深曲处，呼吸湖光，畅饮山中绿水，于是连佣工贩妇都如冰玉一般，更何况隐士如林逋呢？

第五句开始，正面写林逋的气质。"神清骨冷"出自《晋书·卫玠传》，本是形容卫玠容貌清丽。神指神情，骨是气质。林逋从神情到气质，都呈现清冷高洁之态，苏轼对他自是无比钦仰，居然在梦中也能见到林逋"瞳子瞭然光可烛"。《孟子·离娄上》曾说："胸中正，则眸之瞭焉。胸中不正，则眸子眊焉。"瞳仁清亮，意味着胸中正。这样写，概括了林逋为人之清正。

苏轼在描绘林逋，其实也就写出了自己的风骨。他平生两次来杭州任职。第一次是36岁时，因反对王安石变法，自恃才高，写了许多抨击新法的奏章，结果被变法派排挤，于北宋熙宁四年（1071）被贬为杭州通判。第二次来杭是52岁。此时王安石变法失败,保守派全面废除新法,苏轼又觉得新法不可全部废除,于是得罪保守派,只能黯然离京,在元祐四年出知杭州。这时,他已号称"东坡居士",内心旷达,随遇而安,以诗人的情趣、儒者的情怀,整治西湖,筑起苏堤,使西湖真正焕发出景观之美。

可以说,苏轼每次来西湖,都处于政治的失意期,而湖山之美,恰好安慰了他的心灵,滋润了他的襟怀,又赋予他诗文的灵感。他受着道家的影响,自以为生来就有"山野姿"、"麋鹿性",就将西湖视为知己,能平等相待。其《湖上夜归》云:

> 我饮不尽器,半酣尤味长。
> 篮舆湖上归,春风吹面凉。
> 行到孤山西,夜色已苍苍。
> 清吟杂梦寐,得句旋已忘。
> 尚记梨花村,依依闻暗香。

苏轼酒量不佳,少饮则醉,于是乘篮舆而归,一路春风拂面,倍感清爽。到了孤山附近,见夜色苍茫,湖山静幽,就触动诗思,但正如陶潜所说:"此中有真意,欲辨已忘言。"或者是他在《怀西湖寄晁美叔》中所说的"所至得其妙,心知口难传"。总之,得了诗句,旋即就忘。忘就忘吧,他并不在意,追求的是那份内心的安乐与宁静。

苏轼是经历过人生磨砺的,一面有经邦济世之志,一面也有"小舟从此逝,江海寄余生"之念。这一点,我们在《和蔡准郎中见邀游西湖三首》之一、二首可以看出。

> 夏潦涨湖深更幽,西风落木芙蓉秋。
> 飞雪暗天云拂地,新蒲出水柳映洲。
> 湖上四时看不足,惟有人生飘若浮。
> 解颜一笑岂易得,主人有酒君应留。
> 君不见钱塘宦游客,朝推囚,暮决狱,不因人唤何时休。

> 城市不识江湖幽,如与蟪蛄语春秋。

试令江湖处城市,却似麋鹿游汀洲。
高人无心无不可,得坎且止乘流浮。
公卿故旧留不得,遇所得意终年留。
君不见抛官彭泽令,琴无弦,巾有酒,醉欲眠时遣客休。

第一首先写西湖四季之美景,继而感叹湖上风景四时看不足,而人生若飘蓬浮尘,且又羁于宦游,整日推囚决狱,不知何日可休。第二首说江湖幽静而城市喧嚣,他想要学彭泽县令陶渊明,隐居林泉之下,弹无弦琴,以头巾滤酒,潇洒地说"我醉欲眠君且去",而不必牵绊于世俗礼节。当然,苏轼并不准备像陶渊明一样辞官归隐。他初次到杭州时便写出下面的诗句:

未成小隐聊中隐,可得长闲胜暂闲。
我本无家更安往?故乡无此好湖山。

苏轼来杭州做官,远离朝廷争斗,过悠游山水的日子,正符合"中隐"。当然,他满腹报国之志,决不能真正独善其身。他在政务之余,于湖山之间,以清越自由之心,驾船、饮酒、欣赏美景,又将之化入诗词,在一吟一咏之中,舒展内心的苦闷郁结。

张岱说湖上四贤,"乐天之旷达,固不若和靖之静深;邺侯之荒诞,自不若东坡之灵敏也"。所谓"灵敏",林语堂在《苏东坡传》的一段话可谓妙解:

西湖的诗情画意,非苏东坡的诗思不足以极其妙;苏东坡的诗思,非遇西湖的诗情画意不足尽其才。一个城市,能得诗人发现其生活上复杂的地方性,并不容易;而诗人能在寥寥四行诗句中表现此地的精粹、气象、美丽,也颇不简单。[1]

苏轼有着发现美的眼睛,也有领悟美的学养。所以他轻松地写出了西湖的生趣:

---

[1] 林语堂:《苏东坡传》,张振玉译,陕西师范大学出版社2008年版,第123页。

黑云翻墨未遮山，白雨跳珠乱入船。
卷地风来忽吹散，望湖楼下水如天。
　　——《六月二十七日望湖楼醉书五绝》（其一）

　　黑云翻墨、大雨骤至，却让西湖更添意趣。白雨也是如此活泼，在水面，在船板上化为珠子，向游人欢蹦乱跳。而卷地风气，云自吹散，大雨稍纵即逝，望湖楼下风涛顿止，水光平展如天。雨来动人，雨去静心，西湖之美，真是令人醉心。

　　在他笔下，连初冬残荷，也别有妙姿：

荷尽已无擎雨盖，菊残犹有傲霜枝。
一年好景君须记，正是橙黄桔绿时。
　　——《赠刘景文》

　　除了这些湖滨醉饮，以及携妓游湖等与众人无异的常规动作之外，他还经常避开游人众多的时间，在雨中、夜里、雪后、秋日泛舟西湖，行走山林。其任意飘荡的旷逸姿态，以及笔下意境清奇的诗作，对后世影响更大。

天欲雪，云满湖，楼台明灭山有无。
水清出石鱼可数，林深无人鸟相呼。
腊日不归对妻孥，名寻道人实自娱。
道人之居在何许？宝云山前路盘纡。
孤山孤绝谁肯庐？道人有道山不孤。
纸窗竹屋深自暖，拥褐坐睡依团蒲。
天寒路远愁仆夫，整驾催归及未晡。
出山回望云木合，但见野鹘盘浮图。
兹游淡薄欢有余，到家恍如梦蘧蘧。
作诗火急追亡逋，清景一失后难摹。
　　——《腊日游孤山访惠勒惠思二僧》

苏轼起笔，就是一步一景。落雪之前，寒云满湖，将楼台遮掩得若隐若现。他的小船临近孤山，一路水清见石，游鱼可数，林深无人，逸鸟相呼。在此腊月寒日，苏轼不在家享受天伦之乐，却名曰访道，实则自娱，的确是不寻常的举动。那么，他所寻访的道人，又是怎样的情态呢？此道人在孤山结庐独居，纸窗竹屋，天寒路远，该是孤绝无依，了无生趣吧？可道人却"拥褐坐睡依团蒲"，正舒服惬意呢。原来，一路"水清出石鱼可数，林深无人鸟相呼"的幽静，以及"出山回望云木合，但见野鹘盘浮图"的生趣，就是"道人有道"之"道"。而这也恰是苏轼所追慕向往的，因此他才说，"兹游淡薄欢有余，到家恍如梦蘧蘧"，竟以为此游美好得如同做梦，回家后急切地要作诗留念，以免清景一失，以后再难摹画呢。

在苏轼笔下，西湖的景观不再只有热闹的桃柳，那些林泉之美、鸟鱼之灵，更能体现人与自然亲密无间的关系。

在北宋，西湖一到夜晚，即墨黑一片，并无丝竹游船。而苏轼喜欢夜游西湖，欣赏那静谧之中的一轮冷月，可见其发掘西湖美的尝试。这里单说他笔下的《夜泛西湖五绝》：

其一

新月生魄迹未安，才破五六渐盘桓。
今夜吐艳如半璧，游人得向三更看。

其二

三更向阑月渐垂，欲落未落景特奇。
明朝人事谁料得，看到苍龙西没时。

其三

苍龙已没牛斗横，东方芒角升长庚。
渔人收筒及未晓，船过惟有菰蒲声。

其四

菰蒲无边水茫茫，荷花夜开风露香。
渐见灯明出远寺，更待月黑看湖光。

其五

湖光非鬼亦非仙,风恬浪静光满川。
须臾两两入寺去,就视不见空茫然。

这一组诗每首的末尾就是第二首的开头,用蝉联格,形成一个前后关联、音韵动人的整体。第一首写新月生辉,"艳如半璧",给人以明朗清越之感。第二首写三更时分,月已渐垂,景色特奇,诗人却想到前途未明的"明朝人事",忽然起了惆怅。第三首写深夜西湖渔人盗鱼,却不予过问,正是出于他认为官府不与民争利的理念。同时,渔人为生活而努力,对于他而言,也是一种安慰,让他能安心享受这月西湖之幽趣。所以到了第四首,笔下出现了优美的景致:菰蒲无边,湖水茫茫,荷花夜开,风露凝香。月夜而泛舟于此,诗人自然觉得陶醉。船继续前行,忽见一处灯明。周密《癸辛杂识》载:"西湖四圣观前有一灯浮水上,其色青红,自施食亭南至西泠桥复回。风雨中光愈盛,月明则稍淡。雷电之时,则与电光争闪烁。"所以灯明,就意味着到了寺院,他忽发兴致:"更待月黑看湖光。"那湖光又是怎样的呢?湖光幽暗,又闪烁着细微的白光,层层叠叠,一刻不停,不是鬼,又不是仙,在风平浪静之时,幽幽地充满了长川。湖光随小船一同入寺去,却再也不见,让人心生茫然。整组诗有月光、有渔人、有菰蒲、有荷花、有灯明、有远寺、有湖光,笔调是清冷的、恬淡的、优雅的,同时还带一点微微的怅惘,写出了前人未曾发掘的西湖夜色之美。

再如《好事近·湖上》云:

湖上雨晴时,秋水半篙初没。朱阑俯瞰寒鉴,照衰颜华发。
醉中吹堕纶巾,溪风漾流月。独棹小舟归去,任烟波飘兀。

湖上雨晴,秋水明朗。诗人在朱阑俯瞰,湖水映出衰颜。这是令人忧伤的,于是他做出了疏放的姿态,喝醉了酒,听任溪风吹落纶巾,俯首一看,水中明月被风一吹,荡漾、流动、闪烁,别有一番趣味。于是乘舟回去,一任烟波浩淼。这是何等清逸潇洒之态,真有"一蓑烟雨任平生",或是"我欲乘风归去"的意境。

经过苏轼诗词的点染,"西湖的景观不再仅仅是她原来的山水花草、鸟兽虫鱼,而幻化成一种人与景亲密无间的关系,是心灵与景观的契合,是性情,是趣味,是适意,是生活的安宁自在"①。而他笔下营造的清奇澄澈、天人和谐的西湖意象,也随着诗文的传播而广为人知。元代诗人贯云石曾在月夜乘舟泛湖,并高唱:"问胸中谁有西湖?算诗酒东坡,清淡林逋。"而今日我们胸中心心念念的西湖,又何尝不就是东坡与林逋所描绘之西湖呢?

四 山僧野性好林泉

苏轼在诗中时常出现寺院、禅僧,而且其诗也深受禅风影响,于是呈现出豁达恬淡、清空自然的意趣。的确,禅宗思想也是成就西湖"林泉高致"意象体系的一个重要元素。

禅宗追求梵我合一,进入此种思维,需要有虚静的心境。所以禅师们都要在静谧处结庐凝思。而西湖山水的清幽、宁静、空灵、温润,最符合这一要求。所以,许多高僧禅师徜徉在西湖山水之间,若遇理想处所,即驻足而居。

白居易素有慧根,他一面纵情声色,写出西湖的艳丽,一面也从禅宗思想中,引出一份安详和超脱。他在玉泉寺中,写得一诗:

> 湛湛玉泉色,悠悠浮云身。
> 闲心对定水,清净两无尘。
> 手把青筇杖,头戴白纶巾。
> 兴尽下山去,知我是谁人。

玉泉山清幽明净,玉泉清湛见底,充满自然之趣和淡泊禅意,使白居易一时忘却仕途艰难和人生苦楚,以闲心对着定水,两者都无尘杂了。而他与禅师也颇多交往,一次他备下斋饭清茶,以诗邀请西湖名僧韬光禅师:

> 白屋炊香饭,荤膳不入家。

---

① 徐承:《西湖景观美学与佛教》,团结出版社 2010 年版,第 37—38 页。

> 滤泉澄葛粉，洗手摘藤花。
> 青芥除黄叶，红姜带紫芽。
> 命师来伴吃，斋罢一瓯茶。

诗写得漂亮，情义也颇虔诚，不想韬光却以城中喧嚣为由，以诗婉拒：

> 山僧野性好林泉，每向岩阿倚石眠。
> 不解栽松陪玉勒，惟能引水种金莲。
> 白云乍可来青嶂，明月难教下碧天。
> 城市不能飞锡去，恐妨莺啭翠楼前。

从此诗中，我们不难看出禅师的高风雅韵。而白居易对禅师更是感佩，将烹制好的素斋用攒盒装了，又携了数片好茶上山，汲泉烹茗，品茶吟诗，十分快意。现在韬光寺保留了烹茗井，相传就是当年二人的烹茗处，后人隔着千年时光，依然可以烹一壶茶、听一曲琴、吟一卷诗，在浩浩松涛声中，得到内心的宁静。

白居易离开杭州十年后，唐大和八年（834），诗人姚合任杭州刺史，白居易十分欣喜，作《送姚杭州赴任，因思旧游二首》相送，其一曰：

> 与君细话杭州事，为我留心莫等闲。
> 闾里固宜勤抚恤，楼台亦要数跻攀。
> 笙歌缥缈虚空里，风月依稀梦想间。
> 且喜诗人重管领，遥飞一盏贺江山。

希望姚合政事勤勉之余，不忘湖山楼台。姚合本有些佛隐之心，来此东南佛国，真是得其所哉。他在《题杭州南亭》里写道：

> 归隐即云林，思归日日深。
> 如今来此地，无复有前心。
> 古石生灵草，长松栖异禽。
> 暮潮檐下过，溅浪湿衣襟。

这诗道出他心境的变化。此前是"东山不得归"（姚合《杭州郡斋南亭》），"思归日日深"，而今见到杭州胜景——古石灵草，长松异禽，暮潮溅浪，便"无复有前心"，陶然于湖山之间了。他本是个政务宽简之人，自谦"贫褊无恩懦少威"（《杭州官舍偶书》），其实无为而治，倒也符合百姓利益。他得了余暇，出没禅寺，多与寺僧交好，笔下就有了这样闲散的诗句：

春尽酒杯花影在，潮回画槛水声微。
闲隐山际邀僧上，暮入林中看鹤归。
——《杭州官舍偶书》

林外猿声连院磬，月中潮色到禅床。
——《送僧贞实归杭州天竺》

古寺杉松出，残阳钟磬连。
草庵盘石上，归此是因缘。
——《送僧栖真归杭州天竺寺》

上方清净无因住，唯愿他生得住持。
只恐无生复无我，不知何处更逢师。
——《谢韬光上人》

这些诗里，"邀僧"、"院磬"、"古寺"、"草庵"、"上方"，自然是方外净土。但姚合还写过一首《杭州官舍即事》：

临江府署清，闲卧复闲行。
苔藓疏尘色，梧桐出雨声。
渐除身外事，暗作道家名。
更喜仙山近，庭前药自生。

在姚合慧心观照之下，连他的州治官署，本是滚滚红尘中最为繁杂世俗之所，竟也变得清净出尘了。

苏轼向来好禅，在杭州时，曾去龙井拜访辩才，并传出一段佳话。

据说，辩才原住天竺寺，因精通佛理，聪敏擅诗，声名远播，被杭州僧众视为菩萨，晚年时候不胜其扰，便来到山深林茂的龙井，深隐不出，在此广植修竹，风韵萧爽，因名曰凤篁岭。只因山路盘旋，故有"天竺已幽阻，凤篁更盘纡"之说。岭之巅有龙井，《西湖游览志》："林壑深沉，迥出尘表，流泉活活，自龙井而下，四时不绝。"周围有鸡笼山，陈善《杭州府志》："远树亭亭，望若车盖。四山闃寂，虎豹窟藏，以是游者特罕。"有狮子峰，魏源《钱塘县志》："在天门山侧，势若蹲狮，最为高峻，灵竺诸峰，皆拜其下。山径孤峭，草树蒙茸，为南山最深处。"[①]都是适合隐居修行的僻静地界。杨杰曾写诗赞曰："微风摇琅玕，萧瑟岭一道。万帚扫晴空，纤尘不可到。"万竿修竹，如同万把扫帚，扫出晴空，纤尘不染，也让来客听到风中竹音，顿觉内心悠悠，超凡出尘。

龙井寺前有浅溪，辩才立下送客不过溪的规矩。苏轼来访时，二人话语投机，言谈甚洽，黄昏时苏轼告别，辩才起身送客，且送且谈，不知不觉间，竟已送过了溪，二人不由想到东晋名僧慧远的典故，于是抚掌大笑。慧远送客，均以寺前虎溪为界，而一次送陶渊明、陆修静过溪，惹得山中虎啸。苏轼写诗记之，其中有"我比陶令惭，师为远公忧。送我过虎溪，溪水当逆流。聊使此山人，永记二老游"之句。

秦观曾在日夕时分，前去探访辩才，并写下一篇清丽文章：

> 是夕，天宇开霁，林间月明，可数毫发。遂弃舟，从参寥策杖并湖而行。出雷峰，度南屏，濯足于惠因涧，入灵石坞，得支径上凤篁岭，憩于龙井亭，酌泉据石而饮之。自普宁凡经佛寺十五，皆寂不闻人声，道旁庐舍，灯火隐显，草木深郁，流水激激悲鸣，殆非人间之境。

此文笔触疏朗清越，玲珑精妙，写出月夜龙井的幽境，浑然就是一幅情趣高雅的山水画，而其中超然出世的人格情怀，更是令人读之难忘。

---

① （清）汪孟鋗纂：《龙井见闻录》，见王国平主编《西湖文献集成》（21），杭州出版社2004年版，第120页。

苏辙《杭州龙井院讷斋记》中，辩才法师做天竺寺住持，人争以檀越归之，使天竺寺得以振兴，冠于浙西，却受到文捷和尚的排挤，离开了天竺寺。辩才是高僧，"欣然舍去，不以为恨"，真是无挂无碍，随遇而安，但别人却为他抱不平，将事情揭露，事闻于朝，于是辩才得以重归天竺寺。但此时辩才年事已高，"虽未尝争，不幸而立于争地"，喜欢龙井的"山深而木茂，泉甘而石峻"，就"策杖而往，以茅竹自覆"。但他声望极高，众人立即为他修成寺院，"荒榛岩石之间，台观飞涌，丹垩炳焕，如天帝释宫"。辩才居于其中，秦观将他的居室命为"讷斋"。为什么以"讷"为斋名？苏辙写道：

  师始以法教人，叩之必鸣，如千石钟；来不失时，如沧海潮。故人以"辩"名之。及其退居此山，闭门燕坐，寂默终日。叶落根荣如冬枯木，风止浪静，如古涧水，故人以"讷"名之。

从"辩"而"讷"，正是修为日深而"大巧若拙，大辩若讷"[①]。而苏辙又说：

  虽然，此非师之大全也。彼其全者，不大不小，不长不短，不垢不净，不辩不讷，而又何以名之？虽然，乐其出而高其退，喜其辩而贵其讷，此众人意也，则其以名斋也亦宜。

辩才心中再无大小、长短、垢净、辩讷之分，万物均一，才是最高境界，这是让苏辙深为钦佩的。

不独诗人乐意寻访禅僧时写诗赋文，西湖禅僧文化颇高，能诗文者也甚众，此处略举几位。

契嵩（1007—1072），字仲灵，自号潜子，有文采，世称"明教大师"。他曾写《游南屏山记》：

  余嗜山水之甚者也，始见南屏山，且喜以谓一游无以餍吾之心，不若栖其阴薮常游其间。故今年乐来息肩于此，日必策杖独往。至其

[①]《老子》第四十五章。

幽处也，思虑冲然，天下之志通；至其旷处也，思虑超然，天下之事见；至其极深且静处也，冲寞岑寂，神与道合，乘浩气，沐清风，陶然嗒然，若在乎万物之初。

南屏山本是小山丘，而契嵩天天策杖而往，不是看景，而是要在旷幽处"神与道合"，可见山水与内心的关系。他也写诗，颇有描绘西湖山水的佳作，平淡闲静，得湖山之真趣味。如《湖上晚归》：

　　人间薄游罢，归兴寻旧隐。
　　春岸行未穷，夕阳看欲尽。
　　岚光山际淡，天影水边近。
　　自怜幽趣真，清吟更长引。

契嵩在城市略作薄游，便归入湖山。行于春岸，看夕阳衔山，举目一望，冉光之中，山色清淡，只见一痕淡灰山影。而天影却倒映在湖中，离我们那般近。这两句写得凝练而生动，极好地概括了湖山妙景。

又如《书南山六和寺》：

　　青葱玉树接溪岑，台阁凌虚地布金。
　　行到白云重叠处，水声松韵淡人心。

契嵩在总结创作时，曾说："夫诗与山水，其风味淡且静，天下好是者几其人哉，故吾属得其合者尝鲜矣。"（《山游唱和诗集叙》）他的诗，乘兴来、乘兴回，不带欲念，恬然自适，于是行到白云重叠之处，就静品水声松韵，真有王维禅诗之胜境。

禅师遵式（964—1032）也留下不少诗文。他栖于下天竺寺，号慈云忏主，卒谥后封赐忏主禅慧大法师，著有《天竺灵苑集》等，其《酬苏屯田西湖韵》云：

　　雨余残景照渔家，渔子鸣榔彻君衙。
　　今夜相呼好垂钓，平湖新雨涨蒹葭。

写得淡泊自如，而又于宁静中透出盎然生机。再如《酬伉上人》：

> 鸟外清闲极，谁能更似君。
> 山光晴后见，瀑响夜深闻。
> 拾句画幽石，收茶踏乱云。
> 江头待无事，终学弃人群。

他在山水之间，看山光，听瀑响，画幽石，踏乱云，了无俗事萦怀，享受"弃人群"的悠然自得。

智圆（976—1022），俗姓徐，字无外，号中庸子，钱塘人，八岁受戒于杭州龙兴寺，大中祥符末，居西湖孤山玛瑙禅院，世称孤山法师，为天台宗山外派义学名僧，与林逋交好，曾写有《书林处士壁》：

> 高迹远城市，湖山景色奇。
> 水声喧睡榻，岚气逼书帷。
> 鸟语垂轩竹，鱼惊浸月池。
> 蒲轮来有日，终负白云期。

首联平淡，写林逋归隐之事。颔联和颈联写的居所环境，水声在睡榻边喧响，岚气直逼到书帷，鸟语透出轩竹，鱼被池中月惊扰，一派天然活跃。智圆有"野云孤鹤"之志，与林逋是极为接近的，因此二人也因相知而相交。

又有《幽居》：

> 尘迹不能到，蘅门藓色侵。
> 古杉秋韵冷，幽径月华深。
> 窗静猿窥砚，轩闲鹤听琴。
> 东邻有真隐，荷篠夜相寻。

《湖上闲坐》：

> 终日湖亭坐，悠悠万虑闲。

眼前何所有，寒水与秋山。

这些诗篇，都写得闲淡高远。他眼前之湖山景致，古杉、幽径、寒水、秋山，都清寒幽冷，加上猿窥砚、鹤听琴，添一点动物的生趣，都深得方外之趣。

西湖禅师极多，其余如元净、清顺、道潜、惠洪、廓然等，都灵敏善诗，玩赏湖山美景，享受林泉幽静，同时他们秉承佛法，精心呵护这里的草木虫鱼，使人与自然得以和谐。

五 "林泉高致"与"审美融合"

对于西湖意象，不同的观者，自然能读解出不同的意味来。范景文《西湖》诗："湖边多少游观者，半在断桥烟雨间。尽逐春风看歌舞，几人着眼看青山。"便是讽刺那些游观者，西湖如此之大，却都拥挤在断桥一带，不看青山，只看歌舞，都是些庸碌之人。其实，今日游湖者也往往如此，北山路、南山路游客比肩，而杨公堤、茅家埠等地，景色幽静，却罕有人至。这在范景文等人眼里，便是雅俗之别了。明代张元京也写过一篇辛辣文章：

> 西湖之胜，在近；湖之易穷，亦在近。朝车暮舫，徒行缓步，人人可游，时时可游。而酒多于水，肉高于山。春时肩摩趾错，男女杂沓，以挨簇为乐。无论意不在山水，即桃容柳眼，自与东风相倚，游者何曾一着眸子也。

作者认为，庸男俗女春日游湖，只顾比肩接踵，其意却不在山水，甚至桃柳春风，也不曾"着眸子"，真是大煞风景。

这话自然能引起张岱的共鸣，因为在他看来，西湖"在春夏则热闹之至，秋冬则冷落矣；在花朝则喧哄之至，月夕则星散矣；在晴明则萍聚之至，雪雨则寂寥矣"[①]。而真能欣赏西湖者，应该既能欣赏"烟堤高柳""朝花绰约""晴光潋滟"，又能品味"雪巘古梅""夜月空明""雨色涳濛"，因为前者热闹，人与景相隔；后者幽静，人与景相融。

[①] （明）张岱：《西湖梦寻》，中华书局 2011 年版，第 7 页。

因为庄子认为，人应当以自然为师，从而体察天道。"这时候，人生的修为就在于纯、素的追求上。这样的生活没有真正的闲暇，而是以纯朴、率真的生活方式为闲暇，一个知识分子在这样的环境中，其性灵的超升，基于对尘世的遗忘，达到忘我之境，乃能与大自然环境融为一体。"[1]

所以张岱认为，贾似道、孙东瀛等人，虽然豪奢华赡，在西湖上花钱无数，可对西湖之性情风味，却隔了一堵厚墙，哪里能领悟得到？只有林和靖视西湖为伴侣，苏东坡引西湖为知音，人与西湖才能相得益彰，得天人合一之妙境，体现出生态之美。

他在《西湖七月半》中，干脆将游湖者分为五类：第一类，达官贵人："楼船箫鼓，峨冠盛筵，灯火优，声光相乱，名为看月而实不见月者"；第二类，名门闺秀："亦船亦楼，名娃闺秀，携及童娈，笑啼杂之，还坐露台，左右盼望，身在月下而实不看月者"；第三类，名妓闲僧："亦船亦声歌，名妓闲僧，浅斟低唱，弱管轻丝，竹肉相发，亦在月下，亦看月而欲人看其看月者"；第四类，市井之徒："不舟不车，不衫不帻，酒醉饭饱，呼群三五，跻入人丛，昭庆、断桥，嚣呼嘈杂，装假醉，唱无腔曲，月亦看，看月者亦看，不看月者亦看，而实无一看者"；第五类，文人雅士："小船轻幌，净几暖炉，茶铛旋煮，素瓷静递，好友佳人，邀月同坐，或匿影树下，或逃嚣里湖，看月而人不见其看月之态，亦不作意看月者"。前四类人都是不会赏月的故作风雅的人，真正赏月的，在人群散去的时候，才停舟靠岸，呼客纵饮。对于此时的景致，张岱是这样写的：

此时月如镜新磨，山复整妆，湖复頮面，向之浅斟低唱者出，匿影树下者亦出。吾辈往通声气，拉与同坐。韵友来，名妓至，杯箸安，竹肉发。月色苍凉，东方将白，客方散去。吾辈纵舟，酣睡于十里荷花之中，香气拍人，清梦甚惬。

月色、青山、湖水、荷花，一切宁静而美好，在这样的环境中品茶赏月，才是真名士追求的情趣。庸俗和高雅，喧哗与清寂，前后作了鲜明的

---

[1] 汉宝德：《物象与心境：中国的园林》，生活·读书·新知三联书店2014年版，第62页。

对照。当然,最能体现这种卓然不群的情怀的,乃是张岱的《湖心亭看雪》:

> 崇祯五年十二月,余住西湖。大雪三日,湖中人鸟声俱绝。是日更定矣,余拏一小舟,拥毳衣炉火,独往湖心亭看雪。雾凇沆砀,天与云与山与水,上下一白。湖上影子,惟长堤一痕、湖心亭一点、与余舟一芥、舟中人两三粒而已。到亭上,有两人铺毡对坐,一童子烧酒炉正沸。见余,大喜曰:"湖中焉得更有此人!"拉余同饮。余强饮三大白而别,问其姓氏,是金陵人,客此。及下船,舟子喃喃曰:"莫说相公痴,更有痴似相公者!"

短短两百字,写景极简,极妙。雪是冷寂的,荒寒的,同时也是洁净的。雪景,以其纯净和质朴,与戏剧般热闹的世界形成对比。在雪中,人可以得到心灵的安宁。所以司空曙说:"旧日相知尽,深居独一身。闭门空有雪,看竹永无人。"纯净世界,一片静寂,虽深居一身,闭门看雪,但却有一种性灵的怡然,深心独往,孤意自飞。张岱也是如此,在人鸟声俱绝之时,却驾小舟,去湖心亭看雪,难怪舟人说他"痴"。

这一"痴"字,正好写出张岱不随流俗、遗世独立的闲情雅致,这也正是西湖超逸的气质,能很好地体现出生态美的特征。因为生态美学观摒弃了传统的"人类中心主义"的观点,将人与自然放在平等和谐的关系之中,如同朋友和对话者,并坚持认为"自然界万事万物,无论是动物、植物等有生命的物体,乃至于山脉、大河、岩石等无生命的物体,统统具有自身的内在价值,包括自身内在的审美价值。"[①] 文人和禅师们在山水中陶然自醉,又追求大自然的清幽澄静,得到人景相融,物我两忘。而我们呢,坐在湖滨,虽未必有归隐之心,但看到远处云山澹澹,起伏连绵,雷峰塔、保俶塔静静挺立;湖岸高树林立,草木葱茏;开阔的水面上,烟水浩淼,游船往来,偶有鸥鹭振翅掠过,好似一帧水墨山水长卷,意境开阔,令人内心澄净,于目游神移之中,感受湖山气韵,体验整体自然与人的和谐,也是极美的感受。

---

① 曾繁仁:《中西对话中的生态美学》,人民出版社2012年版,第143页。

第五章
城市与自然共生
——杭州城湖共生模式的生态美学启迪之一

第一节 杭州城市建设的迷局

在现代性语境之下，杭州城市的发展曾走过一段弯路，水网体系格局被破坏，生态环境也随之恶化，出现了各种怪现状。

自1949年之后，全国大力发展工业，杭州也不能例外。1953年，杭州市建设局基于"杭州是以风景休闲疗养为主、适当发展轻工业的风景城市"的认识，草拟了城市计划大纲。在城市布局上，打破了杭州长期城东湖西的空间布局关系，突破了旧城范围，在其西湖的西北面规划了文教区，在西湖的东面和北面规划了生活区。

1958年，杭州市制定《关于1958—1967年城市建设规划》，完全不顾现实环境和自然条件，就提出"奋斗三五年完全可能把杭州建设成中等的以重工业为基础的综合性工业城市"，部署了半山、拱宸、江干、闲林、上泗、良渚、回龙山、富阳、萧山、上城、下城共计11个工业区，集中资金与人力，投向工业，全民大办钢铁、大办工业，建立了半山、望江门、拱宸桥、古荡、留下、龙山几个工业区，甚至连一些风景区、居民区，包括运河两岸都兴建了不少工厂，形成北工南居的格局，脱离了杭州缺乏能源、矿产的实际，忽略了对城市环境的保护。幸好，此时西湖景区还得到保护：西湖四周辟为环湖公园，西南面山区为森林公园，玉泉一带建植物园，石屋洞一带建动物园，同时加强西湖疏浚，林相改造及西山路、灵隐路、虎跑路两侧的绿化工作，并颁布禁令，对风景区和铁路公路两旁的护路林严禁砍伐。

随着改革开放的进行，因为对城市面貌的不满，加上国外城市规划理论潮水般涌入，城市规划决策层、管理层又有政绩的压力，一时脑热，决定实施"大手笔",彻底摘掉落后城市的帽子,就运用了疗效好、见效快的机械主义、功能主义规划思想,来指导杭州城市空间的功能分区,将城市划分为单一功能的二维地块,铺设网格式道路系统,"打造"一个崭新光鲜、气派时尚的新杭州。然而,"这种规划思想割裂了城市的基础文脉和极力,断裂了城市空间载体与其文化内涵,因而导致城市空间与传统文化之间延续性的断层。"①

改革开放之初,西湖因风景宜人,具有良好的生态环境,吸引了城市开发者的目光,在西湖周边地域开始城市建设,到20世纪末,西湖西北面、沿湖空地,基本被填满,环湖地带建设强度不断增加。于是,杭州城湖格局发生巨大变化,将西湖包围在城市之中,由"城西之湖"变成了"城中之湖"。

同时,在旧城改造中,湖滨地区也被过度开发,湖滨三个公园建设了大尺度的水泥建筑,取代了原先小巧玲珑的庭院式建筑。伴随着现代城市的发展,西湖东侧高楼林立,与西湖之间不存在视觉和生态缓冲隔离带。从苏堤往东看,建筑高低凌乱,看不到层次的变化,以及优美的天际线。对此,阳作军略带戏谑地说:"西湖景观从'三面云山一面城'即由高及低、由合而开、一泻千里的空间形态,变成了'三面云山一堵墙',西湖成了一潭死水,缺少生机。"② 总之,随着杭州城市日益现代化、国际化,西湖东岸却失去了原有的宁静、雅致和含蓄。

于是,杭州本是一个水网密布,富有江南水乡特色的山水城市,但在20年的快速发展中,城市格局面目全非。为了安置城市人口,住宅小区大量兴建;为了缓解交通,拓宽拉直小街末巷,填埋曲折蜿蜒的城中河道,变成宽阔的交通干道;同时又兴建了许多宾馆、百货商场等公共配套设施。其中最让人痛心的,莫过于城市中水网河流的消失。市中心填河造路、市郊褪湿地建房,短短30余年间,市中心除运河、中河、东河、贴沙河、上塘河等主要河流外,大量的支河、小河被填塞,市郊大片湿地在城市蔓延中被不断吞噬。

在水网消失的同时,一些依水而存的文化节点、文化环境也受到不同

---

① 阳作军:《趋同与重塑:杭州城市景观的历史演变与规划引领策略》,中国建筑工业出版社2014年版,第72页。
② 同上书,第79页。

程度地破坏，古桥、滨水地区致密的传统城市空间都不同程度地出现衰落直至消失。此外，庆春路从原来的小巷，变成东西贯通的马路；原来清波荡漾的浣纱河变成了今天拥堵的浣纱路，一些街巷划分的传统街区都被大规模居住区所取代。而城市中的自然景物，在城市化加速的进程中不断地被蚕食，城市"热岛效应"日渐明显，号称花园城市的杭州，徒然拥有江河湖海，倚靠西湖群山，却成为了中国"新四大火炉"城市之一。

但人总是向往美的，自然意象的损失，让规划者想到了"城市美化"，要"通过创造一种物质空间的形象和秩序，来创造或改进社会秩序，恢复城市中由于工业化而失去的视觉的美和生活的和谐"[1]。

从1990年代开始，中国的大中城市不约而同，进行了轰轰烈烈的造景运动，在城市当中出现了景观大道、城市广场，都强调气派、恢弘。景观大道必须有宽阔的道路、亮丽的街景，加上风格特异的标志性建筑。城市广场都以大理石、大草坪、几何图案为美，再种上耗水量极大的奇花异草、修剪整齐的装饰性植物，包括不结果实的景观树，迁自异地的大型棕榈。但景观美，并不等于生态美。这些植物因为水土不服，需要精心浇灌，且只能作为点缀，对于净化生态环境、维护生态平衡并没有什么帮助。而生存能力极强的本土植物却受到冷落，被视为野草、杂灌而被清除。当然，与它们一道被清除的，就是原有生态系统的微妙平衡。

在这波浪潮中，杭州也不例外，当城市发展将原有自然生态破坏后，也开始了美化工作，兴建大场地、大绿地、景观大道，做"形象工程"。其实，景观大道上的树木大多是从城外移入，而且不管水土是否适合，就蛮横地种下，以此彰显城市的华贵。在居民小区和马路旁边，则安置一些花坛，栽下几株常绿植物，以及花期很长的花卉，为柏油路添一些装饰。但这种物种单一、铺满路尘，靠大量浇水才能存在的"自然环境"，整齐划一、呆板无趣，实在是缺少一点自然环境应有的野趣和生机。而更有甚者，出乎急功近利，城市建设者等不及十年成材，就推行"大树进城"，或推行密集种植，以此迅速成景，这实在是令人哀叹。

这种以破坏自然为代价的城市美学，在中国大行其道，被尊为时尚、先进，代表大都市发展的方向。一般来说，土壤的锐减、空气和水体的污

---

[1] Newton, Norman T., Design on the land: the development of landscape Architecture, The Belknap Press of Harvard University, Cambridge, MA. USA, 1971.

染,以及水资源的短缺,我们都归罪于工业化的大工厂,其实,蛮横的城市化本身,也要承担相当大的责任。北京大学景观设计学教授俞孔坚敏锐地指出:

> 城市性和城市价值观不仅改变了城市本身,而且也影响到了整个中国乃至整个世界。自由奔腾的河流被大理石包裹成笔直的沟渠;充满野趣的湿地变成了光鲜的池塘和喷泉;自由生长的灌木被连根拔起,转而被替换成修剪整齐的装饰性植物;乡土的野草则被需要消耗大量水资源的常绿的、外来草坪所替代。①

他还列出了清晰的数据,说在过去的50年里,全国662个城市中,三分之二的城市缺水,没有一条流经城市的河流不被污染,西北沙漠化日趋严重,中国50%的湿地已经消失,雾霾已影响了大多数城市居民的健康。所以,无视人与自然的和谐,无视生态原有的平衡,已严重威胁到中国人的生存。

当然,任何一种发展的思潮,一种改革的运动,其根源都在于国民普遍认同的观念。在现代性语境之下,中国城市发展遵循的是一种"祛魅自然观"。所谓"祛魅",是德国社会学家马克斯·韦伯于1919年提出的。当时,他在题为《以学术为业》的演讲中说道:

> 只要人们想知道,他任何时候都能够知道;从原则上说,再也没有什么神秘莫测、无法计算的力量在起作用,人们可以通过计算掌握一切。而这就意味着为世界祛魅。人们不必再相信这种神秘力量存在的野蛮人那样,为了控制或祈求神灵而求助于魔法。技术和计算在发挥着这样的功效,而这比任何其他事情更明确地意味着理智化。②

这种趋势从文艺复兴,到启蒙运动,再到工业革命,不断地明显起来。其间,随着人的力量的不断强大,改造自然的不断深入,自然的神秘性渐渐消失。在人们眼里,自然不再是神灵、妖魔的栖居地,而只不过是

---

① 俞孔坚:《回到土地》,生活·读书·新知三联书店2009年版,第45—46页。
② [德]马克斯·韦伯:《学术与政治》,生活·读书·新知三联书店1998年版,第28页。

一些生产资料，或是一台遵循着物理规律的机器，无足敬畏，没有内在价值，只有工具价值，因此"自然失去了所有使人类精神可以感受到亲情的任何特性和可遵循的任何规范。人类生命变得异化和自主了"①。

在这样的观念之下，自然沦丧了审美价值，只剩下机械性、极为表层的工具使用价值。城市原有的自然景观，其价值就剩下树木可以砍伐作为木材，湖水可以用于浇灌，平地可以用于建筑，溪流可以用于洗涤与排污，风景区则用于建疗养院。

即便在西湖综合保护工程已完成时，中国住房和城乡建设部新闻办公室发布了《2009年国家园林城市复查情况》还点名批评了杭州，说杭州以自然生态优越而蜚声海内外，却有"杭州市民曾反映文教区因道路改造频频砍伐几十年树龄的行道树，走在路上遭受暴晒，叫苦不迭"②。可见，城市生态建设任重道远。

看到这里，我们不由叹息，当自然被人类祛魅，人类失去敬畏自然之心，许多我们曾习以为常的"天人合一"的意境，都渐渐远去了。格里芬在《后现代科学：科学魅力的再现》中就曾经告诫：

> 现代性及对现代性的不满皆来源于马克斯·韦伯所称的"世界的祛魅"……过去一百多年来，有一个被广泛接受的假设：科学必然和一种祛魅的世界观联盟，其中没有宗教意义和道德价值。这种世界观……崇尚物质自然主义、决定论、还原论以及虚无主义，因而排斥自由、价值以及我们生活中对终极意义的信念。我希望中国在接受和理解西方科学时，不要重复这个错误的假设。③

只可惜，包括杭州在内的中国诸多城市，在近年的发展建设中，显然"重复了这个错误的假设"，造成了人与自然的疏远，也让生态城市的建设变得任重而道远，引起了各方关注。

可人是世间生灵，依赖大自然方能维持生命。健康的生态环境，赐予

---

① ［美］大卫·雷·格里芬：《后现代科学：科学魅力的再现》，中央编译出版社1995年版，第3页。
② 住房和城乡建设部新闻办公室：《2009年国家园林城市复查情况》，2009年7月28日。
③ ［美］大卫·雷·格里芬：《后现代科学：科学魅力的再现》，中央编译出版社1995年版，第14页。

我们生存所必需的各种物质，比如新鲜的空气、充足的饮食、适宜的温度、合理的光照，进而提供宁静的气氛、安全的感觉，再进一步，则给予美的享受。苍翠的山林、蔚蓝的天空、辽阔的草原、起伏的山峦，以及湖光山色、鸟语花香，无不令人由衷地喜悦。可见，人类在身心两方面，都是难以离开大自然的。

第二节　将自然重新请回城市

随着生活水平的提高，城市居民对自身生存环境、城市长远发展提出了更高的要求。美国作家理查德·洛夫面对人类远离山川、森林、溪流和原野，成为穴居于钢筋水泥丛林里的动物这一情况，曾写过一本《林间最后的小孩》，里面提出了"自然缺失症"这一崭新的概念，令人耳目一新。《新闻周刊》上评论道："自然缺失症这一词，是理查德·洛夫发明的，为了指出一个深藏的真理：我们人类——包括孩子和成年人——是进化遗产的组成部分，需要花大量时间在野外和户外，如果做不到的话，我们会遭受损害……我目睹了太多例子，缺乏大自然是产生很多负面心理趋势的主要起因，包括现代社会流行的抑郁症。"所以，回归自然，成为时代的呼声。

当然，我们的"回归自然"，除了定时出游之外，并不是真的要隐居山林，重回纯粹的原始自然状况，也不是回到村庄时代，过田园牧歌式的生活。因为城市化仍然是当代的主流，人类的文明性、多样性、高效性，以及生活的便利，也都要在城市里才能更好地实现。因此，消极躲避城市并非回归自然的途径。我们要做的，就是将自然重新请回城市。

一　山水城市与生态文明

对此，钱学森（1990）曾提出"山水城市"的概念。他曾说："我近年来一直在想一个问题：能不能把中国的山水诗词、中国古典园林建筑和中国的山水画融合在一起，创立'山水城市'的概念？人离开自然又要返回自然。社会主义的中国，能建造山水城市式的居民区。"[①] 他的目标

[①] 钱学森：《1990年7月31日致吴良镛》，见《钱学森论山水城市》，中国建筑工业出版社2013年版，第43页。

是，从中国传统的山水自然观、天人合一哲学观基础上构想未来城市的形态，不仅保证生态平衡，也能让心灵得以滋养。吴良镛认为，"山水城市是提倡人工环境与自然环境相协调发展的，其最终目的在于建立'人工环境'（以城市为代表）与'自然环境'相融合的人类聚居环境"。

荷兰景观设计师马汀·柯努伊特（Martin Knuijt）说："促进都市系统与其周围景观环境和谐融合的空间规划是十分重要的。水系统、绿色建筑和绿色空间的全面结合将创建出更加强大的可持续发展构架。建设绿色环境的投入势必将成为未来世界发展的强大催化剂。"

俞孔坚一直在大声疾呼："如何让城市与自然系统共生，使现代城市人能获得自然的体验，感受自然的过程，重新找回真实的人，是正迈向城市化的中国面临的一个具有深远意义的课题，是塑造新的和谐人地关系的基础。"[1] 英国著名环境设计师伊恩·伦诺克斯·麦克哈格早在1970年代就提出城市规划应该结合自然，其著作《设计结合自然》就详细阐述了人与自然环境之间不可分割的依赖关系，大自然演进的规律和人类认识的深化。

> 我们不应把人类从世界中分离开来，而要把人和世界结合起来观察和判断。愿人们以此为真理。让我们放弃那种简单化的分割考察问题的态度和方法，而给予应有的统一。愿人们放弃已经形成的自取灭亡的工作生活习惯，而将人和自然潜在的和谐表现出来。世界是丰富的，为了满足人类的希望仅仅需要我们通过理解和尊重自然。人是唯一具有理解能力和表达能力的有意识的生物。他必须成为生物界的管理员。要做到这一点，设计必须结合自然。[2]

目前，城市发展与自然环境的和谐，成为城市化首要考虑的问题。于是，如何利用生态资源，把握工业经济和既有的生态环境两者相融发展，既是众望所归的选择，也是当前最大的难题。

---

[1] 俞孔坚：《寻找土地之神》，收录于《回到土地》，生活·读书·新知三联书店2009年版，第7页。

[2] [美] 伊恩·伦诺克斯·麦克哈格：《设计结合自然》，芮经纬译，天津大学出版社2008年版，第11页。

在无序发展若干年后,中国共产党十七大报告(2007)中终于正式提出:"生态文明建设的目标就是建设以资源环境承载力为基础,以自然规律为准则,以可持续发展为目标的资源节约型、环境友好型社会,实现人与自然和谐相处、协调发展。"在这一思想的指引下,城市发展与自然环境的和谐,成为城市化首要考虑的问题,于是"生态城市"、"山水城市"、"园林城市"就成为官方文件、学者论著、广告宣传中常见的字眼。政府官员、生态学家、景观设计师、环保人士一起上场,将这些概念炒得炙手可热。

而法国社会学家J-M.费里在《现代化与协商一致》一文中,曾说过一段激情澎湃而又意味深长的话:

> 无足轻重的事件可能会决定时代的命运:"美学原理"可能有一天会在现代化中发挥头等重要的历史作用;我们周围的环境可能有一天会由于"美学革命"而发生翻天覆地的变化……生态学以及与之有关的一切,预示着一种受美学理论支配的现代化新浪潮的出现。这些都是有关未来环境整体化的一种设想,而环境整体化不能靠应用科学或政治知识来实现,只能靠应用美学知识来实现。[1]

我们也可以这样说,未来环境整体化,应该是在美学知识的引领下,运用科学知识、政治知识来共同完成,而这样的美学知识,显然已不是对艺术品的鉴赏,也不是简单地对自然的审美,而是要对生态系统的审美观照,既有感性的审美层面,也有理性的、多维度的审美层面,而这,正是我们前文探讨的生态美学。

放眼当下杭州的城市问题,不论是大气污染还是水污染,有效解决环境问题已显得刻不容缓。自2002年开始,在"西湖综合保护工程"中,在充分展现西湖原有风貌和特色的基础上,形成"东热南旺西幽北雅中靓"的西湖新格局,强化"不出城郭获山水之趣,身居闹市有林泉之致"的城市特色,严格控制湖边建筑的天际轮廓线,建筑的高度、体量、造型、层次、色彩,做到城市与湖光山色相协调,体现了城湖共生的生态美

---

[1] [法]J-M.费里:《现代化与协商一致》,载法国《神灵》1985年第5期,转引自鲁枢元《生态批评的空间》,华东师范大学出版社2006年版,第31页。

学价值。

杭州城湖关系其实是一阳一阴。城市为"阳",西湖为"阴"。城市里节奏快,而且难免欲念丛生,在当中生活工作,要求奋进努力,不免心中焦虑,偶尔来到西湖,享受一刻宁静淡泊,陶然于天地之间,让人放松心情,得到内心压力的释怀,这也是极为重要的。

但随着杭州城市的不断扩大,光一个西湖景观,既不足以净化城市环境,也不足以让市民随时能在优美自然中得到心灵的放松。不过,如果能从杭州城湖共生关系的经验中,总结出生态美学智慧,将其引入整个杭州城市的规划建设中来,充分利用生态美学的视角来观照杭州城市建设,像保护西湖景观一样,保护城市当中的生态环境,并考察人在城市中"诗意栖居"之程度,用生态平衡观念来促进人与自然的和谐发展,将是杭州生态城市建设的方向。

二 城市的设计与自然系统相联系

20世纪中叶,在美国城市设计规划中,只考虑人口数量、工业状况、经济区域等问题,而环境问题、生态问题是不考虑在内的。随着环境的逐渐恶化,麦克哈格提出了著名的"设计结合自然"思想,追求最大限度的生态恢复,以解决当时社会面临的城市化带来的环境危机,而其将生态学和相关科学引入景观与区域规划,将景观设计或城市设计引向拯救城市未来、拯救人类未来乃至拯救地球未来的发展之路,亦实现城市生态规划方法论上的一次重大变革。

他在其一篇名为《自然在人居城市中的地位》的文章中,阐释了关于在城市建设中保留和尊重自然生态要素的道理在文中,他曾经这样呼吁:

> 为什么大城市中不能保留一些自然地,让其免费地为人们提供服务?为什么城市中不能有高产的农田来提供给那些需要食物的人们?为什么城市建设不能保护有价值的植物群落和动物栖息地?为什么不能利用自然生态环境来构建城市的开放空间,让城市居民世代享用?

这些思考将城市设计的主要问题,都集中在了城市的生态化和人性化方面,在当时被认为是具有革命性的创新思想。

在麦克哈格眼里，城市所要解决的问题不仅仅是一个物质规划的问题，更是一个关于人与自然相互作用以及人在地球上的存在问题。他曾借用博尔丁的宇宙飞船概念，通过宇航舱比拟地球的生态系统。在其著作《设计结合自然》的开篇有这样一段话："本书是关于个人对太阳、月亮、星星、四季变化、播种与收获、云彩、雨水和江河、海洋以及森林、生灵与草木的力量及重要性的见识。这些自然要素现在与人类一起，成为宇宙中的共同居住者，参加到无穷无尽的探求进化的过程中去，生动地表达了时光消逝的经过，它们是人类生存的必要伙伴，现在又和我们共同创造世界的未来。我们不应把人类从世界中分离开来，而要把人和世界结合起来观察和判断。"[1]

而城市景观设计，将承担培育健康景观的再生和自我更新能力，恢复大量被破坏的景观的再生和自我更新能力的任务。生物学家爱德华·威尔逊曾说："在生物保护中，景观设计将会扮演关键的角色。即使在高度人工化的环境里，通过森林、绿带、流域以及人工湖泊等的合理布置，仍然能够很好地保护生物多样性。明智的景观规划设计不但能实现经济效益和美观，同时也能更好地保护生物和自然。"

俞孔坚认为，景观设计学以重建和谐人地关系为重任，强调三个原则，其中第一条，便是"设计尊重自然，使人在谋求自我利益的同时，保护自然过程和格局的完整性"[2]。正如麦克哈格说过的那样，"生态学的方法建议，大都市地区保留作为开放空间的土地应按土地的自然演进过程（natural-process lands）来选择，即该土地应从根本上适应于'绿色'的用途：这就是大都市地区内自然的位置"[3]。

俞孔坚一直在国内提倡"反规划"。所谓"反规划"，并不是反对规划，也不是不规划，而是通过优先进行不建设区域的控制，构成城市发展的"底"，是以生命土地的健康安全的名义和持久的公共利益的名义进行的一种"逆向"的规划程序。

他认为城市是胎儿，而城市所在地是母亲。"但我们恰恰是先造胎儿

---

[1] [美] 伊恩·伦诺克斯·麦克哈格：《设计结合自然》，芮经纬译，天津大学出版社 2006 年版，第 11 页。

[2] 俞孔坚：《回到土地》，生活·读书·新知三联书店 2009 年版，第 35 页。

[3] [美] 伊恩·伦诺克斯·麦克哈格：《设计结合自然》，芮经纬译，天津大学出版社 2006 年版，第 70 页。

再造母亲，大地好像不存在了。"城市规划中，先批地，再造房子，造商场，而绿地系统和生态环境保护，成了被动的点缀，是后续的工作，这就是本末倒置的行为，"即便是（设计图上）画着公园，这个公园也是要重新推倒旧有的植被和田地，种上花卉，种上所谓的园林观赏植被，把它做成号称为公园的人工景观"[①]。基于此，俞孔坚提出了景观安全格局理论和景观生态规划思想，以期能在有限的土地资源上以最经济和最高效的生态格局安排维护可持续的生态过程和安全健康的人居环境，有效地阻止生态环境的恶化。他将这种理论称作"反规划"或"反向规划"。"反规划"通常将防洪、生物保护、文化遗产保护、休闲等作为基本要素进行叠置交融，需求边界模糊的城市生长方式，使其能如自然演进一般，而不是经过刻意规划的。

第三节　传统生态美学理念的现代实践

隋唐时期，杭州城位于凤凰山麓，以及周边的淤积平地，基本居于丘陵之上，依山面水。正如前文所说，白居易治理西湖时，筑堤建闸，防水灌田，融自然西湖于城市。两宋时期，西湖多条水道由西向东，穿越城市，到达钱塘江，与纵贯城市的南北向河道相交，共同组成网格状的城内水系，明清时期也大体如此。到了近现代，杭州拆除西湖边涌金门到清波门之间的城墙，使城湖关系愈加紧密。

而在目前杭州城市规划中，也更多考虑保留自然生态资源，对原有的生态资源进行了恢复。

一　"天人合一"的现代实践

曲院风荷，南宋时称"麴院荷风"。所谓"麴院"，原是指南宋御用酒坊，在九里松东，宋时取金沙涧之水造曲以酿官酒，其地多荷花，夏日时和风送爽，荷香与酒香交融，令人不饮亦醉，因名"麴院荷风"。南宋诗人王洧有诗赞道："避暑人归自冷泉，埠头云锦晚凉天。爱渠香阵随人远，行过高桥方买船。"南宋之后，麴院日渐荒芜湮废。清康熙年间，因皇帝南巡，特地在西湖西北隅、苏堤跨虹桥畔的岳湖里引种荷花。康熙书

---

① 俞孔坚：《回到土地》，生活·读书·新知三联书店 2009 年版，第 102 页。

名立碑，改"麯院"为"曲院"，易"荷风"为"风荷"，遂名"曲院风荷"，成一时之胜。清代卢文杏曾记曰："倩影亭亭，碧圆绿净，银塘月满，水槛风生，固别饶幽趣也。其左之迎薰阁，右之望春楼，则前临大堤，游踪杂沓，倚窗送目，颇豁烦襟。"

此景点于清咸丰末年毁于战火，官宦富豪随之侵园为居。到1950年时，曲院风荷仅剩一碑一亭半亩地，荷花所剩无几。经历年修复，如今曲院风荷公园的规模远胜前代，东起苏堤跨虹桥，沿岳湖、金沙港直达卧龙桥，包括岳湖景区、竹素园、风荷景区、曲院景区、密林区，全园的布局突出"碧、红、香、凉"四个字，即荷叶的碧、荷花的红、熏风的香、环境的凉，是"芙渠万斛香"的游览胜地。公园的水面设计突出风荷的景色，而在公园的布局和建筑小品的设置上突出"曲院"的意境。

全园最大的特色，除了园林与西湖山水的呼应，建筑与自然的交融，水网与植物的分布，都能突出"天人合一"的审美意境。

其一，建筑与自然的交融。

从全貌来看，建筑集中于岳湖景区和曲院景区、风荷景区，但也大都在绿荫之中，而景区西面则全是密林。岳湖景区开始有庙前广场、碑亭和岳湖，并保存了清康熙帝御题的"曲院风荷"景碑，有较多建筑，有开阔公共空间。曲院景区和风荷景区内，北面的迎薰阁是此区的主体建筑，居于园林之北的最高处，是登高远视之所，在这里可领略"接天莲叶无穷碧""十里芸荷香到门"的意境。迎薰阁下辟有荷文化陈列室。迎薰阁南望的主要对景是吟红榭，这一组亭廊榭组合建筑，而远观则如同淹没在荷花海之中。坐落在水杉林和垂柳之间的湛碧楼建筑群，形式多样，有折桥、亭、楼、舫，而荷花则栽植在建筑之间。而卓颖舫更是出奇，宛如花海中的船只，停泊在岸边，更是平添几分意境。

曲院景区是由水杉密林围合成的园中之园，以建筑、围廊组成各种院落，空间有开有合，疏密有致。当中有荷香酒溢、御酒坊等景点，展示南宋御酒制作流程、宫廷酒宴、民间酒肆、赛酒会等内容。滨湖密林区更是一派天然，以水杉为主，遮天蔽日，地上草木如茵，十分宁静安恬，建有西湖密林度假村，濒临金沙港畔，建有幢幢架空的桦木小屋、木板平房供游人租用，同时还出租吊床、营帐和炊具等供游人野炊。

从细部来看，建筑与自然的交融也十分清晰。比如，竹素园是个典型的江南园林。这里本是清十八景之一的"湖山春社"，清雍正《西湖志》

卷四："湖山神庙在岳鄂王祠西南，前临金沙涧，后为乌石峰，有泉发自栖霞山，涓涓下流，仗榛莽中，上多桃花，名桃溪。雍正九年，总督李卫相度地形，芟芜涤秽，虚明闲敞，爰创祠宇，奉湖山之神。"卷九："雍正九年，总督李卫辟地为园，创建亭宇。十年，皇上御书'竹素园'三字，额悬正厅。内有流觞亭、水月亭、临花舫、观瀑轩、聚景楼，俱擅湖山之胜。"《湖山便览》卷三："西湖自正月至十二月，无月无花，无花不盛，亦必有主之者已。爰辟祠宇，中奉湖山正神，旁列十二月花神，加以闰月，各就其月之花，表诸冠裳，以为之识，且设四时催花使者于湖山神之旁焉。三春之月，都人士女竞集于此，画鼓灵箫，喧阗竟日，目曰湖山春社。"此景色后来荒废，于1991—1996年才得以重建，2003年对其进行了整治。如今的竹素园占地面积近2万平方米，仿湖山春社的布局恢复，建有聚景楼、十二花神廊、临花舫等原古园景观，采用仿宋代结构，并用太湖石筑起小桥曲水。园内栽梅、桂等四季花木，置松、柏盆景百余盆。整个竹素园植物配置以竹为基调，突出幽趣，体现"独坐幽篁里，弹琴复长啸"的意境，又与江南名石苑连成一体。江南名石苑陈列江南各类名石，其中的络云峰以其"形同云立，纹比波摇，体态秀润，天趣宛然"而著名，与苏州留园的冠云峰、上海豫园的玉玲珑并称"江南三大名石"。

其二，水网与植物的分布。

全园地势低平，并无较大的地形起伏。北部稍高，中部利用开挖水面的土方局部做土阜以丰富景观，其余各地多为平地。园内水系发达，西部山区的雨水通过环碧桥、流金桥以及金沙港等处入园，园内港汊纵横，向东汇流进岳湖和西里湖，流水清澈，俯察可见水草柔曼，游鱼历历可数。

园中驳岸以缓坡入水驳岸和松木桩驳岸为主，少量自然式干砌驳岸。缓坡入水，坡度自然舒缓，偶尔置石、叠石，已减少水流对土壤的侵蚀，同时增加景观的多样性，并依次种植花期相近的浮萍、梭鱼草、千屈菜、荷花等。

风荷园以荷花池为中心，占地108亩，有水面36亩，池中种植近百个品种的荷花。沿池布置道路和建筑。池面有桥六座，以平曲桥为主。夏日荷花盛开之时，游人行走在曲桥之上，近观荷莲秀色，仿佛行走在荷叶丛中，实在是美妙之极。

再说植物。该园区自始建以来，一直保持了种植荷花的植物特色。在曲渡清波处，荷花大面积种植，使人产生一望无际之感，达到"毕竟西湖六月中，风光不与四时同"的独有景观效果。以"曲院风荷"这一意境为主题，在植物配置上突出体现"风荷评彩"之意趣，充分利用曲折迂回、开合多变的大小湖面，种植红莲、白莲、熏台莲、洒金莲、并蒂莲等珍稀名贵品种，并点缀适量的睡莲，呈现出"接天莲叶无穷碧，映日荷花别样红"的意境。

在滨湖密林区，以水杉为主，成片栽植，挺立成林，春日远观浅绿如云雾，夏日则浓绿如屏风，加上水中的倒影，与开阔的湖面形成对比，极富韵致。秋冬之际，水杉绿叶转红，与其他常绿林形成色彩的差异。冬日里，水杉叶落，剩下轻盈的枝干，映在冬日天空里，也别具风格。而水际和草坪的植物，以低矮的灌木为主，偶尔点缀红枫、槭树等，使植物呈现多样性，也使视觉效果更佳。

其余公园如杭州植物园、花港观鱼公园、孤山公园、中山公园、柳浪闻莺公园等，也都能使人工与自然相互交融。可以说，杭州的湖、山、城整体的景观空间特征，呈现出人与自然的独特的整体感和亲和感。其山水空间所表现出的人与自然的和谐特征，高度契合中国文人士大夫的理想山水模式，而被历代推崇为反映中国山水美学思想的典型景观和山水人居的典范，维系和传承千年。

二 "道法自然"的现代实践

在西湖现代公园设计中，也均以因地制宜为准则。太子湾公园的设计理念源于对自然山水画的欣赏与理解，严格遵循山有气脉、水有源头、路有出入、景有虚实的自然规律和艺术规律，设计秉承了中国传统自然山水园的创作理念，因山就势，巧妙地挖池筑坡，形成高低起伏、错落有致的地形。园中以西湖引水工程的一条明渠作为主线，积水成潭、截流成瀑、环水成洲、跨水筑桥。同时在继承传统的基础上，借鉴欧美园林文化之精华，融中西造园艺术和回归自然的现代意识于一体，创造一种蕴含哲理、野逸自由、简朴壮阔而富有诗情画意和田园风韵的独特新风格。[1]

太子湾公园虽是现代公园，但其理水之法也与传统园林无异。设计师刘延捷在介绍太子湾公园时，曾说，因为太子湾公园为钱塘江引水到西湖

---

[1] 刘延捷：《太子湾公园景观构思和设计》，《中国园林》1990年第4期。

的通道，所以水源丰富，希望达到"流水多趣，活水常鲜"的目标。

欲达此目的，需设计动水景观并使全园水系贯通。西湖景区除虎跑、九溪、龙井、玉泉外，多为静水景观。与花港观鱼、曲院风荷、柳浪闻莺等各大公园不同的是，太子湾公园可以凭借钱塘江—西湖引水工程带来的便利，将园内部分水系变为动水景观。引水河道如将军领卒，主宰着所有池湾溪流的动向和流量。近期，引水河道接纳钱塘江水后沿池湾溪流左右迂迴，分三个出水口泄入西湖；远期，于引水洞口上方筑邀月潭蓄积山水，旁设隐蔽水泵，将引进的钱塘江水压入潭中，复将蓄水吐出，经珠帘壁、追云泷、试胆洞层层下跌，造成飞瀑激流叠水的动水景观，最后亦回归河道池湾，泻入西湖，周而复始地推动太子湾公园所有水系的良性大循环。南山路和张苍水墓道边缘小溪的形貌设计也是至关重要的，需兼顾替代围墙的功能作用和丰富景观的组景作用。[1]

同时，为了适应这一水系，在驳岸设计方面，设计师也颇费了些苦心，"使池湾溪流不驳坎或少驳坎，让长长的缓坡直接伸进水中，使人和水更为亲近融和"。但苦于土岸松软，极易坍塌，所以设计师将引水河道两岸削成缓坡，在常水位以下驳毛石坎，常水位以上则断断续续、疏疏密密地点缀少许湖石，并用湖石因地制宜地筑几个高低石矶，以方便游览和丰富景观。临水坡岸则密植宿根花卉和水生湿生植物，以减弱冲刷，保持水土，可谓两全其美。

所以，我们现在到太子湾公园，除了赏花，便是赏水。园中水体对折弯，约有十处之多，另有聚合、分叉，也有十多处。又有六七座杉木小桥，跨水而立，不仅连接了两岸，而且又是极佳的赏景点。自琵琶洲缘水南行，水声渐响，行至一座小木拱桥，听得桥下流水喧哗，白浪翻滚。再前行，又有一石砌拱桥，跃然水波之上，自石桥望引水工程和出水洞口，清波滔滔而来，涌至桥墩前一道横石坎处骤然下泻，轰鸣之声不绝于耳，使人有身临山谷深处飞瀑直贯的活水源头之感，加上水流清澈，时见游鱼，真有"会心处不必在远，翳然林水，便自有濠濮间想"之感。

---

[1] 刘延捷：《太子湾公园景观构思和设计》，《中国园林》1990年第4期。

这些溪涧之水曲折蜿蜒,淙淙流通,极富原生态价值,也使园林增添了无尽的活力。

花港观鱼公园设计时,也遵循因地制宜之法。据设计者孙筱祥介绍,公园东部北面为花港观鱼古迹,南面为蒋庄,原有花木较多,且有部分亭榭,所以保持现状,只是略加整理,并增加草地树丛。公园中部的南面为一片荒芜的荷塘,辟为金鱼园展览鱼池。中部的北面,原为一片平坦的坟地,地形向北面西湖倾斜,原地面既无树木,就辟为大草坪。公园西部的南面原为松林湾坟地,有起伏的小丘陵,杂生着十余年树龄的林木。因为牡丹要求土缝排水佳良,地下水位要低,公园其他地区,地下水位均在1—1.5公尺左右,不宜栽植牡丹,因此在与金鱼园相邻部分,杂木林稀少的部分辟为牡丹园。公园西部北面,原有杂木林很多,以保存原状为主。牡丹园以西、以北,花港以东地区,均利用原有杂木林辟为密林区。[①]

如今的花港公园综合了风景林、树群、树丛、孤植树、草地等种植形式,并汇聚了陆地、湿地和水生等多种植物群落,把全园分成鱼池古迹、大草坪、红鱼池、牡丹园、密林地、新花港和红栋山庄等7个景区。全园密林、疏林、稀树草地和草坪构成了疏密有致、高低错落的植物景观空间,既有可满足群体性活动的大草坪、疏林草坪,也有适合安静游赏的花港、牡丹园,种植设计结合环境共同构成特色各异而景观气氛和空间功能和谐相融的自然环境。

第四节 生态公园:生态美学的现代实践

杭州在"西湖西进"工程中,即因地制宜,利用湖西湿地优势,建造成数个"湿地生态公园",使之成为环境净化的"绿肾"。如今,杭州的湖西公园、长桥溪生态公园、龙泓涧生态公园、江洋畈生态公园,都对生态环境的修复和保护起到了良好的作用,而且景致优美,充满野趣,令人流连忘返,成为生态园林的典型。

[①] 孙筱祥、胡绪渭:《杭州花港观鱼公园规划设计》,《建筑学报》1959年第5期。

一 湖西公园的野趣

要说如今西湖哪里最美,北山路喧嚣,南山路繁杂,苏白两堤游人如织,唯有湖西区域,湖水清澈,花木繁密,水草丰盈,颇为幽静,即便是冬日,也有无限趣味。这时水杉、枫树已落尽叶子,枝条疏朗,由粗而细,由细而微,就融进蓝天里。桂树、山茶、棕榈、女贞,以及地上的沿阶草,水里的菖蒲,都依然葱郁,遮挡着亭台楼阁,只露一角屋檐。岸上铺一条极细的卵石小径,就引人亲近水面。水那般清澈,在风里微微荡漾,极柔滑,使倒映在水中的树枝、虹桥、茅檐,都变得婉约起来,有了鸟鸣的清越与颤音。而到了春季,处处都在开花,在抽叶。走在临水的原木步道上,但见幽林里水杉树高大笔直,各种灌木挤挤挨挨,溪水蜿蜒而过,岸边花草斗艳,轻风吹动树叶和溪水,伴着嘤嘤鸟鸣,更有松鼠跳跃,真是自然活泼,浑无雕饰,有林逋笔下的西湖意境。

除了景观之美外,湖西还承担着更重要的任务。这里靠近西湖群山,是西湖天然水源的必经之地,因此,湖西作为湿地,有着生物多样性丰富和生产力较高的生态系统,在抵御洪水、调节径流、控制污染、调节气候、美化环境等方面起到了重要作用,它既是陆地上的天然蓄水库,又是众多野生动植物资源栖息地,能有效净化入湖水体,改善西湖水质。

2002年,杭州市园文局基于对湖西区域生态环境的保护、西湖水质的改善、旅游和社会效益的分析、历史文化景观的挖掘等方面的认识,提出"西湖西进"初步设想,重点实施4个地块:一是西山路以西、灵隐路以南、金沙涧以北的三角地块,面积约10公顷;二是丁家山以北、128医院以南,即茅家埠周围,面积近53.3公顷;三是西山路以西、花家山以北、空军疗养院以南的乌龟潭地块,面积约20公顷;四是花港公园以西、虎跑路以北的赤山埠地块,面积约10公顷。

杭州市园文局于2000年12月22日委托上海同济大学、北京林业大学和杭州园林设计院等3个单位编制"西湖西进"可行性论证方案,并于2001年3月6日举行了"西湖西进"可行性方案成果汇报会暨方案竞标会。有关方面的专家对3个单位的设计方案,以无记名投票的方式评选出北京林业大学提交的研究成果为优选方案。

2001年6月,根据杭州市城市规划专家咨询委员会提出的对"西湖西进"中的引水、交通、泥沙与污染物处理、产业结构及农居点调整等问题列出专题，进行专业性论证的要求，市园文局委托钱塘江河口海岸研究所、浙江经济规划研究院、浙大生命科学学院等单位对以上专题进行了研究。9月18日，召开"西湖西进"可行性研究成果讨论会，与会专家对规划景源分析中景点的描述、六大景区的名称、用加药沉淀法解决含沙量和总磷偏高的设想、引水水源的设计规划、上游水土保持和污水处理措施等方面提出了修改意见。针对专家意见，各研究单位对各自方案进行了修改，并于11月1日再次召开"西湖西进"可行性研究报告会。与会专家对报告给予了肯定，并通过了可行性方案。此后，各设计单位根据专家意见进一步完善和充实了可行性研究报告。同时"西湖西进"工程进入编制规划方案阶段。根据规划方案，整个项目占地334公顷，其中水域面积为30余公顷，在规划范围内将开辟的六大景区，自南向北依次为花山鹃霞、法相探春、三台泽韵、茅乡水情、双峰插云、金沙醇浓。

2001年12月20日，由杭州市园文局和西湖区政府联合组建的"西湖西进"工程筹建处正式成立，标志着该项工程将进入实施阶段。到了2002年10月，此工程便已竣工，给我们展现了一个新的湖西，"对传统文化进行现代整合，立足于回归自然，学习传统的设计理念，以自然生态为形，人文内涵为神，幽趣、野趣、闲趣为景观特色，重新构建不同于西湖传统风格的具有时代特征的新山水景观"[①]。

1. 保护连续的山水和自然栖息地

西湖湖西景区的建成，使原来被西山路和建筑物所阻隔的自然山水得以重新相连，加上山水之间整修出的过渡带，河湾港汊、曲水湖洲，使自然栖息地得以完全，为多种动植物提供了生存空间，于是呈现出锦鳞可数、水草丰盈的江南生态湿地。目前，该水域由北往南，大致可分四部分，即金沙港、茅家埠、乌龟潭、浴鹄湾，这四处水域相互贯通，各具特色。

金沙港位于湖西景区西北部，与曲院风荷公园相对，包括金沙港旅游文化村、金溪山庄、杭州花圃、金沙港社区。其水域将金沙涧水向北、向南拓展，形成多条水港，缓缓穿行于民居群落间，形成"金沙醇浓"之景，并突出"家家垂柳，户户板桥"的风貌，以求重现水乡民居风貌。

---

① 徐洁、何韦主编：《杭州新景观：西湖、西溪双西合璧》，辽宁科学技术出版社2006年版，第16页。

其中金溪山庄与杨公堤之间，开挖出一条清水湿地型水港，港内水草丰美，游鱼可数，缓坡入水，又有数个小岛，景致十分清新。

茅家埠位处湖西景区中部，为湖西景区中最大的一处水面。原状地势平坦，多为鱼塘、农田，西南面山体植被繁茂，龙泓涧水自龙井蜿蜒而来，从此地通过进入西湖。经治理，该水域面积拓展至27公顷，并在湖中布置了一些小岛，种植芦苇等水生植物，体现其原生湿地的生态景观，并将湖面划分为多个空间层次，避免了一览无余的空旷之感，平添几分幽深之趣。同时，水中的芦苇、蒲苇、菖蒲、鸢尾及各类灌木丛，则成了水鸟的乐园，常有白鹭息羽其中。位于杨公堤的茅家埠入口，更是充满乡野情趣。绿地之间，一方水塘，波平如镜，广种各类水生植物，几座草亭临水而立，茅草覆顶，与其背后的水杉林、面前的水草池塘，一起营造出一派乡野田园景象。游人至此，既可亭中小憩，举目四望，又可沿木栈道行至原木埠头，亲近西湖碧水。

乌龟潭位于眠牛山脚下的自然山谷中，源头为常年不竭的自然山溪，水域面积约4.7公顷。潭水平静无波，水质清澈，两岸皆山，景色幽静。沿岸都是水生植物，萍蓬草、野茭白、水葱、醉鱼草、千屈菜、芦苇等，交织成一派青绿。大块鹅卵石放置在岸边，铺成浅滩，防止沙土下滑，本身的白色在绿色环衬之下，又是一景。水系沟通交界处则以木桩护岸，减少波浪对水土的冲刷，却并不破坏野趣。潭中浮游生物品种丰富，为典型的西湖沼生湿地。在卧牛山谷，有一处水源，被设计了五处跌水，使水流捷缓有致、动静相宜，自山间穿林而来，充分溶解了氧气，至于谦祠处，已呈奔腾之势，过一道廊亭，汇入乌龟潭。在廊亭上小坐，凭栏可观上游跌水，白浪喧哗，亭边是各种农作物，成为景观植物，更有乡野气息，也符合植物本土化的原则。

浴鹄湾处于湖西景区的最南端。旧时，湾内风光殊胜，古人有诗赞曰："浴鹄湾头春水，呼猿洞口晴云。渔歌款款互答，樵唱悠悠独闻。"但后来成为陆地，经湖西综合保护工程，恢复了水域面积6.9公顷，湖面聚散开合，岸线曲折有致，以山涧、溪流、水湾、港汊等动态水景为特色，源自周边群山的赤山溪、筲箕泉为该处水体注入了动感与灵气。刘邦彦有诗云："春水初生浴鹄湾，篾楼高枕对青山。鸟声啼足忽飞去，门掩绿阴清昼闲。"现在的浴鹄湾，大体恢复了这种意境。此处还按古画恢复了子久草堂、黄篾楼，颇可一观。

此外，杨公堤上是马路，有行车往来，自然会切断自然栖息地，为了补救，堤上设置六桥，而且恢复明朝时的拱形，沟通了水系和自然栖息地。环壁桥沟通金沙港和曲院风荷公园，流金桥边是水森林湿地景观，卧龙桥沟通茅家埠湖水和西里湖水面，隐秀桥两侧也是茅家埠湖水和西里湖水面，景行桥沟通乌龟潭和鱼乐园，浚源桥连通浴鹄湾和花港水系，不仅呈现出一派淡泊、悠远的景致，而且植被繁多，生物游走于各个水系。

为了增加生物栖息地，湖西景区的驳岸设计也颇为精妙。茅家埠、乌龟潭、浴鹄湾等大水面的驳岸采用缓坡入水的形式，即湖岸依照水面周边舒缓的地形向水中延伸，形成自然岸线，并栽植高低不同的植物完成水面与陆地的过渡。这种缓坡入水的驳岸不仅可以促进植物生长，并可吸引自然界的各种生物。

位于主航道边的生态小岛，由于受空间限制没有足够的放坡余地，其边缘采用块石或松木桩护坡，大小不一的自然块石使驳岸自然生动，较大的块石可以伸入水中，较小的则可以塞到较大块石之间，植物可以在它们的缝隙间生根发芽，喝水的小鸟能够更容易接近水面。由于松木桩的"软性"质感更能与水体、植物融为一体，因而显得分外自然亲切。

湖西景区中分布有多条溪流，其驳岸处理也各具特色。位处金沙港南缘的金沙涧，以大卵石置于涧水中，给人以回归自然的感受，而卵石浅滩可以为两栖动物提供出入场所，也可以引来鸟类和到水边喝水的小哺乳动物；金溪山庄前的溪流以及水杉林中的清浅水网，则借植被来塑造驳岸，用低矮的草本植物舒缓地体现驳岸，同时在草本植被中点缀几簇灌丛，使溪流、草被、灌丛自然过渡，达到空间环境的协调统一；位处浴鹄湾的赤山溪将小径与溪流间的块石陡坡作为溪岸，块石的间隙中可栽植植物，十分别致。

在湖西公园内，人行栈道都凌空于湿地植物之上，游走于绿树青草之间，保持自然过程的完整性，减少人工痕迹，不对生物自然繁衍发生干扰。

2. 增加生物多样性

湖西公园设计中，顺应自然条件，合理利用土壤、植被和其他自然资源，保留原生的、复杂的自然群落，并因势利导，增加物种的多样性。同时充分照顾到生物的区域性，尽量使用乡土植物，并发挥其生态功能，以良好的生态环境引来本土野生动物；在湖岸周围或水中栽种大量的陆生植物或水生植物，不仅可以使水面更加迷人，而且可以柔化人工砌筑的驳岸。

据湖西景区设计方的《杭州西湖湖西景区的湿地景观设计》一文介绍，湖西原有陆生乔木林生长良好，设计者又添加了一些花卉地被，如六月雪、白花油茶、杜鹃、蝴蝶花、菲白竹等，使其成为蜻蜓、蜜蜂和蝴蝶的乐园，一个野生生物聚集的地方。

水生植物对维持湖西湿地的生态平衡起着十分重要的作用，它能使水质保持清洁，为鱼类提供食物和产卵的场所，也是各种昆虫、青蛙和许多别的习惯于水生环境的生物的乐园。另外，它们能吸收矿物和水中的二氧化碳，为鱼类供氧。为保持水质清洁，设计师在设计中大量运用漂浮植物与浮叶根生植物，如：浮萍、紫萍、莼菜、中华萍蓬草、白睡莲、泽泻等。

不同的水深条件适合不同的水生植物，在岸边，设计师选择大花萱草、千屈菜；在浅水中，设计师选择鸢尾；沉水植物选用金鱼藻、亚洲苦草、菹草；挺水植物则选用莲、水芹、慈姑、菖蒲等。

另外在水生植物设计中强调四处水域的不同特色。为营造金沙港自然野趣的溪流景观，以常绿的石菖蒲、金线蒲成丛地排压在鹅卵石下，植株按水势有直立、有伏植，形似浑然天成；茅家埠为突出"茅"的意境，于桥头、堤岸、水边草坡、卵石滩、栈道侧大量种植斑茅，成为十月芦荻扬花的主角；乌龟潭水面与游步道间的高差超过两米，于湖岸边种植了芦苇、芦竹、小垂柳、香蒲等高秆挺水植物混栽，使水面与湖岸完美过渡；浴鹄湾以"花"布意，突出展现"花"的景观特色，水生植物选择了淡紫色花絮的再力花、蓝色花絮的海寿花、白色花絮的小鬼蕉、粉色花絮的红蓼以及多花色的花菖蒲等，并且还特意营造了黄菖蒲群落、千屈菜群落和萍蓬草群落，突出群体的花色效果。

湖西湿地注重为水域内外的动植物提供一个健康的生态平衡。各种鱼类和引入区域中的野生生物同等重要，漂浮植物为水中的生物提供保护层，水生植物为鱼类供氧，鱼及昆虫则成为水禽的食物。

适宜的生态环境，使丰富多样的甲虫、软体动物、水螨、蜻蜓、青蛙、蟾蜍和水螈很快加入进来；湖岸边的芦苇有利于田鼠做窝生活；丰富的杂草和稠密的植被成为两栖动物的活动场所；块石堆砌的幽深角落及缝隙为野生动物创造了适宜的栖息空间；在水中放养了各种鱼类，它们为湖西湿地增添了丰富色彩和无穷活力;设计中增植了可以为鸟类提供食物的植物品种和鸟类喜欢栖息、筑巢的树木花草,形成适宜鸟类居住的生态环境。①

经过西湖综合治理(主要是湖西开发),西湖生物多样性有了明显变化(见表4—1)。

表4—1　　　　　　整治前后西湖生物多样性的变化情况②

	整治前	整治后
水生植物	荷花、睡莲、茝草、金鱼藻、轮叶黑藻、浮萍、野菱、眼子菜、聚草、水棉、水花生草、田叶草、满江红、槐叶萍等20余种	在原有种类的基础上,增加了水蜡烛、千屈菜、水葱、旱伞草、芦苇、芦竹、菰、慈姑、荸荠、丽蚌草、蒲苇、水鳖等水生植物80余种
湿地鸟类	67种,10目16科:主要由鸭科、鹭科、鹬科、鸥科、秧鸡科和翠鸟科种类组成	在原有种类的基础上,增加34种,10目24科:有鹟科、燕科、莺科、脊鸟令鸟科、鸭科、伯劳科、卷尾科、椋鸟科、鸦科、山雀科、长尾山雀科、币鸟科、雀科、雁形目鸭科、鹳形目鹭科、辟鸟目厂虎鸟科、形目科、鹃形目鸺鹠科、隼形目鹰科、鸡形目秧鸡科、鸽形鸠目鸽科、佛法僧目翠鸟科

3. 依靠可再生能源

在湖西公园设计中,充分利用降水和山中水源,对湿地植物进行滋养,不需要人工浇灌;充分利用日光、自然通风,发挥自然本身的能动性,建立和发展良性循环的生态系统。注重材料的循环使用,在湖西公园的游步道中,均采用原木步道;桥梁除了保留原有的石桥,后加的也是原木的材质;驳岸的处理或借用卵石,或借用木桩,或是缓坡入水,都运用了生态材料,能有效减少对生态环境的破坏。

从湖西湿地整治中,我们可以发现,生态化的园林设计就是遵循生态

---

① 李红艳、周为:《杭州西湖湖西景区的湿地景观设计》,《中国园林》2004年第10期。
② 林丰妹、叶旭红、焦荔、吴芝瑛、杨剑、徐骏:《综合保护工程对杭州西湖生态环境的影响》,《水资源与水工程学报》2007年第18卷第6期。

原则，遵循自然规律，保护生物多样性，维持生态平衡。这样的努力，使得湖西呈现出外在的自然美、内在的生态美，达到人工与自然的相互融合，人类与自然界间的和谐可持续发展。

二　西湖景观中的生态修复公园

湖西景区是运用自然之法，对生态予以修复。杭州还有一些生态湿地公园，采用了自然系统处理技术，对废水进行了净化。对湿地净化能力的研究，始于20世纪50年代，由德国科学家凯瑟·赛德尔和莱因霍尔德·基库思首次调查了用湿地去除污染水中养分和悬浮固体的可能性。如今，世界各地，数以万计的天然湿地和人造湿地被用来处理废水和暴雨水。由于天然湿地是脆弱的生态系统，接触太多污染物会使它不堪重负，所以需要专门设计和建造湿地，让植物、微生物、基质（即植物生长的土壤或砂砾）发挥作用，有时也要加入净化器械予以辅助。

在杭州，目前已建成长桥溪水生态修复公园和龙泓涧生态公园，对进入西湖的水体进行净化。

1. 长桥溪水生态修复公园

长桥溪水生态修复公园，南倚玉皇山脚慈云岭，北端接入西湖，西侧与南山村居民点阔石板路毗邻，东接玉皇山路，地块呈南北方向，狭长约600m，东西方向较窄，平均约90m，是一个以水的复活为主题的生态湿地公园。从表面上看，这是片野趣而又平静的水面，蜻蜓时而点水，时而飞舞，两岸夹生着茂密修长的芦苇和水草。溯流而上，睡莲朵朵，当中又有一座木曲桥，旁边是淙淙流水，这是长桥溪水生态公园外在的景色。但其内在的污水净化功能，源于一个污水处理厂，以及沿溪流而形成的湿地。

2004年，西湖综保工程进行到南山村阔石板农居点一带，设计师们却犯了难，村里房屋拥挤、靠山，村道狭窄，想要截污纳管，却几乎找不到埋那根粗管道的土地。所以创建这样一座生态公园，建了地下净化水处理系统，收集流域内的污水，利用自然廊道、地球重力输送至处于下游的1000m^3水质调节池，之后被泵送到上游的"迷你污水厂"，通过物理、化学、生物途径得到净化。而这个污水厂，就在公园中的"澄观亭"之下，面积只有136m^2。

与常见的敞开式污水处理系统不同，这种地埋式污水处理系统不但藏身巧妙、节省空间、游客不会听到噪音，而且冬暖夏凉，保温作用明显，让微生物得以存活，并发挥处理污水的作用。

　　溪水经过净化后，进入了人工湿地。落颖池是初级人工湿地，水深约40cm，配置挺水植物和浮叶植物，这里既是景观水系的源头，又初步吸收、利用、降解水体中的污染物质。挹清池为多级曝气区，水流经多级跌水，水体含氧量增加，更具活力，浣碧池是升级版人工湿地，水深约40—90cm，种植着浮水植物（睡莲）、挺水植物（芦、野茭等）和沉水植物（水中的水草）。这些植物的生长功能使得湖水自然而然更加清澈见底，甚至可以清晰地看到"水下草原"的生态景观，对流入的水进行进一步的深化处理。濯缨池为山洪水沉砂池区，是一片时而狭长、复又宽阔的野趣水面，由调节池和沉砂池组成。长桥溪水系在此通过调节、沉砂后，使注入西湖水体进行最后的"过滤"，达到排入西湖的水体标准。

　　经长桥溪流入西湖的水，由早先的劣Ⅴ类水变为Ⅲ类水，水中溶氧增加近一倍，大大提高了水体的活力。

　　长桥溪生态湿地公园既有园林之美，又有生态净化功能，这里几乎每一种植物的栽种、每一个跌水景观都是为了净化水质和空气，正因如此，它在全球最佳环境奖2012年度评选中被评为"全球百佳范例奖"。

　　2. 龙泓涧生态公园

　　茅家埠的水塘之间，溯水而上的尽头，便见溪水之上架起的两座仿古桥——饮马桥和玉钩桥，上游玉钩涧的清澈溪水在此汇聚，流出茅家埠再注入西湖。

　　这里就是龙泓涧景区，为西湖提供天然补给水源的四条溪流之一。龙泓涧起源于凤篁岭龙井村，自卧龙桥入西湖，由胭脂泉涧和金沙泉涧两条支流汇集而成，干流长度3.2km，两条支流长度分别为2.0km和1.7km。溪流两边有茅家埠村、双峰村、龙井村三个自然村落，常住人口3443人（2001年统计数字），并且在溪流两侧分布着众多的单位、学校、宾馆、农田、茶园等。仅各单位2000年直接排入龙泓涧的污水量即达24.91万m^3，溪水中的污染物包括生活污水、工业生产污水、养殖污水，以及农田、茶园中的化肥农药的使用对溪流水质产生的污染。溪水中富含氮、磷等元素，水质位于Ⅲ类至Ⅳ类之间，是造成西湖水质富氧化的主要溪流。

龙泓涧治理工程主要包括：地表径流生态截留系统（含生态截滤沟渠和溪流原位净化）、入湖溪流前置库构建、水生植物种植三部分建设内容。

设计者根据支流上具体的小流域自然情况，因势利导地进行生态恢复，构建水环境与水生态净化系统的同时，也实现了控制与削减龙泓涧及其支流入湖污染、改善水质、生态修复的目的。

龙泓涧主流和支流原本就各有一组串联的呈阶梯状的水塘，再用松木在这些水塘内做成一道道交错排列的生态导流墙，使水流在水塘中呈"之"字形流淌，由于水流路线增长，水中悬浮物就更易沉淀，沉水植物吸收水体营养的时间也得以延长，使上游来水在进入湖区前得到了充分净化。

龙泓涧湿地公园的作用是很明显的。2012年12月至2013年5月的监测结果显示，龙泓涧及其支流入湖口的氮、磷营养负荷均有不同程度的下降，其中主流梯级塘总磷削减率30.7%、总氮削减率30.1%；支流梯级塘总磷削减率30.3%；总氮削减率19.6%，各项指标更加健康。

三 生态修复公园的价值

传统园林的"天人合一"、"寄情山水"理念，类似于山水画与山水诗，需要心灵的体悟去领会其中的妙处，但真实的生态价值却值得商榷。所以传统的园林美学，并不足以应付现在的生态危机。

而生态审美要求在城市建设、家园建设的过程中，主动进行理性审美，运用生态学知识，对环境进行审美判断，用理性的目光，兼顾感性和视觉的感受，使环境不仅优美，同时又有良好的生态维持乃至修复的功能。也就是说，真正的生态美，除了外在的景观美，还有内在的功能美。

传统的园林设计虽有生态功能，但往往是无意为之，知其然而不知其所以然。近代中国城市景观公园设计在西方思潮的影响下，以整齐为美，追求视觉的冲击，盲目追求名贵树种，不惜引入外来树种，或是植被种类十分单一，不仅没有良好的生态净化、生态修复功能，反而破坏自然环境。正如俞孔坚所批判的：

"玉不琢不成器"的"造园"思想，成为中国"城市美化"中的一大特色。当城市规划将城郊某片山林划为"公园"时，"美化"的灾难便迟早随之降临。随后落叶乔木被代之以"常青树"；乡土

"杂灌"被剔除而代之以"四季有花"的异域灌木;"杂草"被代之以国外引进的草坪草种。自然的溪涧被改造成人工的"小桥"流水,自然地形也被人造假山所取代。①

他的意思是,如果景观公园脱离实际,无视当地水土植被,将"野草"和"杂灌"铲除,在一片荒土上,重新移植大树,铺上草坪,建立所谓的景观公园,自身存活能力有限,维护起来又费心费力,浪费水资源,真是十分不划算。而随着城郊、乡村绿色的减少,这种没有环境净化功能的景观公园就像不能结果的果树一样,纵然鲜花亮丽,但也面临着淘汰。因为城市园林的功能,要从简单的赏心悦目、静心怡神,变得更有实际作用,即改善城市环境质量,净化空气与污水,防止土壤被侵蚀,增强土壤肥力,涵养水源,为鸟类、昆虫等生物提供栖息场所,同时也能减灾防灾。因此,园林的规划设计要在生态美学的指引下,设计生态园林。

而所谓生态园林,就是造园师运用生态学原理来指导园林的规划,用不同年龄、不同种类的植物(包括乔木、灌木、草本、藤本植物)构成多群落、多层次,并使之相互协调,以达到阳光、空气、土壤、水分的充分利用,并形成一个类似天然,能够自我维护的和谐、稳定、优美的生态系统,构建人类、动植物、水体、土地整生共荣的新秩序,达到科学美、文化美和艺术美,而综合起来,便是和谐有序的生态美。

表4—2 生态公园与景观公园的比较②

	生态公园	景观公园
群落	接近自然群落,引进野生生物,高生物多样性	人工群落,观赏植物为主,低生物多样性
特性	野趣、自然、多样、健康、科学理性	美观、整洁、统一、有序、诗情画意
功能	生态效应、娱乐游憩、自然生态教育	娱乐游憩、生态效应
凋落物	循环再生	部分或全部清扫

---

① 俞孔坚:《回到土地》,生活·读书·新知三联书店2009年版,第92页。
② 李婷、张宁:《浅谈城市生态公园建设》,《现代园林》2009年第4期。

续表

	生态公园	景观公园
稳定性	生态健全、高抗逆性、以自我维持为主	生态缺陷、低抗逆性、以人工维持为主
资源	节约资源、自然的自组织状态和结构	较多资源投入，人工的状态和结构
养护管理	动态目标，低度管理，投入低，管理演替	景观目标，强度管理，投入高，抑制演替

杭州湖西公园和几个生态修复公园便是如此，利用生态美学理念，奉行回归自然、简朴素雅的观念，尊重自然发展的规律，倡导能源与物质的循环利用，以及场地的自我维持，发展可持续的处理技术，旨在倡导自然、人文与生态景观要素的统一，促进生态、人居环境的可持续发展，从而实现人与自然的全面和谐。

此外，西湖诸多生态公园就在杭州城市当中，通过修复地域性自然生境来建构主要环境，可以保护、营建具有地域性、多样性和自我演替能力的局部生态系统，进而改善杭州城市生态系统，以生态文化或技术为主题，提供与自然生态过程相和谐的游览、休憩、实践等活动的公共园林，它与原有的景观公园的区别是显而易见的，也是杭州生态城市发展中需要优先建设的。

第五节　生态公园中的生态美学智慧

我们不能不说，西湖景观中"自然"与"人文"的完美结合，虽然实现了山水城市的目标，但是，这毕竟只局限在西湖景观与周边部分城区之间，而杭州城市发展特别快，目前已有八个城区，大部分地区不能享受西湖景观的润泽。

杭州要想建设生态城市，仅靠保护西湖是不够的。因为随着杭州城市的迅速蔓延，原来的郊区都被城市吞噬，比如杭州周边的滨江、下沙等地，农田、河流、山林都逐渐消失，原来的自然系统被破坏，取而代之的是道路和楼房。

所以，杭州在接下来的城市发展中，应该在生态美学的指引下，将城湖共生模式推广、泛化，促使整座城市自然环境与人工环境的融合，实现整座城市乃至整个地域的"园林化"，以实现钱学森先生的愿望："我设想的山水城市是把我国传统园林思想与整个城市结合起来，同整个城市的自然山水条件结合起来。要让每个市民生活在园林之中，而不是要市民去找园林绿地、风景名胜。"

在这种情况下，杭州提出建设新的城市规划，并且在城市中引入森林，尽可能修复城市中的自然系统。未来的杭州，将以老城区为主城，以江南城、临平城、下沙城为三个副城。其中钱塘江构成东西走向的城市生态主轴线，由主城、江南城自北而南构成城市发展主轴线，分布着临浦、瓜沥、义蓬、塘栖、余杭、良渚等相对独立的六个次级城市组团。同时，利用自然山水、农田绿野、各风景区等形成六条生态保护与涵养隔离带，即西湖——灵龙风景区，径山——西溪风景区，超山——半山风景区，皋亭山——彭埠交通生态走廊，石牛山——湘湖风景区，青化山——航坞山——新街绿色产业区，及东部沿江湿地。

在城市生态基础设计建设上，俞孔坚提出几大战略，其中前三条是：第一大战略，维护和强化整体山水格局的连续性。破坏山水格局的连续性，会切断自然的过程，包括风、物种、营养等的流动，必然会导致城市这一"胎儿"发育不良，以致失去生命。第二大战略，维护和恢复河道和海岸的自然形态，拒绝高堤防洪，拒绝水泥护堤衬底，拒绝裁弯取直，拒绝高坝蓄水。第三大战略，保护和恢复湿地系统，以提供丰富多样的栖息地，净化环境，满足感知需求。[1]

接下来，我将从这几大战略，来观照杭州城市生态建设工程。

一　维护山水格局的完整性

杭州西湖景观连续七年开展了西湖综合保护工程，以西湖申请世界文化遗产为契机，在"保护西湖完整性和真实性"的前提下，开展了环湖整体景观治理和环境优化，同时深入挖掘展示西湖文化遗产价值，使西湖成为世界文化景观宝库中熠熠生辉的一颗明珠，而其山水格局从西湖到湖西群山，再绵延至临安天目山，中间并无隔绝，是较为完整的。

除此之外，杭州还另有大动作。2007年，《杭州市城市总体规划》获

---

[1] 俞孔坚：《回到土地》，生活·读书·新知三联书店2009年版，第163—166页。

得国务院批复，正式提出了"一主三副六组团、双心双轴六大生态带"的山水格局大框架。

所谓"一主三副六组团"，其原理类似于爱德华·凯斯勒"花园城市"的构想，一个中心城市，几个卫星城市，城市之间则是生态带，以此避免摊大饼式发展。在凯斯勒的构想中，每个小城都各自为政，因为高楼林立，居住紧凑，所以上班地点都很近，靠步行或骑自行车就可到达。想去另一个小城，可以搭乘轨道交通。小城之间的绿地上，有山、有水、有林，保证空气的清新和风景的秀丽。而城市的旁边，则是大片的农田和果园，收获起来，直接供给城市，不再需要长途运输。当然，这是最理想的状态，杭州目前还做不到。

在《杭州市城市总体规划》中明确指出，主城按照"两疏散、三集中"的总体要求，依托各个区块的特色优势，加快疏散传统生产功能，强化游憩休闲、文化创意、技术创新、生态人居等服务功能，实现主城区功能空间的重组、分化、再聚集、再创造。三个副城（江南城、临平城、下沙城三大副中心）作为主城人口和部分市级功能转移的接纳地，重点承担主城生产、居住和高教功能分流，成为集现代制造业基地、出口基地、高教园区、物流园区、商务居住区为一体的现代化新城区。六个组团是杭州中心城市的卫星城，包括义蓬、瓜沥、临浦、塘栖、余杭和良渚六个组团，重点增强为主城和副城配套服务的功能，承接主城和副城的人口疏散和产业转移。

六条生态带主要就是六大组团之间的隔离带，就像是邻居之间的间隔，同时也是联系城市建设区域与乡村区域的一条纽带，以及城市居民日常游憩的场所。

这六条巨大的绿色生态带，避免了城市连片发展而影响生态、景观和城市整体环境水平。目前，六条生态带已全部划入生态红线范围，生态带内限建区、适建区开发建设内容和强度确定，都要以生态带保护为前提，较城镇建设用地有明显区别。同时通过将城郊自然田园基质一并纳入生态带控制发展的方式，避免城郊再次出现过去那种城市边缘城市化、城市边界模糊、自然文化肌理受到发展冲击的现象，促进自然生态与社会生态的和谐共生。

此外，建设湘湖旅游度假区，在钱塘江两岸着力塑造绿色景观，都有利于营造杭州的山水格局。尤其在钱塘江，要建设完善两岸各宽100m、运河两岸各宽 30—50m 生态景观带，城市河道两侧各宽 10—30m 的滨水绿带建设，连接"四园（四个近郊森林公园）、多区（水源保护区、湿地保护区、风景名胜区）"和各级公园广场，以此构建城市自然绿色廊道体系。

二　维护和恢复河道的自然形态

杭州原来水脉充足，但在现代化建设中，许多河道被过度硬化，将自然河流改造成水泥加石头的河沿，对比生态美的标准，可见这些河道存在几大缺陷：（一）缺乏生物多样性，板结的河沿缺乏植物、动物、微生物，不能自我净化。（二）不能保持生态平衡，河水升温快，容易变质，并滋生传染性病菌。因而，这样的河道不符合生态美。

近几年，杭州在市政建设中，确立了"五水共导"，水网绿脉交织的总体发展战略。

所谓"五水共导"，是指在 21 世纪初，为了从整体上保护和利用好清雅秀丽的西湖、古朴自然的西溪、繁荣畅达的运河、大气开放的钱塘江，强化江、河、湖、溪、海"五水共导"的亲水城市格局，展现"五水贯通"的城市风貌，延续江南水城的千年神韵，杭州提出了"生态水都、人文水都、休闲水都、繁荣水都"的新时期城市水系发展愿景。并在此基础上，以杭州城市总体规划为指导，以江河湖溪海形成的水系为基础，以水环境功能区划为依据，以确保城市防汛排涝安全为前提，深入挖掘杭州城市水系的历史文化底蕴，多功能开发城市水岸，在加强钱塘江、京杭运河（杭州段）、西湖、西溪湿地、湘湖综合保护与治理的基础上，提出了"水循环正常、水安全保证、水文化丰富、水生态良好、水景观优美、水经济繁荣"的水环境发展总体目标，从点、线、面三个层面构架杭州市城区水系"江河为轴，湖溪为核，五片十干，互联成网"的空间总体结构，从而确立了杭州从单条水系、单项治理，走向系统化、网络化的综合整治与保护开发战略。

在城区内部，杭州市结合水网编织绿脉，从而牢固地构筑起杭州的生态绿化保护屏障和自然景观特色基础。杭州市对古城水网格局进行保护，对现有河道如中河、东河进行了景观提升，对河道予以生态修复，沿河两岸进行景观整理，增加市民游憩功能等，使城市滨水地区再次回到普通市民的生活中，成为市民锻炼、休憩、交流的主要场所。

三 保护和恢复湿地系统

杭州保护和恢复湿地公园的实践，始于西溪湿地综合保护工程。西溪湿地素有"杭城之肾"之称，本与西湖齐名，后来西湖得以开发，而西溪则一直鲜为人知，是一个罕见的城中次生湿地，当中有数个渔村，也逐渐沼泽化，芦荡荒芜，水道淤塞，景象残破。

2003年8月，西溪湿地综合保护一期工程全面启动，其原则是"生态优先、最小干预、修旧如旧、注重文化、以人为本、可持续发展"，以保护湿地内生物多样性、湿地生态系统结构和功能的完整性为第一要务。其具体做法，包括修复植被、保护动物、改善水质等。两年之后，于2005年"五一"劳动节正式开放。

2005年2月，国家林业局批复同意西溪湿地公园为国家湿地公园，成为中国首个国家湿地公园，实现了生态、社会和经济效益的最大化、最优化，被人称为"西溪模式"。

该工程通过大规模疏浚河道，使水质提升了2—3个标准，维管束植物增加了数百种，鸟类增加了数十种，使湿地生态系统得以修复。西溪湿地又为湿地保护区、外围保护区、周边控制区、整体协调区五个区域，以大湿地系统，连接了城西各景观组团，整合打造城市西北生态带。

美中不足的是，西溪湿地本来与西湖相同，是一个完整的生态带，但如今被城市建筑和道路所间隔，西溪湿地的水无法与外河道流通更换，所以目前水质依然浑浊。

杭州除了西溪湿地，还有一些湿地公园占地甚小，但也别有趣味，比如江洋畈生态公园。

杭州江洋畈生态公园完全是无心之得，它位于西湖风景区玉皇山南麓，本是一处三面环山的谷地，在1999年至2003年间，西湖淤泥历经几次疏浚后，将淤泥通过管道输送到了这里，使山谷升高，成为一片浑浊的沼泽。过了几年，淤泥地表含水量渐渐下降，淤泥中的植物种子得到天时地利之便，就发芽生长，因为没有人为干扰，长得毫无章法，却又极富生机，是西湖景观中难得的荒野景观，将西湖淤泥滋养的次生、湿生植被的自然演替过程，展现为一种独有的、健康的生态环境。

景观设计师对此生态公园，没有大动干戈地修桥铺路和植树造景，而是无为而治，不干涉，不改变，就顺其自然，保留基址绝大部分现状，用可回收的锈板围合出若干次生植物群落，再用高低曲折的木栈道漂浮于淤泥之上，穿行在湿生林地、浅水沼泽和池塘水泡之间。在合适地方，立几个小亭，如蓼屿亭、烟波亭等，以供游人小憩。至于人为干涉，自然也是有的。比如蒲秀湖，本来极容易淤塞并且消失，但为了保护生物多样性，设计师干预了原有的沼泽化过程，恢复了一部分水面，保留了蜿蜒于林间的池塘湖泊。水面四周种植大量的芦苇、蒲苇、香蒲、野茭白、红蓼等充满野趣的本土水生植物。春季野花丛丛，秋季荻花片片，自有一种复得返自然的朴实和秀丽之美。

老子曾说："埏埴以为器，当其无，有器之用。凿户牖以为室，当其无，有室之用。"锈板围合出的淤泥次生植物群落开始作为一种具有场域感的存在之物呈现在人们面前，名之为"生境岛"；栈道两旁的野树野花和沼泽水草也忽然变得触手可及，成为人们不由自主去瞩目端详的事物。这些本来是最平凡、最无用、人们熟视无睹的现场留存物，因为设计师的介入而渐渐凸显出来，由"无"转变为"有"，有之以为利、无之以为用。在养护管理上，除了必要的道路清洁，保持基地原生的生态系统，让这些生物自生自灭，自我维持，不用像其他公园那样投入大量的人工、水、杀虫剂和化肥等进行维护。

如今，走在江洋畈生态公园，山上是郁郁葱葱的森林，参天大树遮阴蔽日，谷中却是若隐若现的水洼、婆娑参差的芦苇、摇曳生姿的野花、亭亭玉立的绿柳……两种截然不同的植被群落景观因为历史的机缘巧合在此和谐而又独立地存在着，展示着不同的生境之美。

原生的生态环境也留住了这里原来的住客：豆娘、蜻蜓、蝴蝶、螃蟹、乌龟、白鹭、黑水鸡等原先就栖息在这里的小动物并没有因为公园的建造而背井离乡，反而因为公园额外的保护而更多地繁衍开来，这自然是符合生态美的标准的。

同时，湿地中处处有科普指示牌，讲述森林的形成过程，蝴蝶的分类，地下的昆虫，鸟卵的不同等等，游人借此可以增长生物学知识，孩子们在江洋畈生态公园亲近自然，多识鸟兽虫鱼。更有不少野生动物爱好者端着长镜头，静静地守候在某个角落，只等白鹭或蝴蝶飞起。在这里，人和景相互和谐。同时，生态效益和经济效益，在这里也达到了统一。

江洋畈生态公园展现自然真实的美，能改变人们的审美情趣和游园习惯，使熟悉了城市美化景观的人们，懂得审美上愉悦、生态上科学、经济上可行的公园，才是未来城市公园的发展方向。

当然，杭州生态城市建设远未成熟，其生态带覆盖面还太小，对水体、空气的净化功能还十分有限，可谓任重而道远。只有在生态美学的指导下，从大建设时代，走向精细化雕琢，才能使城市更适宜居住，让人得到身心两方面的诗意栖居，使城市真的成为我们的家园。

第六节　从生态美学思考未来城市发展

中国大部分城市临山近水，我国的南京、汉口、宜昌、重庆紧临长江，广州临珠江，吉林临松花江，北京紧临永定河和燕山，济南、银川、皋兰靠黄河，岳阳靠长江，沈阳靠浑河，贵阳依靠南明河，饶州紧靠鄱阳湖，武汉有东湖，无锡有太湖，上海、厦门、宁波濒东海，汕头靠南海，青岛面黄海，临靠山河湖海的城市不胜枚举，都有其独特的生态环境，如何利用生态资源，让城市与自然和谐共存，让人类系统与自然系统和谐共生，都是城市发展中迫在眉睫的问题。

杭州发展虽然有过迷失，但能较好地将自然与城市相互结合，并且能及时反省，专注于西湖文化景观的保护，凭借其天然的环境优势，陆续推动了西湖综合保护工程、西湖申遗、运河沿岸治理等大型活动，同时又跨江发展，在一定程度上，在经济、生态、文化三方面达到共赢，恰恰符合钱学森、吴良镛、俞孔坚等人的期待，是中国城市在生态转型中的一个范例，值得研究，也值得推广。

一　中国城市普遍的发展迷失

传统的中国城市，往往依山、依河、依湖而建，城内水网交织，人与自然能和谐共处。但在近年来大规模城镇化建设中，人地矛盾日益突出，于是，原有的河流、湿地、湖泊被改建成道路、居民楼、大型商场，虽然日益繁华，但城市居民却感到生活空间的逼仄、生活意趣的锐减、生存安全的危机，其主要原因便是生态环境的破坏，城市不再是"诗意栖居"的场所。在灰白的雾霾之中，就算有林立的大厦、整齐的绿化，也是谈不上什么审美价值的。

北京作为首都，常年被沙尘暴和雾霾困扰，固然有其外部的因素，但城市内部自然系统的缺失，也是一个很大的原因。

在1949年以后，出于城市建设的需要，填埋了太平湖、菱角坑、泡子河、万柳堂、南太平湖、莲花泡子等城中的湖泊与河流。① 太平湖原本位于北京新街口豁口外，由四个大小不一的湖面组成，湖水滋养着丰茂的水草，但1971年时，这里被填为平地，建成地铁修理厂。菱角坑位于朝阳门外，三面环水，西依护城河，夏日里岸边古木参天，水中荷花斗艳，是老北京们乘凉品茶之所，但在1961年，这里被填平，取而代之的是木箱厂和起重机械设备厂。

泡子河本是通惠河的支流，水流长达五六公里，两岸建有太清宫、关帝庙、华严禅林等古刹，1957年全部消失。万柳堂在崇文区夕照街南端路东，占地百亩有余，内有土山，植柳万株，建有亭台水榭，是典型的北方园林，外埠进京赶考文人常于此地聚会，饮酒品茗，谈文作诗，颇为风雅，而到了1965年，万柳堂已完全从地图上消失。

南太平湖位于西城区鲍家街西部，原为由西护城河引入城内的一座较大的湖面，水面东畔即为清醇亲王府（今中央音乐学院），光绪皇帝就出生在这里。由于这一特殊的历史原因，南太平湖一直保存得很好，但20世纪60年代初，这一汪湖水也因城市建设而迅速消失了。莲花泡子在今什刹海前海西侧，郭沫若故居之东，旧称西小海，因水面上遍植莲藕而得名。自1952年起，这块面积颇大的水面逐渐变小，并被三座深水游泳池、一个深水跳台等水上设施所取代。自1963年起，游泳池等被填埋，修建运动场地，今日成为北京市什刹海体育运动学校。

再来看武汉，它号称"百湖之城"，拥有丰富的湖泊和湿地景观，但如今城中仅剩下38个湖。且以沙湖为例，它曾是武汉第二大城中湖，在明洪武年间水域有近万亩规模，在20世纪60年代末尚有3200亩左右，但到了20世纪90年代，为修建武汉长江二桥而拓宽中北路、徐东路，部分水面被填。而近10年来，随着友谊大道的修建和周边房地产开发的热潮，沙湖有一半水域遭到填占，自然生态平衡被严重破坏。如今，沙湖里臭味扑鼻，水面油黑一片。其余诸多湖泊也遭遇了类似的命运。随着武汉及周边城市湖泊的消失，土地蓄水能力下降，这是造成武汉"大晴二大有旱情，落雨三天发涝灾"的一大主因。

南昌的青山湖也在锐减，当地曾经投资7.8亿元对其进行综合整治，

---

① 曾笑生整理：《中国科学报》2013年5月2日。

但整治之后的湖面被围填，环湖 10 公里景观带包括南、东、北岸多个公园。因得填湖造景之利，青山湖北岸的"万科青山湖"的价格创下南昌楼价之最。但是，普通人又哪能得到一分益处呢？

与此同时，随着城市的扩张，城市的间隔也日渐狭小，许多本属于乡村的土地，也成了沙土飞扬的郊区。在这些地方，原本有生机勃勃的农田、溪流、荒野、树林、山峦、池塘，先民们世代居住耕作，曾实现人与自然的相对和谐共处，形成一派迷人的乡土景观，不仅维护了生物多样性，而且具有极好的生态审美价值，触动历代诗人的灵感，写下许多优美的诗句，并形成了强调"天人合一"意境的田园诗。

而我们现在乘上火车，横跨中国大陆南北，从车窗里一路上能看到些什么？原始森林基本绝迹，雾霾遮盖着荒凉的原野，使野生动物迁移甚至绝迹；许多农田被蔓延的公路网、各类毫无美感的建筑所占据；一些山峦被挖开，运送出石料和水泥，像大地撕开的苍白伤口，遭受雨水的侵蚀；各种方式的土地开发、道路铺设、水利工程，侵占湿地、树林、田野，同时也破坏了自然过程的连续性和完整性；而溪流河道呢，堤岸被水泥化，水体被垃圾填塞、污染，或被切割成池塘；池塘都在富营养化，变成绿色、褐色，甚至黑色，而且日渐萎缩。与此同时，交通路线和杂乱的商业区不停蔓延，美妙的自然景观，就变成了板结的水泥地的建筑物以及飞扬的灰色尘土，这真可谓是山河破碎。

随着这一系列的破坏，几千年来形成的人与自然共同形成的水网系统瘫痪、自然山林丧失，因为没有保留足够的自然林地和湿地，就导致了自然系统生态净化能力的下降、生物栖息地的破坏、生物多样性的减少。

二　未来人类生存环境展望

对于未来人类生存环境，有许多人表示悲观，比如斯蒂芬·哈丁在《限于公园的自然》一文中，就有这样的预测：

2052 年的世界看上去就像是个动物园，而且实际情况只会更糟。届时，由于人类的破坏，曾经广袤完整的地表生态系统将被分割成一些小的栖息地，被商业化农田包围，而农田又被道路、高压铁塔、不断扩张的城市所割裂。同时，气候变化带来的极端天气与海平面上升,将使地球许多地区不再适宜大多数物种居住,包括我们人类在内。[①]

这段预测,被乔根·兰德斯引入《2052:未来四十年的中国与世界》一书中,并认为非常正确。但我们还是要相信人类的理性,使城市系统进一步自然化,如何使城市与乡村结合,如何使城市更节能,并能对一些资源循环利用,都是未来所要思考的问题,我曾在一本小说里,写过一个乐观的预测,特收录于下,可以与斯蒂芬·哈丁的观点相对应。

※

飞机几乎是贴地飞行,透过窗口,看到了那么蓝的天,蓝得像矢车菊,蓝得像童话,白云很低,仿佛就在头顶,变化着各种形状。

杨略往下看,只见山岭起伏,河流曲折,是明亮的绿色和蓝色。偶尔可见几个乡村,依山傍水,隐没在绿色之中,只能看见几个屋顶。村落周边是农田,但不再是一整片的水稻或是玉米地,而是切成一块一块,各类庄稼果树间杂,错落有致,高低有序。中间有一个圆池,颜色却是棕褐色的,不知是什么东西。

爸爸解释说:"那是堆肥池,将粪便、树叶等等堆在里面,掺进雨水,充分发酵后,就打开阀门,让肥料通过埋在田里的管道,直接渗进农田里去。"

"哦,这是有机肥。旁边那块地怎么空着了?你看,全是杂草!"

"那是在养地呢。"

"养地?"

"对啊,人工作久了,得休息一下。土地种上三四年,也得休息几年,长长草,养养虫,肥力慢慢恢复了,蚯蚓、蝼蛄把地也翻松了,光脚能踩出坑,脚趾间涌上细腻的黑泥,那才是好地,种什么庄稼都能有好收成。"

"那为什么要把庄稼混起来种呢,多麻烦啊!"

"这样可以不用农药。因为喜欢吃水稻的蛾子,却怕高粱的气

[①] [挪威]乔根·兰德斯:《2052:未来四十年的中国与世界》,秦雪征等译,译林出版社2013年版,第150页。

味。吃玉米的蚜虫，又挡不住芝麻的独特分泌物。这真是相生相克，你看，自然界就是这么奇妙！"

杨略连连点头："这叫生物防治吗？"

"这是其中一种。还有更奇妙的呢，你看到那片橘子园，那里曾有大量昆虫的肆虐，其中最猖獗的是蚜虫，它们吸食植物树液。当它们吸食光合作用的产物后，就破坏了果树结果实的能力。你要是看到满树都是昆虫，该怎么办？"

想到满树都是毛毛虫在蠕动，吸食树液，蚕食叶片，他不寒而栗。

"用杀虫剂喷啊。"

他一时觉得，端着喷雾器，就像端着机关枪一样，把杀虫剂猛烈地扫射过去，让毛毛虫纷纷掉落，也是特别过瘾的事情。

爸爸摇摇头。

"杀虫剂是能杀死蚜虫，但也把它的天敌瓢虫杀了。没了捕食者，怎么办？只能一次又一次喷洒杀虫剂。如果蚜虫产生抗药性，那就得更新杀虫剂。在这样的赛跑中，没有谁是赢家！况且，杀虫剂还会杀死蜜蜂与蝴蝶，没有它们传播花粉，果园就得绝收。用人工授粉？果园里起码有上亿朵花。另外，我们还没讨论杀虫剂的残留对人体的危害呢！"

"那该怎么办？"

"果农们听从了科学家的建议，从澳大利亚引入了 129 只瓢虫。大约一年后，瓢虫就清除了这些昆虫。"

"那瓢虫作为外来物种，会不会泛滥成灾？"

"不会。因为瓢虫以这些昆虫为食，所以捕食者和猎物相互制约，保持着数量上的稳定。"

"也就是说，那些害虫还是存在的？"

"对啊，果农必须要承受一定的损失。但这种损失，远远小于使用杀虫剂。"

"生态农业，原来有这么多讲究！"

飞机又往前飞了一阵，眼前出现了一个湖泊，正如一枚蓝宝石，镶嵌在青山之间。白云倒映其中，青山倒映其中，都变温柔了，渗透开去，将化未化，心里泛起缠绵的念头，是国画的笔法。旁边有许多小鹿，有些静静喝水，有些在蹦跳嬉戏。

爸爸说："在这个时代，动物都交给大自然来管理了，它们就像在几万年前一样，在地球上自由迁徙。铁路和公路不会硬生生切断它们的家园了。你知道，一条铁路，看似不宽，但却将原本一体的环境切成了一个个孤岛，除了鸟，其他动物不能往来，破坏了许多动物的生活规律。"

"那铁路和公路会消失吗？"

"不会，但增加了生物通道。你看——"

脚下一条高速公路，在树林中延伸，过不了多远，就会凌空架一座桥，桥下或是流水，或是树林，以供动物往来。公路遇到一座山，就穿凿而过。山上绿树葱郁，也是一个生物的走廊。

爸爸说："人类居住在密集的城市里，其他的区域，除了乡村、农田和工厂，人类都不再去打扰。万类竞自由，于是生物多样性逐渐增加，一切都变得美好了。"

杨略不由地悠然神往。

※

飞机重新起飞，不多时，前方的地面上出现了一个奇异的图形。中间一个大圆，周边六个小圆，像卫星一般整齐分布，每个圆周边都有一圈白线，中间色彩斑斓。圆和圆之间，都有白线相连。其余的空隙，则全是绿色。

爸爸说："这就是未来的生态之城，当中是中心城市加上六个卫星城市，把一个大都市分解开来，避免摊大饼现象。"

"现在这样，不是摊得更开了吗？"

"每个小城都各自为政，因为高楼林立，居住紧凑，所以上班地点都很近，靠步行骑自行车就可到达。想去另一个小城，可以搭乘轨道交通。小城之间的绿地上，有山、有水、有林，保证空气的清新和风景的秀丽。而城市的旁边，则是大片的农田和果园，收获起来，直接供给城市，不再需要长途运输。汽车用得越来越少。"

"真是太棒了！"

"好了，我们下去近距离看看吧。"

飞机很轻盈，在一个卫星城市边上缓缓降落。走出小机场，边上就有自行车租赁，他们各骑上一辆。

机场外是大片的麦田，在阳光的照耀下异常青翠，放眼远望，云彩、小鸟、肥沃的土地尽显眼前，似乎走进了一个大乡村。

往前骑了不远，就看见了城市。边缘是环形车道，跨过车道，就进入小城了。

城市边缘是两三层楼为主，往前走三四个街区，出现了五六层楼，街道上也明显热闹了些。他们看到了一个较高的错层建筑，上面的阳台和露台依次递减，这是一个三维的、复合设计的体育馆。周围好安静，没有汽车的喧嚣声。楼上的人可以斜靠在阳台上，与下面的人谈话，而不必担心谈话声会被汽车的轰鸣淹没。

各种高层的建筑，通过天桥、廊道有机地连接在一起，楼顶、阳台、窗户上种着植物。几株水杉挺出屋顶，枝叶摩擦着浮云。水果、浆果和鲜花，吸引着蜜蜂、蝴蝶和各种鸟类。屋顶有风车、太阳能装置，温室反射的光，在树枝、灌木丛和藤蔓中闪烁。向日葵在楼上对他们点头。

小城中间有一条小河，清澈地流淌而过。几道拱桥跨越其上。桥边是一片空地，布置了许多长椅。许多市民在那里晒太阳，聊天。小孩子在喂鸽子。鸽子不怕人，扑棱棱展开翅膀，飞了一段，息羽在小孩的胳膊上，啄食他手里的玉米粒，逗得小孩子咯咯直笑。

※

杨略他们停下车子，感受到那种温馨的气氛。

爸爸说："在未来的城市，这样的开放空间越来越多，就像古希腊的广场一样，吸引不同的人群聚在一起，感受到交流的快乐，并培养出一种宽容、智慧、共有、互相尊重的气氛。"

杨略看到一些年轻人聚在一起，似乎在争辩什么，声音有些激越，但表情都是轻松愉快的。而在他的学校里，大家都忙着准备考试，这样的辩论、思维碰撞，是很少见的。他内心有些怏怏地说：

"在这里，或许会冒出许多个苏格拉底呢。"

他们上了小桥，往前骑行了一段，就出了卫星城。进入了通往中心城市的干线。一座天桥飞架,铁轨上磁悬浮列车在飞速驶过。他们并不着急,于是缓缓骑车,看看路上的风景。这里又像进入了农村,果园、农田、树林,随处可见。这时,一个奇怪的建筑吸引了杨略的注意。

看上去像是脚手架,搭了约有百来米高,里面却没有什么建筑,而是一层一层的杂草,藤蔓在上面攀爬垂挂。

爸爸说:"那是真正的鸟巢。"

果然,许多鹞鹰、燕子、乌鸦在旁边飞行,不时落到架子上,躲进草丛里,像进入了一个安心的港湾。

杨略不由赞叹:"这真是一个别致的设计。"

"这些鸟经常去城市里做客,不仅能除去蚊蝇,还能成为一道美丽的风景。"

很快,他们就到了中心城市。这里高楼林立,是政治经济的核心所在,因而颇为壮观。不过,和杨略习以为常的大厦不同,这里的建筑不仅有斜坡,像金字塔一样,表面还凹凸不平,像许多抽屉被拉出来,没有推回去,并且从头到脚都种了葱郁的树木,可以称得上一小片森林了。

杨略问:"大楼之间有那么多天桥?"

"在这些高大的建筑物上,每隔五层,就会有天桥相连。这是便于市民往来,去另一幢楼,不必上楼下楼,从而节省大量时间。"

他们忽然听到瀑布的声响,并且还有包含水分的凉风袭来,让杨略一时置身于山林之中。

"这是什么声音?"

"瀑布啊。"

"怎么可能?顶多是喷泉吧?"

他们拐了个弯,眼前果然出现了一挂瀑布,从一幢大楼的六七层楼上倾泻而下,跌入楼底的水池里,水雾弥漫开来,在正午阳光的照射下,甚至出现了一道彩虹。

"真是不可思议!"

"这个瀑布是个宏伟的设计,当然费了些能源,但夏天的时候,水雾净化了空气,还把周围的建筑都降温了,省下了大笔的空调费呢。"

杨略的心里畅快极了，深深地吸了口气。一时有些错觉，眼前这些绿色的建筑，似乎钟鼎形的山丘，与远处的山脉，山脉上堆积的白云，都是那么和谐。

正在这时，一片阴影在街道上蔓延开来。是乌云翻卷而来吗？举头一看，是一大群飞鸟经过城市上空。那么多翅膀一起拍打。所有的人都仰起了头，脸上挂着幸福的笑意。

"略略，你现在看到的，还只是表面的风景呢。一个生态城市得以实现，关键还在于看不见的地方，比如能源的利用、管道的铺设、废物的循环利用。"

"能仔细说说吗？"

"比如这座大楼，"爸爸指着刚才他们驻足很久的大楼，"这就是生态设计的杰作。外墙和顶部是太阳能板，楼下有吸收地热的热泵，提供建筑内能源需求。大楼到处有通风设计，植物可以隔热。整幢大楼冬暖夏凉。楼内还配有雨水和家庭废水的收集系统，用来灌溉植物，以此节省淡水资源。此外，居民的排泄物、有机废弃物和树木的枯枝落叶，经过细菌发酵，产生甲烷，用于照明、煮饭。而燃料的副产品就是植物的肥料。如此循环利用，大楼就模仿着生态系统。其实，整个城市都是这样的。"

"真是太完美了！"

"不仅城市如此完美，连工厂也实现了生态化。你知道，在以往的工厂里，只有一部分原材料变成产品，其余的就成了危害人类生存的污染物。而在生态产业园，不同行业相互交叉，上一级的排出物成为下一级的生产原料，从而实现物质的再生循环，实现整个系统的零排放。"

"看来，所有人类目前存在的生态问题，都可以从大自然中寻找到解决的方法，对吗？"

"确实如此。生态城市、乡村、工厂的智慧，就是生态仿生。人向大自然的学习，就可以达到与自然和谐共存的境界。演化了几十亿年的大自然，其宏观的生态系统，永远都是人类的老师啊。"

杨略站在城市的广场上，从两座大楼之间，看到了远处起伏的山脉，碧蓝的天空。周围都是人的欢笑，没有机械的嘈杂，空气中夹带着青草味儿、雨水味儿，一起扑面而来，仿佛要渗入皮肤，顿时无处不舒适。

　　闭上眼睛，似乎身体已不存在，一并融入空气中去了。然后深深呼吸，浑身的触觉集中在鼻腔上，感觉清冽的空气从这里经过，顺着气管缓缓灌满双肺，再散入四体百骸。再睁眼，但觉耳聪目明，身心俱宁，眼前的蓝空白云，也更添一番明丽气象。

　　连普通的一次呼吸，在这里都成了无与伦比的享受。

　　然而，他内心里还有无数的疑虑。觉得眼前这一切，或许只是一些美妙的幻景。

　　"爸爸，这一切真的会到来吗？"

　　"一定会的，因为人类别无选择。或许是因为能源耗尽，人类遭受巨大的灾难，然后才痛改前非。或许是人类看到了严重后果，现在就幡然悔悟，用理性来指导自己，进入可持续发展。"

　　"你这么相信人的理性吗？"

　　"必须相信！"

　　是的，我也一直相信着人类的理性。

　　因为很明显，如果人类保持工业文明的生产和消费方式，地球总有一天不堪重负，生态灾难不可避免。地球上许多地方淡水耗尽，粮食锐减；鱼类消耗殆尽，难以自我恢复；全球继续变暖，森林火灾加剧，大量生物灭绝，飓风日益增多。这一天并不遥远，不是几千年后，也不是几百年后，我们在有生之年就能看见。

　　"那我们是在自掘坟墓。"有些人会认为说一些狠话，就显得很酷、很解气，然而却于事无补。

　　还有些人认为，目前所有的生态问题，我们都有解决办法。只是那些左右世界进程的政客和商人目光短浅，对于政绩和效益这些短期的利益追求欲望，超过了对长期问题的解决欲望。非不能也，乃不为也！

　　"肉食者鄙，未能远谋！"这是愤青们最常用的言论。

　　但把责任推给政客和商人，或许只是我们的托词。因为他们只是人类的代表而已。

　　生态危机的根源，在于我们的价值观念出了问题。如果把人生的意义仅仅理解为对物质的获取、占有和消费，那人们只会穷奢极欲，直至耗尽地球的所有资源。地球支撑不起建立在这种享乐主义和消费主义价值观之上的文明。人类要想走出生态危机，彻底解决环境问题，就必须全面反思工业文明，走向生态文明。

这将是我下一章的内容。

附　环境审计服务生态城市建设

生态城市建设中，企业作为城市的一部分，对环境问题的重视与否，将直接影响着生态环境和人居环境。所以，对企业进行生态美学普及，让这门功能主义美学观作为企业经营的一种重要理念，自然有着非常重要的作用。但与此同时，必须建立相关的制度予以保障。而其中非常重要的一环就是环境审计。

环境审计最早起源于西方发达国家，企业为应对政府的资源环境督查，在内部首先实施试行的有关环境审计相关政策来处理环境可能带来的相应问题。资料显示，环境审计委员会成立后，积极鼓励各国重视环境审计问题，将环境审计作为审计工作的重点之一，通过逐渐渗透，环境审计工作在各国得到了广泛的重视和发展。[①]

对我国来说，社会经济快速发展的同时存在着部分政府和企业片面地以牺牲资源和环境为代价换取 GDP 的增长、先污染后治理、推行粗放式的经济增长模式等现象，导致各种环境问题严重遏制了城市健康和稳定发展。环境问题逐渐走进人们的视线，引起了社会公众关注，国家也逐渐意识到了问题的严重性，环境问题变成了治理重点，为了创造良好的生态环境、促进人类社会文明，从而达到城市可持续发展、人文建设环境良好的治理目标，环境审计成了一项重要手段和工具。环境审计可以通过对环境建设有关项目的业务活动是否客观可靠、合法合规以及收益效果状况开展评估和监督工作，促进环境保护管理工作的顺利进行，是一种具有独立性的满足城市不可忽视的长期发展建设行为。

环境审计主要分为环境合规审计、环境财务审计和环境绩效审计。环境合规审计建立在《中华人民共和国环境保护法》及相关法规政策的基础之上，审查被审计单位环境管理的执行情况是否合法合规，根据审计结果及时提出整改意见，若存在于相关环境法律及规划又不合理之处及时向

[①] 李明辉、张艳、张娟：《国外环境审计研究述评》，《审计与经济研究》2011 年第 4 期。

国家立法机关反映；环境财务审计则主要是对环境保护资金的审计，注重审查环保部门及企事业单位是否制定了合理的环保资金预算、有没有按计划及时拨付环保资金、环保资金筹集途径及使用用途是否恰当等内容；环境绩效审计则重点关注被审计单位实施的环境项目建设产生的效率效果，从经济效益、社会效益以及生态环境效益三个方面综合考虑，判断项目对所在及周边城市在未来期间是否会产生积极或者是消极的影响。[①]

在此，本书将针对环境审计的具体实施与反馈结果，来具体分析服务城市可持续发展的现状，并提出可行性的对策建议。

一　环境审计服务城市推动生态文明建设

在2016年上半年，审计署针对审计工作作出相应调整，其中重点提出着力推动生态文明建设，要求始终关注资源节约集约利用和环境保护政策的落实，推进绿色发展方式，服务城市的可持续发展。

2017年，环境问题越演越烈，已经成为不得不重视的大问题，政府工作也作出相应调整，将环境审计作为重要工作内容，成为审计署工作中不可忽略的组成部分。从总体上来看，全国各级审计机关积极开展环境审计工作，发现环境审计的重点、要点，将环境审计作为绩效考核，不断地拓展审计方式和方法，在服务城市可持续发展的道路上取得了一定的成效。从具体内容来看，可以通过审计署的审计结果公告看出具体的环境审计进程，分析环境审计的发展现状和存在的不足之处。

（一）审计公告分析

2003年以来，国家公布了一系列涉及环境主题的公告，第一个涉及环境审计主题的公告在2006年发布。截止到2017年5月，审计署总共发布了264个公告，其中有关环境审计内容的公告有19个，在公告总数中占比7.20%。单从数量上来看，环境审计结果公告从无到有，再到在全部审计公告结果中占一定的比例，反映了环境审计经历了从萌芽到探索发展的现状，说明环境审计已经逐步进入政府的视线，并开始着手解决。从19个环境审计公告结果中不难看出，政府对环境审计项目结果高度重视，将结果发布出来，并对存在问题的整改结果也进行公告，共涉及18个环境审计项目，通过分析审计结果公告，可以对环境审计工作的现状得出以

[①] 李雪、杨智慧：《对环境审计定义的再认识》，《审计研究》2004年第2期。

下结论：

1. 环境审计项目内容。审计公告中的环境审计项目内容主要包括：环境保护专项资金审计10个，环境保护建设项目审计4个，环境政策法规执行情况审计3个，环境绩效审计1个，为2008年开展的"三河三湖"流域内北京、辽宁、江苏等13个省（自治区、直辖市）水污染绩效审计项目。其中可以看出，在近年来的环境审计工作中，环境保护资金审计项目占比最高，环境绩效审计项目占比最低。

2. 环境审计项目涉及主题事项。审计公告的环境审计项目涉及主题事项包括资源开发利用、生态建设以及污染治理三个方面的主题。资源开发利用不仅要节约现有不可再生资源，而且要开发新资源，将资源有机整合，统一规划，对土地开发加强监管监督，得到土地的有效利用，共涉及5个环境审计项目；生态建设主要是农村饮水安全工作、天然森林资源保护、青藏铁路环境保护、退牧还草等，共涉及4个环境审计项目；污染治理从社会层面看，工厂企业的废气废料排放，城市生活垃圾处理，生活用水污染预防，共涉及9个环境审计项目，为数量最多的主要事项。从中可以看出，目前环境审计涉及面较为广泛，并且以污染治理为最主要的处理事项。

3. 环境审计项目中的整改问题。所涉及的整改问题主要是：政府部门监管不到位、环保建设工程项目未按计划开展实施、环境保护资金管理使用不规范、企业未按政策规定要求执行节能减排工作等问题。可以看出，环境审计工作较为注重事后监督审计，对已结束的环境项目开展审计，缺少在事前对环境问题的风险进行评估和考量。

（二）环境审计中存在的问题。

从以上内容可知，环境审计公告结果在数量和涉及的内容范围两个方面都呈现正面扩张效应，将生态建设和环境污染的治理两项内容确认为审计的重点内容，反映出我国当前环境审计方向明确，这对我国环境治理工作的推进和环保政策的落实起着积极的促进作用。但同时也存在实施依据不足、绩效审计类型偏少、审计方法不恰当等问题，妨碍环境审计服务城市可持续发展的进程。

1. 环境审计实施依据不足。环境审计的有效实施，依赖于强有力的理论支撑及法律依据。《中华人民共和国审计法》作为我国环境审计实施的依据，仅在审计机构对资金收支的监督原则上作了明确的规定，而对于环保治理、生态建设相关的原则,环境绩效的评价和鉴证则没有作出明确的规定,从而导致环境审计机构主要以环境保护资金作为载体开展环境审计工作,审计的内容和范围受到了限制。另外,环境审计工作缺少审计准则规范,没有专门针对环境审计制定准则,审计人员只能参考其他类型的审计准则,而环境审计与其他审计类型在对象、标准、实施程序上有较大的差异,增加了环境审计的难度和风险。

2. 环境绩效审计较少。从审计项目的类型构成来看,绩效审计相关项目类型占比最低,仅占总体的 5.26%,而环境财务审计项目和环境合规性审计相关项目占据了主体地位。在环保专项资金审计的合法合规性及征收管理使用过程存在的相关问题上,环境审计机构过于偏重,从而造成了对环保专项资金使用的经济性和效益性的评价力度及方式的不足;审查环境建设项目的投入、建设、运营情况,却未对环境建设项目的可行性、能否符合成本效益原则进行评价。对环境绩效审计的忽视,使得环境审计更偏向于对问题的直接描述,未发挥环境审计应有的预测和促进作用。

3. 审计方式方法落后。目前的环境审计常常被认为是政府环境部门开展的环境检查或者是对环境保护项目的一般性经济审查,审计方法也采用类似于传统审计惯用的函证询问、账证核对的方法。对于不同对象的环境审计项目缺少专业性的分析和适用的环境评估技术,很难专业全面地分析评价环境项目数据,降低了审计工作的效率效果。

4. 审计问题屡查屡犯。审计署公告结果显示,提出的问题较为集中,而且相同的问题在不同的环境项目中多次出现。尽管被审计单位对提出的问题进行了整改或者正在进行整改,但由于环境保护意识薄弱、守法成本高、追责和惩处力度不够等原因,使得被审计单位会出现屡查屡犯的问题。

二 环境审计服务城市可持续发展的路径选择

(一)提高环境审计制度体系建设

环境审计体系的完善包含两个方面的主要内容:一是环境审计法律法规制度的完备性及合理性;二是环境审计准则及审计规范的全面性和高效性。目前就我国的环境审计制度体系来看,还存在审计实施依据不足、体系建设不够健全的问题。审计署可以根据行业规范和审计准则,结合环境审计工作的特点制定《环境审计操作指南》，对环境审计工作的目标、业务流程、实施步骤等作出明确规定，以规范环境审计程序并加强环境审计工作质量控制。完善环境审计制度建设体系，审计机关才能从制度上明确自身在环境审计工作中的监督权，依法对审查出的环境审计问题进行追责处罚，规范审计机构在环境审计监督中的合法性和权威性。

（二）拓展环境审计的内容和方法

我国环境审计内容和审计方法较为单一，主要参考传统审计模式下的审计实施过程，未能应对复杂多变的各种环境问题。为迎合生态城市和生态文明建设发展的要求，坚持服务城市可持续化的原则，应努力在原环境审计内容的基础上进行丰富增修，同时创新审计方法。在内容上，全面推行环境绩效审计。环境绩效审计区别于传统的审计，在于其基于绩效审计内容的基础上，将环境因素引入其中，实现其审计内容的经济性、效率性和环境性的结合并重，同时，环境绩效审计将更加注重环保资金的投入产出效率以及环境管理效果的评价；在审查环境建设项目的投入、建设、运营情况的基础之上，更加注重项目的成本效益原则、是否达到项目的建设目标。在方法上，充分利用先进的信息技术手段。将信息技术手段与环境审计相结合，可以快速获取所需要的信息，同时大大提高信息的真实客观性，有利于环境审计工作效率效果的提高。

（三）强化环境审计结果执行

一般认为，环境审计查证问题频繁发生，并且呈现屡查屡犯的趋势，其主要原因在于环境审计结果的执行力度不够，往往执行不到位，未能充分利用审计结果的参考价值。要强化环境审查结果的执行利用，一方面可以通过对环境审查公告制度不足的完善修改，创新制度建设，同时对其内容进行丰富、范围进行明确、公布方式进行有效性和合理性评价，提高审计结果的透明度。社会公众通过查阅审计公告了解环境审计状况，提高生态环境保护意识，并共同参与到环境保护的政策执行监督中，提高审计结果执行的效率水平。此外，可通过对环境审计结果的责任追究机制的完善，加大对违规失责的处罚力度。以往轻追责、轻处罚的管理模式，不利于被审计单位接受并执行审计结果，且形成了违法成本低下的状况，进而导致部分企业宁愿违反政策规定破坏生态环境也不愿意执行审计结果，并对问题进行整改。通过提高违法成本，促使违法主体从经济利益的角度自觉修正生态破坏的行为，促进环境审计结果的执行。

总而言之，生态城市的建设少不了生态美学的引导，也少不了环境审计的保障，两者互为补充，才能保证务虚与务实结合，理念与制度结合，从而扎实稳步地推行生态文明建设。

第六章
与天地精神相往来
—— 杭州城湖共生模式的生态美学启迪之二

第一节 关注生态，是当代人的责任

每一种文明，最后的承担者，都是人。

狩猎文明时代，人是自然人。因为能力有限，只能臣服于自然。

农业文明时代，人是道德人。他们自给自足，重义轻利，但弱化了经济发展的原动力，禁锢了人们的思想，不利于社会发展。

工业文明时代，人是经济人。他们崇尚经济，努力追求自身利益最大化，结果跨进物质的天堂，却陷入精神的深渊，而地球也难以承担重负。

生态文明时代，人将是生态人。他们善于处理人与自然、人与社会、人与自我关系，保持良好生命存在状态的人。他们的价值观，包括了三个层次：自然生态平衡、社会生态平衡和个人身心生态协调发展。

所以我就画了这个同心圆（见图6—1），第一圈是人与自我，第二圈是人与社会，第三圈是人与自然。目前自然生态平衡出了巨大问题，其原因是社会的畸形发展。再追究一下，社会失衡与我们心灵生态失衡互相牵制。因此，我们的终极目的，是让人身心健康，社会井然有序，人与自然和谐相处。和儒家一样，先修身，再齐家，最后治国平天下。具备这种价值观的人，才是人类的希望所在！

这五个区域分别代表五行，即金木水火土。拿第一圈来说，自强是"金"，坚忍不拔；自主如"木"，根据自己的优势发展；自乐如"水"，让人从容淡定；自爱如"火"，让人自信自尊；自律如"土"，厚德载物。这与传统的五行不太一样。我觉得，人的内心要有这五种特质，必然身心和谐，百折不挠。而三个圈中，同一区域的各项又有关联。比如自爱、仁厚博爱、天人合一，其内在联系是，自爱者能爱人，并扩展开去，关爱世

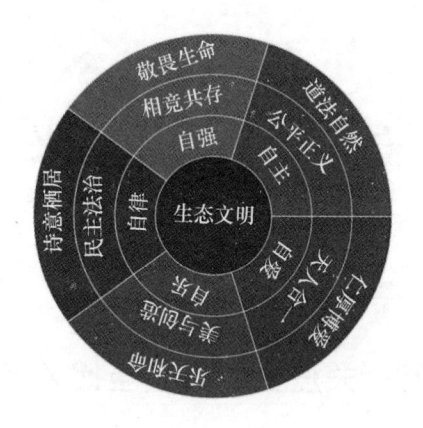

图 6—1

间万物。

　　改变价值观？听起来很难，但并非不可能。人类历史上，价值观一直在变动。你或许会觉得，认为义务制教育、男女平等、选举权之类，都是自然秩序的一部分，以前一直是，将来也会一直都是。然而在一百年前的清朝，这一切都是不可思议的。现在世界上最聪明最有远见的脑袋，都在思考生态问题。所以改变是必然会到来的。

　　而且走向生态文明，已是全人类共同的心愿，也是唯一的选择。

　　贾雷德·戴蒙德在《崩溃：社会如何选择成败兴亡》中写道："由于当前的人类过着不可持续发展的生活方式，不管用何种方法，世界的环境问题都必须在今天的儿童和青年的有生之年得到解决。唯一的问题在于，是以我们自愿选择的愉快的方式解决，还是以不得不接受的不愉快的方式解决，如战争、种族屠杀、饥荒、传染病和社会崩溃，等等。"

　　所以，21世纪对于人类而言，是一道深深的峡谷，涧水汹涌澎湃，乱石穿空，惊涛拍岸。我们人类就坐在一条木筏上，在浪涛和暗礁之中前进，越来越快，越来越急。这些暗礁，有人口爆炸、全球变暖、资源耗竭、环境污染，等等。如果我们能平安穿过，峡谷过后，我们将进入生态文明，那是一片开阔的水域，风平浪静，景色优美。要是不能穿过，或许21世纪将是人类文明的最后一个世纪。在这个紧要关头，我们应该挺身而出，大声疾呼。不要轻视自己的力量，众多呐喊声汇在一起，就形成了改变世界的惊天巨浪！

第二节　城市环境危机的深层根源

城市环境危机的根源在于人的心灵、社会、自然全面失衡，三者互相影响，造成恶性循环。只抓环境治理，那就像身上长疮，不去深层杀菌消炎，只用刀将表面的脓疮挖去，问题并不能根除。其根源是人类的精神生态危机。正如万书元所说："生态的终极问题仍然是人的问题。人是生态的初始责任者，也是最后的责任者。"[①]

那么，人类的心灵、社会、自然全面失衡的根源，又在哪里呢？我们必须从工业文明的发展开始讲起。

大约在18世纪，工业文明率先在西欧出现，继而蔓延至全球。这是继农业文明之后，人类文明发展的第二次巨大转折。人类从狩猎文明走向农业文明，其间跨越数个世纪，伴随着许多危机，最终趋于稳定，并形成一套与之相适应的道德体系和社会规范。而农业文明向工业文明过渡时，人们开始在城市里定居，离开了原先的生活场所，原有的体系和规范也不再适用，而新的体系和规范尚未完全建立，所以人类身处巨变之中，心灵出现了一定程度的失衡。

大城市的崛起、城市化的进程、人口的剧增、快捷的交通、消费社会、依赖于以矿物燃烧为主的能源体系，成为工业文明的主要特征。工业文明的幕后推手是商人群体，他们为工业生产提供资金和市场，"通过科学技术来控制、改造和驾驭自然过程，创造出在自然状态下不可能出现的产品"[②]。为了赢利并击败对手，商人对生产速度、运输速度、通信速度不断提出新的需求。而远离自然、社会劳动分工、工作生活快节奏，是提高生产效率的重要手段，而恰是这三者，引起了人类心灵巨变和失衡。

一　与自然的疏远

在农业时代，人处在与自然的亲密交流之中。春暖花开，万物复苏，农人撒下种子。此后精心侍弄，除草、施肥、浇水。种子慢慢萌芽，在春日暖阳之中伸出芽儿，长出叶片，开出花朵，结出果实。等到夏天的阳光

[①] 万书元：《生态美学的性质及其意义》，《江苏社会科学》2004年第2期。
[②] 杨通进编：《生态十二讲》编者序，天津人民出版社2008年版，第2页。

和雨水注入到果实中去,它就快速膨胀,酿出满腹的甘甜。春种夏耘秋收冬藏,人的劳动,都是和季节运行相一致的。中国向来是农业社会,所以发展出的哲学,也充满了农民的思维。儒家认为,人要想生存,必须循天而动,不能逆天而行。而且自然万物相依相存,同属宇宙整体,内外相通,并无物我之分。于是人不仅要爱人类,还要爱万物,帮助天地之化育,就像勤浇水帮助植物生长一样,这样才能屹立于天地之间。

而到了工业时代,人与大自然却产生了隔离。美国作家理查德·洛夫在20世纪80年代开展的一项调查中发现,儿童喜欢待在家里,认为:"我更喜欢在屋里玩,因为到处都有电源插座。"作者特意创造了一个专有名词:"自然缺失症"(Nature-Deficit Disorder)来描述这种可怕的景象,在《林间最后的小孩》一书中,作者列举了大量的数据,用以说明这些年我们为了避免孩子们和自然接触到底付出了多大的代价——我们的孩子正在日趋枯萎,他们不能感受到青草的芬芳而沉醉于人工合成香精的味道,他们拒绝聆听溪水潺潺而沉迷于流行歌手的靡靡之音,他们开始厌恶在丛林里追逐玩耍而一头扎到电子游戏构成的虚拟世界中不能自拔。而且,他将儿童肥胖率、儿童多动症、忧郁症及其他心理疾病发病率同孩子们"在外面玩得少"这种小事联系起来。

不仅小孩,大人也是如此。面对工业时代的心灵问题,许多心理学家开始在心理学研究中引入生态学的内容,重新思考人与自然的关系。格式塔心理学家勒温注意到心理研究要与生态环境相联系,提出要在"生活空间"里研究人的心理。所谓生活空间,是指"把人及其环境看做是一种相互依存因素的结合",并区分了物理环境和心理环境,认为物理环境是独立于人而存在的自在环境,而心理环境则是"被人的心理所觉知到的、被人的心理所理解到的、被人的心理所创造出的、被人的心理所把握到的环境"。在完形心理学看来,人的心理与环境是密不可分、整体有机的,人与自然环境构成一个统一整体并产生新的格式塔,同时也是一种新的心理品质。自然可以促进心理成长。人类的心理现象和自然环境本是密不可分的,正是自然参与人的心理建构,人类的心灵才变得丰富和充盈。

二 劳动分工造成人的异化

劳动分工包括了行业分工和劳动过程的分工,两者都对人的心灵造成影响。

先来看行业分工。爱默生讲过一个神话。据说在创世之初，众神把"人"分成了"人群"，以便能更好地照料自己。于是人们开始分工，有的做农民，有的为工人，有的当作家，如此林林总总，各司其职，使社会和谐运转。这就好比一只手分成五指之后，手就更为灵巧能干。

所以，既然大家同气连枝，自然是人人为我，我为人人，四海之内，皆为兄弟。"然而不幸的是，"爱默生写道，"这原初的统一体，这力量的源头，早已被瓜分得不成样子，而且被分割得越来越细，就像泼开的水滴，再也无法聚拢。社会正处于这样一种状态：其中每个人都好像从躯体上锯下来的一段，它们昂然行走，形同怪物——比如一截手指、一个头颈、一副肠胃、一只臂肘，但从来不是完整的人。"

于是农民、农民工等自视为"弱势群体"的人，很少会有昂然的自信，也感觉不到工作的真正尊严。因为农民只看到麦田和锄头，此外一无所有。农民工只看见砖头和水泥，此外一无所有。于是他们不再是整体中的一员，而是降级成了一柄镰刀、一把铁锹。而收入较高的职业，也使从事其中的人异化了。律师成了法典，机械师变成了机器，商人成了一串数字。彼此分开，难以融合。人与人之间日益异化和疏远。冷漠成了现代社会的一大弊病。

而劳动过程的分工，进一步加深了心灵的失衡。

在农业社会中，尽管也有行业之分，但工作过程都由个人完成，比如农民从春种到秋收，裁缝从裁布到缝制，铁匠从铸铁到打制，都是单干的，自己就能看到成果。黑格尔曾从《荷马史诗》里举过一系列的例子，证明一些著名英雄都在进行生产劳动：

> 例如阿伽门农的王杖就是他的祖先亲手雕成的传家宝；奥德修斯亲自造成他结婚用的大床；阿克琉斯的著名兵器虽不是他自己的作品，但也还是经过许多错综复杂的活动，因为那是火神赫菲斯托斯受特提斯的委托造成的。总之，到处都可见新发明所产生的最初欢乐，占领事物的新鲜感觉和欣赏事物的胜利感觉，一切都是家常的，在一切上面人都可以看出他的筋力，他的双手的灵巧，他的心灵的智慧或是他的英勇的结果。只有这样，满足人生需要的种种手段才不降为仅是一种外在的事物；我们还看到它们的活的创造过程以及人摆在它们

上面的活的价值意识。①

黑格尔的意思是说，通过自己的双手和智慧或勇气，创造出自己所需之物，人就"感觉到它是自己创造的，因而感觉到所要应付的这些外在事物就是他自己的事物，而不是在他主宰范围以外的疏远化了的事物"。也就是说，人通过创造，将自己的一部分融入创造物中，于是感到亲切、满足，并且获得自信和内心的和谐。

但随着商业的发展，在18世纪的欧洲，大城市中的人口数量迅速上升，原有的单干制效率太低，迅速被大工厂中的生产流水线取代。在福特公司，工作场所被科学地布置，工作被分成无数个细节，工人则被严格训练，像机器人做着一个重复性的工作。这样一来，生产效率大大提高，但问题就浮现出来了：人沦为社会机器上的一个零件。

> 如果一个人感到自己只不过是一部大机器中的一个齿轮，磨损了可以更换，所以没了他机器也能照样运转，而他和他的行为后果发生接触只是靠着统计数字、图表或他的工资单的方式——那么他的责任感当然就随着他的无依无靠之感的增加而以同样的速度减少。②

因为工人不能参与决策，也看不到最后的成果。他们会感觉，产品的生产与自己并无多大关系。于是责任心的下降程度，显然超过了行业分工。而且不光是工人如此，决策层的专家们也不例外，他们只能通过一些模糊的信息作出判断和决策，无法控制决策的成败。教育者教书育人，但并不知晓自己的学生到底掌握了多少知识，日后能否成才。也就是说，整个社会中，除了一些从事农业或艺术的人士，绝大多数人都陷入这种泥沼，没有选择的自由，也看不到工作的意义，失去了对客观世界的主宰，也失去了心灵的满足感。

诗人席勒便看到了现代性的危机。他在《审美教育书简》第六封信

---

① [德]黑格尔：《美学》，转引自朱光潜《西方美学史》（第二版），朱光潜译，人民文学出版社1979年版，第488—489页。

② [德]阿诺德·盖伦：《技术时代的人类心灵》，何兆武、何冰译，上海科技教育出版社2003年版，第51页。

中写过这样的真知灼见：

> 近代社会是一种精巧的钟表机械，其中由无数众多的但是都无生命的部分组成一种机械生活的整体。……永远束缚在整体中一个孤零零的断片上，人也就把自己变成一个断片了；……他不是把人性印刻到他的自然上去，而是变成他的职业和专门知识的一种标志。就连把个体联系到整体上去的那个微末的断片所依靠的形式也不是自发自决的……而是由一个公式无情地严格地规定出来的。这种公式就把人的自由智力捆得死死的。①

当一个人感觉自己无法控制自己的生活，也无法改变别人对自己的看法，对于世界也无能为力，内心会产生无力感、无用感、自卑感，这种情绪长期淤积于心，就会形成空虚感，甚至绝望感。所以工业文明时代，空虚、抑郁成为头号的心灵疾病。尤其在两次世界大战之后，所有人都陷入困惑。好战分子毕竟为数很少，绝大多数人不喜欢战争，但战争却不以人们意志为转移，一旦爆发，迅速蔓延至全球，直到一方惨胜才算告终，带走了数千万人的生命，这让人们感到空前的无力。所以二战之后，嬉皮士盛行，也在情理之中。

三 生活节奏的加快

在农业社会，忙碌都是暂时性的。大多数时间，农民的生活相对而言是悠闲的。因为庄稼、家畜都有自己的生长规律，只有遵循规律才会有收获，拔苗助长只会自食恶果。因此，农民墨守成规、节奏缓慢，可以一边干活，一边享受悠闲。手工坊中的手艺人也一样，注重质量而非速度，所以做事张弛有度。

在欧洲，中世纪之后，商业发展起来。商人追求利益，认为提高生产效率、加快运输速度、创造新产品，才能节约成本，加快商品流通，在市场上占据优势，击败商场对手。随着大城市中人口增加，劳动合作出现，效率开始提高，商人们尝到了速度的经济价值，于是一发不可收拾。他们为工业革命提供资金，为新产品创造市场。于是工业革命在这种风气中开

---

① ［德］席勒：《审美教育书简》，张玉能译，译林出版社2009年版，第14—15页。

始了。

而蒸汽机的发明是一个新时代的标志。人类借助蒸汽机车，不断刷新速度的纪录，拉近了世界的距离，征服了距离和时间。这让人类欣喜不已，但歌德却有疑虑，他在1825年就忧心忡忡地说："这些年轻人高兴得太早了，他们马上会被卷入时间旋涡里去。人们发明铁路、邮政快递、蒸汽轮船等交通工具的目的是为了要实现人类的梦想，建立一个新世界，但是这种过度利用最后只能走向平庸。"

不过世人并没有理会他的话，更高、更快、更强，是人类的追求。火车越来越快，轮船越行越远，城市中出现汽车，大厦里出现电梯，通信设备出现，一切都是为了提高速度，节约交通时间，以便增加工作时间，创造更多财富，改善自己生活。城市里的人在这种氛围的带动下，习惯于快速思考和办事，生活在速度的旋律中。

这种社会和生活的全面加速，对于人类心灵的影响也是巨大的，紧张和焦虑不可避免。

> 1880年左右社会观察学家就已经发现，当时人们日常生活中充满了紧张和焦虑，他们认为整个社会都开始紧张不安，甚至连医生也反映社会中的神经衰弱者越来越多。社会分析家分析了不同的原因，最终大家一致认定，生活的大幅度加速才是社会焦虑的罪魁祸首。[①]

其实速度快，还不足以造成严重的心理问题。因为如果忙而有序，倒让人充实愉快。进入21世纪以后，随着信息时代的全面到来，人类的工作和生活出现了另一种弊病，就是随时会被打扰。以前上司交代任务，由于通信不便，信件来往之中，我们有充足的时间完成。而如今随着手机、电子信箱的出现，我们随时有可能被安排紧急任务，并且打乱原有的计划。长此以往，内心就会惴惴不安，感到极大的压力。

> 从生理的角度看，一个处于压力下的人，身体分泌出大量的压力荷尔蒙，其中以肾上腺素和皮质醇最为重要。肾上腺素使身体处于一

---

① [德] 彼得·博夏德：《为什么我们越来越快》，佟文斌译，中国人民大学出版社2009年版，第82页。

个"动员备战"的状态,使心跳加速,交感神经系统活跃,意识警觉,随时准备应付威胁的出现;皮质醇的作用是加速体内的蛋白质分解,以补充作战所需的能量消耗。

但是,长期产生大量的肾上腺素和皮质醇,对身体的伤害很大。肾上腺素过量,令心脏过度负荷,引起肾病、神经衰弱、脾气暴躁、失眠等。皮质醇则引起身体的衰弱。此外,肾上腺素也抑制了许多在生存遇到威胁时变得不重要的身体功能,例如消化系统、学习和记忆功能等。长期处于压力之下,容易造成人际关系紧张、工作效率下降、学习能力退化等,这样又造成新的压力,于是产生了恶性循环。①

归结起来一句话:我们的神经资源非常珍贵,应该用在关键时刻。就像我们走在森林里,危机四伏。这时我们的头脑高度警惕,身上肌腱绷紧,一遇险情,可以立即做出反应。但如果我们走到安全地带,一定要松弛下来。否则,无用的紧张,就是对神经资源的浪费。这就好像你去银行提了一万块现金,但一出银行门,就扔进街边的臭水沟。长期的紧张,就会透支生命,诱发各种毛病。

四 消费主义的出现

在20世纪20年代,大家还在为各种可以提高效率的设备而欢呼。他们期望科技改变生活,让更多的机器进入家庭,从而节省出时间,参加休闲和享受。但后来的发展却事与愿违:"通过急速的生产和加速的流通来摆脱时间的紧迫,被实践证明是骗人的。"② 因为生产出来的东西必须被消费,才能促进再生产,而消费的义务,又落到了人类头上。

于是消费成为一种责任,受到了大肆鼓吹。在二战后开始富裕的美国,销售分析家维克特·勒博宣称:"我们庞大而多产的经济……要求我们使消费成为我们的生活方式,要求我们把购买和使用货物变成宗教仪式,要求我们从中寻找我们的精神满足和自我满足……我们要消费东西,

---

① 李中莹:《重塑心灵》,世界图书出版公司2006年版,第143页。
② [德]彼得·博夏德:《为什么我们越来越快》,佟文斌译,中国人民大学出版社2009年版,第182页。

用前所未有的速度去烧掉、穿坏、更换或扔掉。"西方发达国家的民众率先响应，并渗透到社会价值之中，形成了所谓的消费主义，而这不仅影响了人类的心灵，还造成了生态环境的破坏。

而民众除了响应政府的号召之外，其内在的需求，也是促成消费主义的重要原因。一般而言，除去满足生存这一基本需求外，消费主义还源于以下的几种需求：

第一，安全的需要。

安全感是指与恐惧感相对应，在摆脱危险情境或受到保护时所体验到的情感。现代人对安全感的追求超过以往任何时期。对安全感的追求大约可分为两种形态：一是通过自身价值的提高与成就的获得，体验到一种内在的安全感；二是借助于一些外部手段或方式而获得某种外在的"安全感"。我们认为，前一种形态可以使自己得到真正的内心宁静，即获得真正的安全感；后一种形态则如饮鸩止渴，在获得表面安全感的同时，内心则更为空虚而恐慌。不难发现，这种以"包装"为主要手段的追求安全感的方式，物化为具体行为之时，往往就是那些畸形的消费行为。

那些在生活与事业中蒙受挫折，对自己把握世界的能力缺乏信心而又对此不甘心的人，常常试图通过疯狂的购物行为来证明自己还存在这种能力。因为，在购物过程中，只要他们具有足够的金钱，他们就可以随心所欲，任意支配一切，而不会有任何挫折，在购物的那一瞬间，甚至有一种自我实现的"顶峰体验"。如果我们了解了这一点，就不难理解那些内心空虚，在生活中体验不到任何成就感的阔太太们为什么那么热衷于疯狂地购物了。

第二，自尊的需要。

其实在消费社会中，更为吊诡的是，通过了各式各样的广告宣传，消费居然和社会身份相挂钩。其原因在于人对归属和尊重感的需求上。和上文获得安全感一样，获得自尊也有两种办法，一是获得真实的成就，二是通过外在的装饰。在消费社会中，若想得到别人的承认和尊重，有时可以通过消费来实现。于是，消费买来了某种象征。西方消费心理学家早就发现，那些价格极为昂贵的名牌轿车和名牌服装最狂热的追求者，往往并不是那些豪门巨富，而是那些尚未跻身于但又急欲进入富翁行列的人们。为了证明自己的富有，为了证明自己的能力，表明自己不再与贫穷为伍，他们常常以超出自身承受能力的代价，去满足一种虚幻的尊严感，以此显示

自己的身份。德伯顿曾在《身份的焦虑》中对此有过深入的阐释，他认为，

> 近代身份理想是工业生产和政治组织发展的产物，而后两者都是发端于 18 世纪后半期的英国，然后扩展到整个欧洲和北美洲。报纸和电视节目所灌输的物质至上主义、企业家精神和物质精英论，都反映了那些控制整个经济体系的人的利益，而普通大众则需要依赖这个经济体系来养家糊口。①

于是普通大众也都被卷入消费浪潮之中，而这种需要是没有止境的。目前在我国消费者中颇为盛行的"攀比性消费"就是这种心态的典型表现。这种消费最大的特征是并非直接指向正常的物质需要与精神需要，而是试图经由外在包装而使自己获得具有某种能力、某种地位的安全感。当奢侈品成为必需品，又产生新的消费欲求。

而对于人类的心灵而言，幸福的要素除了生活的富足，就是闲暇和人际关系，还有与大自然的接触。大众在忙碌于挣钱与消费，却没有时间休闲，也没有时间好好经营爱情、亲情、友情，陷入了一个令人焦灼不安、欲壑难填的怪圈。其结果是不仅影响了心灵生态的平衡，也对自然生态造成了毁灭性的影响。

> 描述消费者社会的增长轨迹的上扬消费线，是环境危害高涨的指示剂。消费者社会对资源的掠夺性开发，具有耗尽、毒害或不可更改地损害森林、土壤、水和空气的危险。②

于是，社会上对消费主义的质疑声日渐加剧。但一遇经济衰退，政府便苦口婆心，恳请大众消费，拉动内需，其内在的逻辑是，没有人购买，就没有销售，没有人销售，就没有人工作。但是，"如果过度捕捞或水污染杀死大批水产品，渔民将处于无所事事的状态；如果频繁发生的旱灾毁

---

① ［英］德伯顿:《身份的焦虑》，上海译文出版社 2009 年版，第 212 页。
② ［美］艾伦·杜宁:《多少算够：消费社会与地球的未来》，毕聿译，吉林人民出版社 1997 年版，第 6 页。

坏了庄稼，杀死了牲畜，农民将抛弃他们的土地；如果空气污染、酸雨和气候带移动破坏了森林，伐木工将没有多少树木可以采伐……——简言之，商业在一个行将就木的星球上将没有什么进展。这些启示证明，部分人的失业并不是一个反对降低消费的理由，就如同武器工业工人的失业不是一个反对和平的理由一样"[①]。

我们可以说，我们面临的问题，其实不是一个自然生态环境如何保护宇宙自然中的生命、如何拥有生存权利的问题，而是人如何更好地生存于他所生活的世界上，与世界和谐共存的问题，也是人如何在他所生活的世界上实现自身价值和意义的问题。

综上所述，工业时代让人远离自然，劳动分工让人缺少成就感，节奏加快使人心灵紧张，最后想在消费中获得尊重与安全，却走错了路，心灵没有得到充实，反而造成消费社会，进而导致资源过多消耗。

如何解决这一系列问题，生态美学作为一种存在论美学观，给出了一个答案。

第三节　生态美学：物我交融的身心抚慰

程相占对生态审美与传统审美的区别进行了辨析。他指出，对于"审美"二字，商务印书馆版《现代汉语词典》的解释是："领会事物或艺术品的美。"按这样的理解，"审—美"属于动宾关系，是"审美主体"对"审美客体"的欣赏和领会，这是典型的主客两分思维。而一般认为，主客两分是人类中心主义的根源，与生态危机存在莫大的关联，而生态审美则是超越主客两分，达到主客相融，使人与万物建立亲和关系。[②]

当代著名美学家阿诺德·柏林特提出了"交融美学"（aesthetics of engagement），对传统审美进行了反思：

> 交融这一概念囊括了语境美学的这些特征。审美交融宣告放弃传统美学中欣赏者与艺术对象之间、艺术家与观赏者之间以及表演者与

[①] [美]艾伦·杜宁：《多少算够：消费社会与地球的未来》，毕聿译，吉林人民出版社1997年版，第77页。

[②] 程相占等：《生态美学与生态评估及规划》，河南人民出版社2013年版，第76页。

诸如此类的要素之间的分离。传统美学施予欣赏者与艺术对象之间的心理距离是一个障碍，它阻碍了艺术所鼓励的分享式的参与。同样地，我们在其他一些因素中习惯性地制造出的分歧也易引起拘束和反对。相比之下，在审美交融中，边界消失了，我们直接亲密地体验这种连续性。那些把审美距离的一些先见搁置一边、而又舍弃隐含在传统审美理论中的形而上学二分的人或许会发现，对于艺术和自然美的最充分、最强烈的体验，显示出人们对于审美的惊愕与脆弱的密切的全神贯注。①

通过审美交融这种主客合一的审美方式，"天人合一"才有可能实现。因为"天人合一"是以恬淡、静虚的心境，将自身消融于自然之中，达到无我、不隔的境界，获得内心的安宁和精神的愉悦。

一　生态美的精神抚慰作用

伊恩·伦诺克斯·麦克哈格在《设计结合自然》中，曾说起自己的亲身经历。二战时，他在意大利担任军官，被卷入残酷的战争，日夜受着炮击、轰炸、烟幕弹的袭击。"整日、整周、整月不断地战斗，白天无法睡觉，夜里战斗交火，从一个洞穴转移到另一个洞穴，寒冷、潮湿而泥泞。"这时，他迎来了两周的休养，去了索伦托半岛（Sorrento Penisula），"乘一条小帆船，整日地在寂静的海湾中航行，只听得风吹满帆，只听得船身轻轻的声响"，抚平了心头战争的创伤。

战后，他患上结核病，在隔离所待了六个月，变得形容憔悴，内心痛苦，焦虑自卑，于是来到瑞士的疗养院。在那里，他们"离开了生机勃勃的花坛，从一片梯田式葡萄园的嫩叶中通过，进入了高处春光明媚的草地和鲜花盛开的田野，顷刻之间，鹅毛大雪纷飞并开始集聚起来，远处山峰白雪皑皑，在冬日的天空中耸起"。在大自然的滋养中，他的身心很快恢复了健康。

这两段经历让他由衷地相信："阳光、大海、鲜花盛开的果园、山岭

---

① Berleant, Arnold, *Aesthetics and Environment*, *Variations on a Theme*, Aldershot: Ashgate, 2005, p. 152.

和积雪、落英缤纷的田野，对于精神和肉体显然是都起作用的。"①

其实，这对于中国人来说，算得上是常识。柳宗元被贬永州之时，写过八篇游记，其中《始得西山宴游记》一文说出生态美的心灵抚慰作用。

在此文中，他先说自己因参加王叔文集团而遭贬谪，心中忧惧难安，公务之余，便偕同友人游山解闷，时间一久，便以为州中名山胜水，他都游览遍了。但这一日，他坐在法华西亭，远眺西山，觉得山势奇异，于是"攀援而登，箕踞而遨"，等到登临高境，发现"数州之土壤，皆在衽席之下"，于是感到"悠悠乎与颢气俱，而莫得其涯；洋洋乎与造物者游，而不知其所穷。引觞满酌，颓然就醉，不知日之入。苍然暮色，自远而至，至无所见而犹不欲归。心凝形释，与万化冥合"。

这时，柳宗元置身于颢气之中，洋洋乎神游无涯，不知所穷，这是以身心体现了逍遥物外、深幽无穷的"道"，并感觉自身已与万物浑然一体。这正是庄子"无视无听"，忘却物我，与天地和的境界。在这种体验中，他受挫的内心得到了极大的抚慰。

白居易在《庐山草堂记》一文中，还将自然带来的精神抚慰分为三个阶段。

> 乐天既来为主，仰观山，俯听泉，旁睨竹树云石，自辰及酉，应接不暇。俄而物诱气随，外适内和。一宿体宁，再宿心恬，三宿后颓然嗒然，不知其然而然。

显而易见，其第一阶段，是身体的惬适舒畅（"体宁"）。第二阶段，是内心的恬然自适（"心恬"），这也契合《寿世保元》所说的"养内者，以恬脏腑，调顺血脉，使一身之流行冲和，百病不作"。第三阶段，是"颓然嗒然，不知其然而然"，这就接近庄子"坐忘"的境界了。

这种方法在当代被广泛使用，并冠以"森林疗法"、"荒原疗法"等名称。对于"森林疗法"，从自然科学的角度解释，是利用树林释放的含有芳香气味的化合物质，杀死人体内百日咳、白喉、痢疾、结核等病的病菌。同时，森林时刻散发出负离子，能促进人体的新陈代谢，降低血压，

---

① [美] 伊恩·伦诺克斯·麦克哈格：《设计结合自然》，芮经纬译，天津大学出版社2008年版，第9页。

使人呼吸均匀，并且提高人体免疫力。而且，不同的树种对不同的疾病治疗作用明显不同。所以，当我们行走在森林里，呼吸着新鲜的氧气，还有森林散发出的各种香气，对于身体大有好处。

而心理学家的研究则表明，森林疗法能有效减少压力荷尔蒙，让人前脑镇静化，交感神经活动也变得缓和，所以生理上得以放松，并产生快适感。日本森林综合研究所生理活性研究课题组发现，在"森林浴"中，人们血压下降，血红蛋白浓度也下降，人体得到一种"休闲放松的快适感"；而在欣赏樱花风景时，脉搏数和血红蛋白略微增加，感到一种"激情、觉醒的快适感"。无论休闲放松，还是激情觉醒，都是一种快适的感觉，这就是森林疗法带来的心理治疗效果。

二 生态审美的和谐性

传统的审美，一般是以艺术品为审美对象，所以这种审美的结果，是审美者的精神与作者精神之间的交流和理解，以及审美者自己与自己过往的审美经验之间的交流和理解。杜夫海纳说："如果说客体因此就表现得像一个准主体，这丝毫不能保证主体和客体有根本的亲密关系，因为这里的客体是被制造出来的物体，它把创造者的意图保留在自己身上。人们可以认为，通过审美对象，仍然是人在向他自己打招呼，而根本不是世界在向人打招呼。"[①] 而只有在生态审美中，将人与自然的关系作为审美对象，才真正审视人与世界的关系，也审视精神与物质的交往与理解，探索精神与物质之间沟通的桥梁。

不仅科学家、哲学家们将科学审美化了，而且今天的新兴科学的确发生了巨大的变化，变得越来越与艺术和审美接近。

彭锋曾对新物理学进行总结，发现以相对论、量子力学、热力学为代表的新物理学有一个共同的特点，那就是将有实体的物质消解为没有实体的能或信息，将有形有质的物质世界（the world of matter）改变为无形无质的意义世界（the world of meaning）。比如，在靴襻（bootstrap）理论看来，世界是一个相互联结的整体（a set of interconnections），而不是牛顿式的实体（entities）。用卡普拉（F. Capra）的话来说，每一个粒子都是由所有其他粒子组成的。换句话说，粒子本身是没有自性的，离开其他粒

[①] ［法］杜夫海纳：《美学与哲学》，孙非译，中国社会科学出版社1985年版，第33页。

子，这个粒子也就消失了。这种物理科学中的新的世界图景还有一个补充部分，如靴襻理论的另一位开创者杰弗里·周（Geoffrey F. Chew）指出的那样，靴襻模型意味着意识的存在在宇宙的自身一致中是必要的。这表明了意识与物理理论参与合作的明确道路。没有意识做参照，阐明量子理论的规律是不可能的。根据这个补充，在靴襻理论看来，不仅物质粒子和物质粒子之间是相互联结的，而且物质和意识之间也是相互联结的。离开周围其他粒子就不能理解某一个粒子，这个观点将被进一步扩展为离开物质就很难理解意识，或者离开意识就很难理解物质。[①]

也就是说，人的心灵与外界是相互联结的。被尊为"世界导师"的印度著名学者克里希纳穆提在其《自然与生态》一书中写道："人与自然（包括河流、树木、飞鸟、游鱼、矿藏、瀑布、池塘，等等）之间究竟是什么关系呢？……没有任何人能与世隔绝，能完全摆脱与外界的联系。我们需要和花草树木、山川河流还有林中鸟儿进行交流；我们需要同晚霞和朝露进行交流……抚平心灵的创伤，需要我们学会把自己融入大自然，把自己置身于广袤无垠的原生态，与自然界的参天大树同在，与树上的累累硕果同呼吸，与大地上的小草共语言，与云雾缭绕的高山融为一体，让心灵变得开阔，创伤自然会消失殆尽、不复存在了。"[②] 生态审美，就是在物我交融中，感受到归属之感，以及难以言传之美感。

三 生态审美过程的创造性

前文说到，每一种创造性劳动中，创造者与他的物质——组成周围世界的物质达成一致，劳动者和劳动对象合二为一，人在创造的过程中，与世界融为一体。但这一点只适用于自己计划、进行并看到成果的劳动。而一个职员，一个流水线上的工人在现代化流程中，已没有这种特性。人只是机器或官僚组织上的一环，不再是自我。人觉得空虚、无助，引发种种心理问题。所以，要想纾解这些心理问题，就要重新找回创造性。

卡西尔说："艺术家的眼光不是被动地接受和记录事物的印象，而是构造性的，并且只有靠着构造活动，我们才能发现自然事物的美。美感就是对各种形式的动态生命力的敏感性，而这种生命力只有靠我们自身的一

[①] 彭锋：《完美的自然》，北京大学出版社2013年版，第54页。
[②] ［印度］克里希纳穆提：《自然与生态》，凯峰译，学林出版社2007年版，第20页。

种相应的动态过程才可能把握。"①

创作固然是创造性劳动，而欣赏同样伴随着创造，会将自己的阅历和理解融入眼前的作品或景物中去，然后得到深深的满足。因为美从来不是天生自在的，美离不开观赏者。卡西尔在《人论》中还说："如果艺术是享受的话，它不是对事物的享受，而是对形式的享受。""形式不可能只是被印到我们的心灵上，我们必须创造它们才能感受到它们的美。"② 这些话都表明，审美活动本身，是对感性世界的发现，本质上就是一种创造。

朱光潜谈审美活动，也不断地阐述其创造性。他在《谈美、文艺心理学》中曾有一长段论述：

> 美感经验就是形象的直觉。这里所谓"形象"并非天生自在一成不变的，在那里让我们用直觉去领会它，像一块石头在地上让人一伸手即拾起似的。它是观赏者的性格和情趣的返照。观赏者的性格和情趣随人随时随地不同，直觉所得的形象也因而千变万化。比如古松长在园里，看来虽似一件东西，所现的形象却随人随时随地而异。我眼中所见到的古松和你眼中所见到的不同，和另一个人所见到的又不同。所以那棵古松就呈现形象说，并不是一件独一无二的固定的东西。我们各个人所直觉到的并不是一棵固定的古松，而是它所现的形象。这个形象一半是古松所呈现的，也有一半是观赏者本人当时的性格和情趣而外射出去的。明白这层道理，我们就可以明白直觉和形象是相因为用的。……直觉除形象之外别无所见，形象除直觉之外也别无其他心理活动可见出。有形象必有直觉，有直觉也必有形象。直觉是突然间心里见到一个形象或意象，其实就是创造，形象便是创造成的艺术。因此，我们说美感经验是形象的直觉，就无异说它是艺术的创造。③

---

① ［德］卡西尔：《人论》，甘阳译，上海译文出版社 2013 年版，第 142 页。
② 同上书，第 146 页。
③ 朱光潜：《谈美、文艺心理学》，《朱光潜全集》第三卷，中华书局 2012 年版，第 124—125 页。

所以，美离不开人的审美活动，美在意象。这个意象世界不是一种物理实在，也不是抽象的理念世界，而是一个完整的充满意蕴的感性世界。当我们真正欣赏自然风光，也是欣赏经过主观提炼过的意象世界，这时我们抛开了功利，心灵是自由的、滋润的、饱满的、豁达的，因而是健康的、富足的。

康德将这种体验成为"无功利的愉悦感"，意思是说，在整个审美体验过程中，我们见到某物而不曾想去获得它、占有它、使用它、消耗它或者从实用性上来看待它。仅仅看到它，心里便觉得愉悦。

正如席勒所说，生命意味着活动，活动越自由，则生命越有意义。我们可以这样说，当食物的缺乏驱使着它时，动物在劳动；当力量的充沛驱使着它时，它在游戏。游戏时，心灵是自由的。现代人为生存而奔忙，处处受到束缚，完全自由不得。功利心使一个人的心胸完全为利害得失所充塞，不空灵，不自由，不洒脱。我们的人生要超脱这些，才会觉得生活处处都是趣味。如果有闲暇，观赏一处景观，心灵就变得自由、轻悦，几乎能振翅高飞，飘飘然融于天地的大美之中，逍遥自在，快活无比。

海德格尔特别欣赏诗人荷尔德林"诗意栖居"的人生境界："充满劳绩，然而人诗意地，栖居在这片大地上。"所谓"诗意"的获得，就在于摒弃物质功利性的眼光，使万物在整体和谐关联中存在。所谓"栖居"，就是尊重万物自由自在，维持存在万物的浑然一体、和谐共处，这就是海德格尔的"天地神人四方游戏说"。他说："于是就有四种声音在鸣响：天空、大地、人、神。在这四种声音中，命运把整个无限的关系聚集起来。但是四方中的任何一方都不是片面地自为地持立和运行的。"[①]

这显然带有理想化色彩，在这里，人不再是高高在上，而是作为暂存的过客，站在"神"的面前，站在"天空"之下、"大地"之上，敬畏自然，和谐共存，如同李白的"相看两不厌，唯有敬亭山"，或是王维的"行到水穷处，坐看云起时""坐看苍苔色，欲上人衣来"，达到诗化生存。这都要求人类多与自然相亲近，融入自然之中，静心体会，达到身心俱宁的境界。

[①] ［德］马丁·海德格尔：《在通向语言的途中》，孙周兴译，商务印书馆2004年版，第210页。

第四节　在自然中接受美学熏陶

随着工业时代的到来，城市日渐扩大，人与自然也日渐疏离。城市的规模越大，建筑物越多，距离山林湖海则越远，人与自然的亲近也越难。于是人们勾起了对自然野趣的强烈眷恋，要求以主人身份重新回到大自然这一人类故乡。

最好的办法，当然是定期出游，行走在高山旷野、绿水幽溪之中，感受身心与自然的融合。

历代文人读万卷书，必然要行万里路。他们好游名山大川，山川开阔了他们的心胸，他们也点染了山川的美景，比如李白之于庐山，杜甫之于泰山，范仲淹之于洞庭湖，苏轼之于西湖，都可谓是千古之佳话。

不过，中国人对于自然生态美的发现，其实有一个过程。就拿诗歌与绘画来说，最初的作品，都专注于人事，而自然都是作为陪衬。一直到魏晋时期，自然生态美才引起重视。宗白华曾说：

> 晋人向外发现了自然，向内发现了自己的深情。山水虚灵化了，也情致化了。陶渊明、谢灵运这般人的山水诗那样的好，是由于他们对于自然有那一股新鲜发现时身入化境浓酣忘我的趣味；他们随手写来，都成妙谛，境与神会，真气扑人。[①]

而魏晋时代之所以发现了自然美，其根本原因，是当时的人精神得以解放，又从自然中得到相应，以自然来滋养自己活泼自由之心。"这种精神上的真自由、真解放，才能把我们的胸襟像一朵花似的展开，接受宇宙和人生的全景，了解它的意义，体会它的深沉的境地。"[②] 作为现代城市人，若想得到心灵的自由，也不能与自然脱离联系。仰观日月星辰，俯察鸟兽虫鱼，感到人与万物的生机，就能得到"浑然与物同体"的快乐。

我身为人父，时常带小女回老家乡村，拔草、种树、收割蔬菜，即便什么活儿也不干，就在山路中行走，一路看竹林、池塘、溪流，以及各类

[①]　宗白华：《意境》，北京大学出版社 1987 年版，第 131—132 页。
[②]　同上书，第 132 页。

的野花，就有无限的乐趣。偶尔闲下来，去宁静的大山里留宿，去海边看湛蓝的海面与天空，就能感受到最纯正美好的自然。我坚信一点，现在的旅行，会在她脑海中留下一个个清晰的意象，诸如一座山，一道水，一片云，一枚叶，一挂瀑，现在或许不在意，但日后回忆起来，却极为甜美，成为生命的底色。

于是，我曾写过这样的文章，题目就是《遇见萤火虫，遇见真正的童年》：

村外有个池塘，生满芦苇和菖蒲，塘埂没人打理，野草就蓬蓬勃勃。夜里，爸爸带上小如，打着手电，去池边找萤火虫。到了芦苇丛，把手电一灭，四周陷入彻底的黑暗。眼睛适应了，能看见水面上微微的白光，还有群山黑黢黢的轮廓。风吹动芦苇的叶子，沙沙地响。四周好安静，但还不到群蛙乱鸣的时候。这还是端午节。

"爸爸，我怕。"

"快看，萤火虫！"

草叶上微光闪烁，再细看，四处也是星星点点。于是两个人蹲下去观察，不料惊起一点流萤，高高飞起，直飞入槐荫中去。他们抬头去看，萤火虫消失了。小如指着高天。"看，飞出来了。"果然，树冠旁边，藏蓝的天宇中，有一点亮光，明朗朗的，出奇的大，而且不动，原来是北斗星。小如也发现了，就呵呵地笑。又指向村口的一盏路灯。"这是萤火虫吗？"又指指亚安家的窗灯。"这是萤火虫吗？"

"嘘。"爸爸将小如抱紧。一只萤火虫轻轻飞来，落在身旁的葎草上。

"爸爸，我想捉一只。"小如轻轻地说。

爸爸看准了，两手一合，打开来，掌心里就附着一只，尾部一明一灭。小如想来拿，却又不太敢。而萤火虫清醒过来，振翅飞起，飞入芦苇深处。

"我们不捉，就看着好了。"

"嗯。"很乖巧的声音。过了一会儿，又说，"可我好想它呀。"

小如静静地看着。初夏的夜风颇有些凉意。又看了一会儿，就循着塘埂，一同走回去。洗漱完毕，钻进被窝，关了房间的顶灯。

"快看。"小如忽然叫起来，手指着帐子顶。那儿有一点亮光，正一明一灭。正是一只萤火虫。"它是怎么来的?"

"它听说你想它,就爬到衣服上,跟到家里来了。"

小如就极兴奋,眼睛瞪圆了看。爸爸却说起小时候的事情来。那时,正是麦收时节,家家门口堆着麦草垛。小孩子们四处疯玩,在苎麻丛里、瓜地里,抓许多萤火虫,塞进麦秆,带到床上,黑暗中看它们的亮光,然后甜甜入睡。小如睡眼惺忪,听着听着,也被渐渐催眠。而爸爸却睡不着了,似乎闻到麦草垛的香味,从久远的童年飘来,一时有些淡淡的惆怅。

回到杭州,这里空气糟糕,萤火虫难以生存。据说杭州湘湖曾想放生数万只萤火虫,市民追寻浪漫,蜂拥而去,让景区不堪重负,只得中途作罢。作罢也好,否则浪漫一夕之后,只能给湖畔增加数万具小小的虫尸。

而看不见真正的自然,童年是不完整的。不曾被自然之美唤醒的心灵,对于艺术也是有隔阂的。远离自然的孩子,更容易焦虑、抑郁、注意力紊乱。爸爸小时候在山林里成长,眸子曾被山岭之雾擦亮,所以一写到乡村,心就安静,笔下会出现山水、草木,以及各种自然的声音与气味。虽然他的故乡,不过就是一处日渐萧条的小荒村。但萤火虫能生存的地方,就最具生态之美啊。

他多想让小如也能时常体会到。可惜老家太远,他想在周边,再寻找几个好去处。

暑假之初,妈妈还在上班,爸爸和小如放假早,闲居无聊,就开车去余杭的山沟沟。小如睡了一路,等到下高速,已清醒过来,望着窗外,样样都觉新鲜。车子进入鸬鸟镇,山便高起来,笔架一般,巍巍然,生满了竹子,像绿颜料里掺了黄,山色就极鲜嫩。到山沟沟村口,有一条宽溪,汩汩滔滔,浅,清,溪石磊磊,大者如牛,小者如鼠,使溪水翻着白浪花。

沿盘山公路往上,直到一个小村。村中一条山溪极为喧腾,在山石间跳跃,有时聚成一潭。潭水中,有小孩赤身戏水,如同爸爸小时候。于是爸爸停下车,牵小如的手,下了台阶,站到水里,让小如走下去。水清凉而明澈,没过小如的脚踝。她感觉到流水滑过皮肤,既欣喜,又有些害怕,就很兴奋,蹲下来掬水,又去捡溪中的石头。

小溪的岩壁上长满大树，树干上又攀着藤萝，而不论岩壁、树干还是藤萝，都缀满青苔。树荫下还生着一丛丛虎耳草。爸爸确定了，这里环境好，是个看萤火虫的好地方。

晚上就入住山脚的客栈，旁边有荷塘，有小溪。晚上约莫八点，乡村人声渐息，而蛙声四起，东边响一阵，西边答一阵。当中又间杂着夜蝉的长鸣。

爸爸牵着小如的手，走到荷塘边。

这里的山比老家的还高，加上云层挡住了星空，四周更是漆黑一片。白天亭亭的绿荷，此时成了一团团的黑影。沿着土路再往前，就听到溪声隆隆，黑暗中有些惊心动魄。而在溪边的树丛里，小如看见一些闪烁的光点。果然是萤火虫，像有谁撒出一层银粉，落在荷叶间、南瓜藤中、葵花上。一阵风过，银粉都轻灵灵地飞舞起来，盘旋起来，聚成一条银河。直到云层散开，一轮满月悬于高空，使萤火虫光渐渐消隐，看不真切。

小如依然站在清澈的凉风里，伸出小手去。

"要是萤火虫能停到我手里来就好了。"

而此时，树叶、溪水、砂石、小如的手掌，都反射着微微的月光，闪闪动，像萤火虫。爸爸亲亲小如四岁的小脸蛋，希望这些闪烁的微光，能一点点印在她的童年，连缀成璀璨的回忆。

的确，我们在水泥森林里居住得久了，尤其时常处在雾霾之中，也会觉得疲惫、无趣，心灵干涩。这时，就应该走进大山之中，用目光抚摩雾气蒸腾的山林，用手指轻触嫩绿的新叶，将赤脚伸进清澈的溪流里，心里就无比宁静、愉悦和超然了。

第五节　用艺术培养平和怡然的心灵

对于生态审美，能亲临自然，当然是最好的办法，但许多人忙于生计事务，无法脱身，或者体弱多病，不宜远行，所以就要借助艺术的手法去亲近自然，比如读一首山水田园诗，进入一种清幽冲淡的心境；或是在白壁之上悬挂一幅山水画，静心观赏，得到一时的游目骋怀。

一 西湖绘画与心灵安顿

西湖景观与绘画的关系是相辅相成的。西湖之美,让画家拿起画笔。而画家们凭借才情和眼光,又从西湖美景之中,凝练出"雷峰夕照"、"苏堤春晓"、"平湖秋月"等画意,追求可观、可居、可游之境,为人的性灵提供一个安顿之所。

比如南宋画家夏圭的《西湖柳艇图》(见图6—2),水墨交融,风格细腻。近处是依水而建的茶肆饭馆,停歇着一些画舫,岸上垂柳匝地,又有轿夫、游客。画面中部,则是一道长堤,引向远处。远处湖水浩淼,烟雾迷蒙,水墨氤氲。此画中,人与西湖之景合二为一,显示了深邃悠长的和谐之美。那一艘小艇伴随着西湖美景,柳枝吹拂,好似能听见风动之音。

图6—2 南宋 夏圭 《西湖柳艇图》

元代郭天锡在画上题跋称:"此夏禹玉《西湖柳艇》真迹也,笔墨淋漓,石烟变态,饶有士大夫风骨。"其中"笔墨淋漓,石烟变态"云云,不过是泛泛之评,并无特色,倒是"士大夫风骨"的评论极为到位。因为宋人"不下堂筵,坐穷泉壑"的理想,不再是六朝时逃避现实,归隐山林。士人们通过考试,由在野而入朝,由乡村而城市,于是自然风物,尤其是丘山溪壑和乡野田园,就成了他们心理的一种必要的补充,以及甜美的追忆。山川风物和田园牧歌所起的作用,不是召唤游子归去,而是让人通过静观,得到身心的闲散,以及精神的休憩。

刘松年和夏圭一样,都位居"南宋四家"。他居住在西湖清波门,故被称为"刘清波"。他终生与西湖为伴,日日面对西湖作画,对西湖了如指掌。于是他笔下的《四景山水图》就记录了西湖的四时风光(见图6—3)。

图6—3 南宋 刘松年 《四景山水图》

《四景山水图》画作分为四部分。第一幅为春景,画远山、庄园、小桥、柳堤,桃花绽放,柳树飘逸,远山笼烟,水阁庭院,无不在春色的映衬下显得格外清新,游人游春归来,或骑马,或步行,或亭中小坐,都十分自在。

第二幅为夏景,画湖边的水榭亭阁。庭前有湖石和花木,亭侧绿树荫浓,湖面荷花点点。水阁伸向湖中,有人闲坐纳凉观景。画面水气充盈,燥热之气被湖光泛起的涟漪所消减,厅堂中的消暑之客,独赏这湖中荷花，令人想到陶渊明所言："五六月中，北窗下卧，遇凉风暂至，自谓是羲皇上人。"

第三幅为秋景，画山石与乔木环绕的庭院。经霜之后，枫叶转红，秋高气爽，童子自在嬉闹，侍者正在烹茶，而主人则怡然静坐，被枫林红色所吸引。庄园寂寂，青山渺渺，湖水澹澹，胸中忧虑，自然已被秋风吹散。

第四幅为冬景，画湖畔的四合院。白雪皑皑，覆满庭院楼宇，唯有古松青翠，雄劲如虬。大雪之下的老翁，闲来无事，偶然兴起，身披白氅，在侍者的引领下，骑驴过桥，去赏西湖雪景，或去寻访旧友，都清雅自在。

《四景山水图》虽然通过四幅不同的画来展现西湖四季，但无论是从构图还是对季节的特征把握来看，都让人耳目一新，如身临其境。

刘松年的作品中，园林庭院楼阁无不工整细致。这体现出宫廷画师最基本的功力，尤其是对于南宋而言，精细的画风也是其评论画作好坏的一个重要方面。刘松年的高超技法就体现于此，无论是对于山水湖畔，还是对于园林亭墅，都堪称完美。尤其是工整严谨的园林，成为刘松年绘画中的一个鲜明旗帜。

这也正是此画的特征，建筑与风景相融，风格细腻温软，士人身处其中，既可享受亭台楼阁之便利，又可陶然于湖山之佳境。正如卢辅圣所说："作为第二自然的山水画，作为士大夫们精神还乡路上的中转站或归宿点而流连之、安处之的人生情怀的寄托，所要求的就是一种比较理想化、比较广邈整体的自然环境和生活境地的表现，一种以'所知'驾驭'所感'的造型原则，而不是捕捉或传达一丘一壑、一步一趋的短暂感受。"① 这也正是宋画所追求的境界。

到了明朝，西湖绘画变得更加烟雾迷茫。戴进的《南屏雅集图》（见图6—4）虽说描写的是文人雅士聚会之景，但笔下却全是西湖，云雾缥缈，山水灵动。张靖之的《题戴文进西湖景诗》云："宿雨住还滴，超云烂不收。阴明犹未稳，船在断桥头。春水鸭头绿，晓山螺髻青。王孙旧游处，霜重书冥冥。"

李流芳的手卷《西湖秋色》（见图6—5）中，最引人展开遐想的是底部的泛舟之人，在湖中的闲适小舟之上，似垂钓，又似在静赏美景。李

---

① 卢辅圣：《中国文人画史》，上海书画出版社2015年版，第254页。

图 6—4　明　戴进　《南屏雅集图》

流芳用简短笔触勾勒出湖面上的波纹流动之感。而岸堤却浓墨重彩，用墨点染堤岸旁的柳树，柳枝拂动，有种秋日凉爽之情。他笔下的山则是云气中夹杂烟雾，微妙而富有层次感。在这幅《西湖秋色》之中，李流芳给予此画的题跋是："不向苏堤即白堤，孤舟随意六桥西。秋林尽处无人爱，邀得山僧共品题。"此句颇有调侃之意，可见李流芳的潇洒自得，逍遥自在。

图 6—5　明　李流芳　《西湖秋色》　手卷

除了这样淡远轻柔之作，还有一位画家笔下的西湖，却充满刚健之气。

蓝瑛自称"西湖外史"、"西湖外民",以示对西湖的眷恋。他的《西湖十景》屏风(见图6—6)风格老辣横秋,所染山石巍峨挺拔,他的笔墨常常有兼钩带皴,以此达到了骨石嶙峋的效果。同时,他重视色彩,使笔下的山石林木绚丽多彩,但浑而不浊,有柔有刚,色杂而不显凌乱。这些色彩配合他的苍劲有力的笔法,可称得上是"武林之风"。

图6—6 明 蓝瑛 《西湖十景》 屏风(其五)

西湖绘画为西湖增色不少,它能使人最直观地认识西湖。在古代,如果没有绘画这种视觉媒介,很少有人能够感受到西湖的美,也很少有人能够真正读懂西湖。正是西湖绘画,将西湖之生态美提炼出来,又直观地表达出来。画作中的人景交融,游船阁楼与湖水的和谐相处,都展现出浓郁的生态美。

二 西湖绘画与生态美育

自唐朝以后,中国的艺术思想从强调人与社会的和谐,渐渐转变为强调人内在世界的和谐,"人退回内心,平灭内在世界的冲突,通过艺术的途径，养得一片平和怡然的心灵，成为艺术的重要目的"①。因此，我们可以通过艺术来进行生态审美，进而让身心和谐。我们还可以说，正因为经过艺术审美培训，才能更好地发现自然之美与生态之美。朱光潜在《谈美》中曾说过一段有名的话：

> 假如你是一位木材商，我是一位植物学家，另外一位是画家，三人同时来看这棵古松。你心里盘算着怎样去买它，砍它，运它。我把它归到某类某科里去，思量它何以活得这样老。我们的朋友却在聚精会神地观赏它苍翠的颜色，它的盘曲如龙蛇的线纹以及它的昂然高举、不受屈挠的气概。②

这三个观察者中，木材商用的是实用的眼光，想到的是古松能带来的利益。植物学家用的是科学的眼光，理性地归纳、分类。其实他们只是以古松为跳板，在看的同时，思维已飘向远方。只有画家才活在当下，没有欲念、不求推理，以赤子之心，静静地观赏松树的壮美，于是玩味再三，心旷神怡。

那么，这三者有高下之分吗？

三者都很重要。人要生存，所以讲求实用。要把握自然规律，所以要科学。但审美同样重要，因为只有在这个时候，人的内心摆脱了名利纠缠，别无他念，心灵才是自由的、活泼的、丰富的、豁达的。我们都要有这样的胸怀，才能做得大事业。

人世间是个严密的利害网，普通人是很难跳出的。功利心使一个人的心胸完全为利害得失所充塞，不空灵，不自由，不洒脱，患得患失。只有从这层网中跳出来，进入一种没有利害关系的境界中去，才能在平常的生活中发现美，得到心灵的恬然安宁。

而艺术的熏陶是个极好的方法。尤其是中国绘画，不是以世界为有限的圆满的现实而崇拜模仿，也不是向一无尽的世界做无尽的追求，以致烦恼苦闷，彷徨不安。它所表现的精神，是一种融入天地、物我两忘，而后逍遥自得。

郭熙曾提出"三远说"。在《林泉高致》中，他做了这样的解释：

---

① 朱良志：《曲院风荷》，安徽教育出版社2006年版，第191页。
② 朱光潜：《谈美》，北京大学出版社2008年版，第11页。

山有三远：自山下而仰山巅，谓之高远。自山前而窥山后，谓之深远。自近山而望远山，谓之平远。高远之色清明，深远之色重晦，平远之色有明有晦。高远之势突兀，深远之意重叠，平远之意冲融，缥缥缈缈。

这三远就体现出了三种境界。所谓高远，是仰望大山，直到高空，于是一山之景，汇入宇宙洪流，虽能游目骋怀，但也有压迫之感。所谓深远，是洞察深山幽谷，于是山川变得深厚广大，但却容易陷入神秘晦暗。所谓平远，是由近及远，层层推进，心灵也随之博大。所以三远之中，郭熙独钟平远，就是看重平远之境，一片和融，能给人的性灵一个栖居之所。

就以黄宾虹的《西湖栖霞岭南望》为例（见图6—7）：

此画可分三段，上段为远景，山峦起伏展开；中段为中景，寥寥数笔，就是一片辽阔平静的湖面；下段为近景，山丘上几棵高树，参差错落，枝叶疏朗，风姿绰约。

我们欣赏这幅画，需要从远山，看到湖面，再看到近处，于是向往无穷的心，返回到自我，做了一个回旋。而不像西方油画一样，视线失落在茫茫的无穷之中，无枝可依，空寂无聊。这幅画里，一丘一壑，简之又简，就像老子说的"为道日损，损之又损"，所得到的是一片空明境界。而这一丘一壑中，又蕴含无限。在空白处随意布放几个人物，人与空间，融成一片，于是悠然意远，而又依然自足，俱是无尽的气韵生动。画面的空白并非真

图6—7 黄宾虹 《西湖栖霞岭南望》

空,乃是宇宙灵气往来、生命流动之处。至于作者,其性灵早已融入笔墨之中,有时寄托于一二人物,浑然坐忘于山水之间,如树,如石,如水,如云,是大自然的一体。

此外,中国艺术所启示的境界是静的,因为顺着自然法则运行的宇宙是虽动而静的,与自然精神合一的人生也是虽动而静的。所描写的对象,山川、人物、花鸟、虫鱼,都是充满了生命的动——气韵生动。但因为自然是顺法则的,画家是默契自然的,所以画幅之中,潜存一层深深的静寂。

中国绘画和哲学都在探讨人与自然如何相处,要物我两忘,天人合一,这种理念对于生态危机时代显得无比重要。

所以,静静欣赏西湖画,让人身心安宁,行动闲雅,神情舒缓,心灵更为健康、开阔、宽容。而更重要的是,西湖画作展现了园林空间和人们审美心理空间的关系。王毅在论及马远《楼台夜月图》时,曾颇有妙论:

> 表面上,画面中一派阒然、略无人迹,然而人们在园景中融入的"心理向度"却被清楚地表现出来。尤其值得注意的是:画面描绘出这种内蕴深致的审美意向,是如何通过一组园林景物和园林空间设置而表现出来的:居画面左下一隅的楼台以远山、月夜等等遥为对景,具有一种迥出尘外的意境;而亭台回廊侧近的花木错落有致,在似水的清寂之中,透露出与宇宙运迈之间深相呼应的无限生机。[①]

这段话借用评论夏圭的《西湖柳艇图》、刘松年的《四季山水图》等作品,也是十分恰当。画家笔下所表现的西湖景致、山水园林,并不仅仅是单单让人玩赏风景、愉悦耳目,更是建构着一个心灵的家园,能与人内心应和,正所谓"水光云影闲相照,林下泉水静自来"(程颢:《游月陂》),仿佛面对知音,于是心智得以滋养,心灵得到归宿,这就是西湖绘画的气质,也是生态美学的艺术体现。我们闲时欣赏这类画作,也能得到这样的启迪。

[①] 王毅:《翳然林水——栖心中国园林之境》,北京大学出版社2006年版,第168页。

第六节　在城市中亲近自然

去大自然中陶冶性灵，在艺术中进入"无我之境"，这当然是生态美育的途径。但许多人毕竟生活在城市之中，如何在城市里接触自然，得到心灵的滋养，获得心灵的和谐，才是当今城市建设中最大的命题。

一　古代城市规划中的"天人合一"

城市的出现是人类文明进步的必然，在中国古代城市规划当中，非常注重城市与周边环境的关系，"天人合一"思想得到了体现，城市选址遵循安全、经济、宜居原则，又要与周围环境资源条件相匹配。

《管子·乘马》曰："凡立国度，非于大山之下，必于广川之上，高毋近阜而水用足，下毋近水而沟防省。"明确要求，城市选址要么靠山，要么立于平原之上。城市的高度要保证用水，又要便于防洪。

比如孙权定都建业，就是相中了建业的自然形势险要，北依覆舟山和玄武湖，南近秦淮，东凭钟山，西邻冶城山和石头城。诸葛亮曾评价："钟山龙蟠，石城虎踞，真帝王所都也。"

元大都坐落在华北平原北端，西有太行山，北横燕山，往南直达河洛，数千里一望平川。向北通过燕山长城，连接辽东、朔北、漠北和西北。古人赞之曰："幽州之地，左环沧海，右拥太行，北枕居庸，南襟河济，诚天府之国。"同时，城中又有丰富的水景。大都规划者利用由西北山中流来并汇聚而成的积水潭和海子（今什刹海），将其组织到城市布局之中。郭守敬又引白浮泉之水入城，加大了积水潭和海子的水量，使得通惠河可以开通，沿东皇城根南下出城，再东去通州，与南北大运河相接，使得来自江浙的大船可以一直驶入大都，停泊在海子里。

在这方面，杭州可谓得天独厚，在城市之中，保留了大片的自然湖山，让人闲暇之余，可以玩赏登攀，游目骋怀，得到心灵的快适。丰子恺先生曾漫步于杭州西湖畔，初春新绿映入他审美的眼睛，于是欣然写道：

绿色映入眼里，身体的感觉自然会从容起来，……大概人类对于绿色的象征力的认识，始于自然物。像今天这般风和日丽的春天，草木欣欣向荣，山野遍地新绿，人意亦最欢慰。设想再过数月，绿树浓荫，漫天匝地，山野中到处都给人张着自然的绿茵和绿幕，人意亦最快适。……总之，绿是安静的象征。①

但纵然如此，大多数城市与自然还是存在隔阂。于是，人类开始了补救。在古代有园林，在当下则有生态景观，都能让人在城市中亲近自然，得到身心的抚慰。

二　中国传统园林与"诗意栖居"

园林真正将"可行、可望、可居、可游"的绘画艺术理想变成了实体，并且变成了触手可及的美好家园。

我们先追溯到两晋时期，当时战乱频繁，文人士大夫产生了悲观厌世、逃避现实的心理情绪，于是黄老之学大兴，喜玄理、尚清谈之风日盛。骚人墨客放弃了经世济民的初衷，隐居田野，寄情山水。同时，这种具有超逸个性的文人，已经受到了社会的尊重。《后汉书·逸民列传》所载的大部分隐士，日子过得艰苦，以此修养心志，比如仲长统便是如此，他说：

> 使居有良田广宅，背山临流，沟池环匝，竹木周布，场圃筑前，果园树后。舟车足以代步涉之艰，使令足以息四体之役。……蹰躇畦苑，游戏平林，濯清水，追凉风，钓游鲤，弋高鸿。讽于舞雩之下，咏归高堂之上。

陶渊明更是载欣载奔，回归田园，"引壶觞以自酌，眄庭柯以怡颜。倚南窗以寄傲，审容膝之易安。园日涉以成趣，门虽设而常关。策扶老以流憩，时矫首而遐观。云无心以出岫，鸟倦飞而知还。景翳翳以将入，抚孤松而盘桓。"在他看来，田园中的景物无一不美，无一不生动。庭前一棵树，足以让他怡颜；园中散步就极有趣味；若是拄杖出行，抬头看看云山，倦鸟飞还，日影转暗，还恋恋难舍，抚着古松盘桓再三。于是眼前的"木欣欣以向荣，泉涓涓而始流"，就令他喜悦而宁静，要忘形于大自然之中了。

---

①　丰子恺：《丰子恺论艺术》，复旦大学出版社1985年版，第186—187页。

那么，当中国人关注住所时，就将对生活闲适和静雅的追求，都融入建筑和庭院的经营中去了。对此，李泽厚先生曾说：

> 在中国建筑的空间意识中，不是去获得某种神秘、紧张的灵感、悔悟或激情，而是提供某种明确、实用的观念情调，正如中国绘画理论所说，山水画有"可望"、"可游"、"可居"种种，但"可游"、"可居"胜过"可望"、"可行"。……中国建筑的平面纵深空间，使人慢慢游历在一个复杂多样楼台亭阁的不断进程中，感受到生活的安适和对环境的和谐。瞬间直观把握的巨大空间感受，在这里变成长久漫游的时间历程。[①]

而对自然之美的发现以及热衷，更是成为中国造园艺术的推动力量。名人雅士开始在自己的房屋周围经营具有自然山水之美的小环境，在园林中堆山挖池、培植花木，"纳千顷之汪洋，收四时之烂漫"，补房舍实用性功能的不足，以审美观赏为主要目的，并以此拉近与自然的关系。自此，中国开始兴起了追求自然美的山水园林，园林从此成为一种艺术，是审美欣赏的对象，同时也成为人与自然和谐相处的一个样本。

当人们闲居园林中，举目所见，有岩壑曲水、佳木繁荫、鸣禽潜鱼，既得到身体的安放，心灵也得以滋养。基于此，董鉴泓说："城市和园林的关系，本质上反映的是城市与自然的关系、城市生活与城市环境的关系，是城市规划与设计价值观以及城市生活方式、城市闲暇文明的直接体现，是政治制度与经济文化发展水平的一种物化形态"[②]。在园林境界中，人与自然的和谐也得以实现，古人对此颇有高论，试选摘部分如下：

> 志勤体疲，则投竿取鱼，执衽采药，决渠灌花，操斧剖竹，濯热盥手，临高纵目，逍遥徜徉，唯意所适，明月时至，清风自来，行无所牵，止无所柅，耳目肺肠，悉为已有。踽踽焉，洋洋焉，不知天壤之间，复有何乐可以代此也。
>
> ——司马光《独乐园记》

[①] 李泽厚：《美的历程》，天津社会科学院出版社2001年版，第272页。
[②] 董鉴泓：《中国古代城市二十讲》，中国建筑工业出版社2009年版，第154页。

前竹后水，水之阳又竹，无穷极。澄川翠干，光影会合于轩户之间，尤与风月为相宜。予时榜小舟，幅巾以往，至则洒然忘其归。筋而浩歌，踞而仰啸，野老不至，鱼鸟共乐。形骸既适则神不烦，观听无邪则道以明。

——苏舜钦《沧浪亭记》

竹竿籊籊，以钓于渊。鸟鸣在树，鱼游在渊。物谐厥性，人乐其天。临流结网，得鱼忘筌。羡彼琴高，乘鲤上仙。虢虢葑溪，环映南园。面城负郭，带水临田。濯缨沧浪，蓑笠戴偏。野老争席，机忘则闲。踔尔幽赏，烟波浩然。

——彭启丰《网师小筑吟》

这种生命体验，源于"人与天调，然后天地之美生"[①]，正如苏轼在著名的《前赤壁赋》中所说："且夫天地之间，物各有主，苟非吾之所有，虽一毫而莫取。惟江上之清风，与山间之明月，耳得之而为声，目遇之而成色，取之无禁，用之不竭。是造物者之无尽藏也，而吾与子之所共适。"当人在审美之中，与天地、与外物合而为一时，感觉到的，是陶潜的"此中有真意，欲辨已忘言"，是柳宗元的"心凝形释"，是彭启丰的"机忘则闲"。这在马斯洛看来，恰是"高峰体验"的状态。鲁枢元从生态文艺学的视角，对此有过深入研究。

马斯洛在对"高峰体验"进一步的心理分析中发现，这人一生最健康、最有价值的时刻，并不总是一种"激昂"……"进取"、"扩张"的状态；相反，它在很多时候体现为"平和"、"宁静"、"顺从"……"隐退"、"淡泊"、"守护"、"依附"，体现为一种"返璞归真"的愿望，一种渴望"回归"的倾向……马斯洛将之称为"健康的倒退"，这很可能反映了马斯洛对现代工业社会那种"攻惊式的进取"的不满。马斯洛还发现，"高峰体验"状态并不全是一种"理智清明"、"心启聪慧"的状态，更与那种"算计的"、"世故

[①] 《管子·五行》。

的"、"功利的"心态无缘。反而更经常地呈现出"神秘"、"混沌"、"陶醉"、"不自觉"的状态……进入一种类似于"禅定"、"涅槃"的境界。与现代社会中占据主流地位的"理性主义"、"功利主义"的心理流向不同,这是一种在潜意识支配下的自由自在的心理活动,是"原始思维"方式在现代人经验生活的复归,马斯洛把它命名为"健康的无意识"。[1]

这种"健康的倒退""健康的无意识",恰好就是对中国传统生活智慧的借鉴,对当前主流发展意识的反驳。而这种美,如果内心充满功名、利禄、权威、尊卑,是欣赏不到的,一定要超脱这些束缚,贵柔、守雌、守静,使精神臻于悠游自在,无挂无碍,才能得其境界,悟其真谛,正如庄子所言:"夫虚静恬淡,寂寞无为者,万物之本也……静而圣,动而王,无为也而尊,朴素而天下莫能与之争美。"

如果说自然物的美,只要听凭自然的天性就足够了,那么,技艺和艺术的美,尤其是人居环境,则要"以人合天",即遵循客观的存在来调动人的创造力,以获得生态美。

在中国古代,"道法自然"的观念,并不仅用于坐而论道,而是广泛地用于指导社会实践,渗透到社会生活的各个方面。在文艺上影响和决定了中国人的形象思维模式,中国的诗歌、绘画多以优美的自然环境为题材,并形成了独特的流派——花鸟画、山水诗和山水画。在经济上用于指导农业生产,并总结出《齐民要术》等专著。而在建设上,则用于城市选址、规划和建筑,包括园林的设计,都充分考虑到人与自然环境的协调。所以,傅崇兰在《中国城市发展史》中总结说:"中国古代的自然哲学,既影响了中国人的社会生活,也决定了中国人的思维方式,表现了人与自然的亲和关系。"[2]

汉学家李约瑟曾说过一段重要的话:

古代中国人在整个自然界寻求秩序与和谐,并将之视为一切人类关系的理想……对于中国人来说,自然界并不是某种应该永远被意志

---

[1] 鲁枢元:《生态文艺学》,陕西人民教育出版社2000年版,第366页。
[2] 付崇兰:《中国城市发展史》,社会科学文献出版社2009年版,第273页。

和暴力所征服的具有敌意和邪恶的东西,而更像是一切生命体中最伟大的物体,应该了解它的统治原理,从而使生物能与它和谐相处。……人是主要的,但他并不是为之创造的宇宙的中心。不过他在宇宙中有一定的作用,有一项任务要去完成,即协助大自然,在自然界自发和相关的过程协调地,而不是无视地起作用。①

所以中国的古典园林成为"艺术宇宙模式"也是必然趋势。法国艺术史家热尔曼·巴赞对此评论:"中国人对花园比住房更为重视,花园的设计又如天地的缩影,有着各种各样自然景色的缩样,如山峦、岩石和湖泊。"中国园林在营构布局、配置建筑、山水、植物上,竭力追求顺应自然,着力显示纯自然的天成之美,并力求打破形式上的和谐与整一性,师法自然成为中国造园艺术的最大特点之一。

当然,正如前文所说,中国古典园林的"道法自然",往往是表面的模仿,而缺乏对内在生态平衡的认知。而这个任务,就需要现代景观设计来完成。

三 现代景观设计和绿色建筑中的天人和谐

在2015年清秋,《国家地理》杂志上一张纽约的照片让许多人叹为观止,互相转发。照片上,一条笔直的马路,将画面一分为二,右边是鳞次栉比的高楼,色泽苍白、铅灰,有着密密麻麻的屋顶和窗户,以及奔忙的汽车与行人;左边却是怡人的中央公园,树丛或青翠,或橙黄,围着一个湖泊。树丛之间,还有蜿蜒曲折的小路,偶尔开辟出几处绿草坪。当年中央公园设计师奥姆斯特德和沃克斯的设计意图,就是建成一座独特的不列颠风景油画般的公园,由起伏的牧场、丛生的树木和明镜般的水塘形成的优美田园风光。

在寸土寸金的纽约,开辟出这么一个843亩的巨型公园,真是一件奢侈的事情。它像一块清澄的碧玉,镶嵌在钢筋混凝土森林中,成为喧嚣都市中一方净土,并毫无保留地融入纽约人的日常生活当中。这里不通汽车,不建商场,仅仅供人跑步、闲聊、玩耍、发呆。而且,据纽约市园林局统计,在整个纽约,一共有大大小小1700座公园和绿地。即使在曼哈

---

① 潘吉星主编:《李约瑟文集》,辽宁科学技术出版社1986年版,第388页。

顿，虽然中央公园占掉了很大一块面积，可是这里仍然有许多中型和小型的公园。

奥姆斯特德曾说："中央公园是上帝提供给成百上千疲惫的产业工人的一件精美的手工艺品。他们没有经济条件在夏天去乡村度假，在怀特山消遣上一两个月时间。但是在中央公园里却可以达到同样的效果，而且容易做得到。"显而易见，现代城市的发展，就是要回归自然，只有将自然重新拉回城市，只有在城市建设中善待自然，才能将整座城市打造成山水园林城市，我们才能言及自然与城市环境的和谐以及人类自身发展的和谐。

奥姆斯特德的设计，我们将之称为自然设计，即通过植物群落设计和地形起伏处理，从形式上表现自然，立足于将自然引入城市的人工环境。受奥姆斯特德思想的影响，从19世纪末，自然式设计的研究向两个方向深入：其一是依附城市的自然脉络——水系和山体，通过开放系统的设计将自然引入城市；其二是建立景观分类系统作为自然式设计的形式参照系。

这样的城市设计，能结合大自然，让人们在繁忙的工作之余，能在大自然里闲步，闻着花木之香，听着鸟雀之声，得到心灵的放松。

当然，奥姆斯特德的风景园林模式以外来植物为主，表现林地和草坪相间的旷野景观，而外来植物并不一定适合所有气候和环境。所以，乡土化设计应运而生，通过对本土的地基、周围环境、植被状况进行调查研究，使设计因地制宜，切合当地的自然条件，并反映当地的景观特点，这也是"道法自然"的实际应用。

在这方面，美国园林设计师哈普林是代表人物，他在1962年开始的旧金山海滨牧场公管住宅的设计中，先花费了两年时间调查基地，通过手绘生态记谱图的方法，把风、雨、阳光、自然生长的动植物、自然地貌和海滨景色等一系列自然物列为设计考虑因素，最终完成的住宅呈簇状排列，自然与建筑空间相互穿插，在不降低住宅密度的同时留出更多的空旷地，保护了自然地貌，使新的设计成为当地长期自然变化过程中的有机组成部分。

麦克哈格曾举过一个例子，他成为景观设计师后，曾去纽约考察现代建筑，诸如联合国大厦之类，一天下来，脚痛，出汗，"既脏且累，口干舌燥，人简直瘫了"。幸而他们参观了一个起居室，这里对着一个侧厅围成的小院子。"院子中最主要的是一个由三层石级组成的小池,池中有一个小喷泉,院中栽有一株楤木树,一株常青藤爬上粉白的砖墙上。我们站在池边狭窄的平台上,品味着这宁静的气氛,倾听着喷泉涓涓细流声、滴水声以及溅泼声,优美的楤木树叶瑟瑟作响,只见池中水波粼粼,波光闪闪。这里的阳光和阴影、树木和水、宁静中的细声等等,经过有意识的精选和布置也就成了珍贵的东西了。"①

在这样微小的空间里,因为有树,有常青藤,有波光和水声,就具有让人内心安宁的巨大作用。麦克哈格认为,"它们不是与城市和人对立的,而是一个人性空间里必不可缺的成分。人们从这里可以得到安静、健康和内心的陶冶。"② 所以,在城市规划中,保留自然的湖山草木,可以让人找到内心的平和与安宁,增强身心的健康。

这种设计思想的核心是从不重复流行的形式,而是从自然环境、历史文化背景中得到创作灵感,适合当地的景观特点。这样的设计,造价低廉,有利于保护生态。所以,无论是自然设计,还是本土化设计,都是道法自然、以人合天的做法。

生态设计其实是生态城市建设的基础。所谓生态城市,就是"遵循生态学基本原理,人类聚居和自然环境相协调,城市社会、经济和自然等各子系统之间的生态平衡得到有效维持的一种城市发展模式。"③ 而目前"海绵城市"的提法,就是生态城市的一个雏形。

2013年12月,习近平总书记在《中央城镇化工作会议》上提出"建设自然存积、自然渗透、自然净化的海绵城市"的思想,开启了全国性的"海绵城市"建设热潮。

所谓"海绵城市",是一种形象的比喻,说针对目前城市内涝严重、地下水开采过度等问题,将城市设计得如同海绵,通过绿色设施,下雨能吸水、蓄水、渗水、净水,需要时可将蓄存的水释放并加以利用,在适应环境变化和应对自然灾害等方面具有良好的"弹性"。

俞孔坚认为,以"海绵"来比喻一个富有弹性、具有自然积存、自

---

① [美] 伊恩·伦诺克斯·麦克哈格:《设计结合自然》,芮经纬译,天津大学出版社2008年版,第10页。
② 同上。
③ 李浩:《生态导向的规划变革》,中国建筑工业出版社2013年版,第7页。

然渗透、自然净化为特征的生态型城市，是对工业化时代机械的城市建设理念，及其对水资源和水系统的片面认识的反思，包含着深刻的哲理，是一种完全的生态系统价值观。①

"海绵城市"的内在哲学，其实就是"道法自然"，以综合生态系统服务为导向、用生态学的原理、用国土和区域生态规划的方法以及景观设计学的途径和技术，来实现生态防洪、水质净化、地下水补给、生态修复、生物保护、气候调节和人居环境改善等综合目标。而同时，因为用自然之法来治水，所以充满了生态之美。

在"海绵城市"的实践中，以俞孔坚为首的北京土人设计公司所承担设计的哈尔滨群力湿地公园便是一例。此地本为湿地，但由于城市发展、道路建设，导致水源枯竭，湿地退化且行将消失。土人公司在设计时，参照中国三角洲农业的桑基鱼塘遗产，通过简单的填挖方技术，创造出一系列深浅不一的水坑和高低不一的土丘，成为一条蓝绿项链，形成自然与城市之间的一层过滤膜和体验界面，沿四周布置雨水进水管，收集城市雨水，使其经过水泡系统沉淀和过滤后，进入核心区的自然湿地山丘上密植的白桦林，水泡中为乡土水生和湿生植物群落。

这样的设计一举三得：其一，解决了城市雨洪的排放和滞留，使城市免受洪涝灾害；其二，还利用吸收城市雨洪，恢复湿地系统，可以起到水质净化、生物栖息地修复的作用；其三，通过高架栈桥连接山丘，步道网络穿越于丘林，水泡中设临水平台，丘林上有观光塔，使城市居民可以步行穿过森林，走进湿地中，让湿地成为审美启智、生态休憩的场所。总之，通过精巧的设计，原先干涸的湿地，变成了既有景观秀丽之美，又有生态修复之能的"绿色海绵"。

再如同样出自土人设计之手的浙江衢州鹿鸣公园，也体现了这样的优点。这个公园保留了部分乡土景观，比如红砂岩体、自然植被（包括野草和灌丛）、原有的农田水系、原有的河岸树木等。而后，又在废弃地上引植了生产性作物，四季轮作：春天是油菜花，夏秋是向日葵，早冬则是荞麦。此外还有绚丽的草本野化，比如阜甸上一片片低维护的野菊化是很好的中药材。同时，公园还保留原有的自然地表径流系统，并设计了一系列生态滞水泡子，截留场地内的雨水，滋润场地土壤。原有的水泥堤岸则

---

① 俞孔坚：《论生态治水："海绵城市"与"海绵国土"》，《学术前沿》2016年第11期。

被拆除，还河道以自然形态。当然，作为景观，步道网络必不可少。步道漂浮于斑斓的景观之上，游客可以一步一景，观赏生产性植被和绚丽自然风光，得到身心的愉悦。

针对工业时代整齐划一的水泥建筑风格，王澍认为："一种将超越城市与乡村区别、打通建筑与景观、强调建造与自然关系的建筑活动必将给建筑学带来一种触及其根源的变化。可持续和经济相结合的考虑将为建筑学从传统景观意识到现代感觉的变化注入新的观念和方法。"[①] 他更注重对传统自然山水诗意生活的重建，推崇对自然的模仿，认为中国园林是人们以建筑的方式，通过对自然法则的学习，通过内心智性和诗意的转化，主动与自然积极对话的半人工半自然之物。

的确，正如我在前文中所述，中国园林中，城市、建筑、自然和诗歌、绘画形成了密不可分的和谐相融。当然，我也曾说过，传统园林更注重精神上的"天人合一"，而在生态功能上缺乏有意识的设计。所以，绿色建筑应运而生，充分利用环境自然资源，在不破坏环境基本生态平衡条件下建造。

新加坡在绿色建筑方面起步很早，他们的绿色建筑注重对太阳能的利用、保护和利用水资源、运用环保材料。而最引人注目的部分，就是绿色植物在建筑上的应用十分广泛，建筑的墙面、阳台、门庭、花架、棚架、坡面、栅栏、假山与枯树、屋顶等处形成的立体绿化随处可见。这既丰富了园林绿化的空间层次，产生出立体景观艺术效果，又有助于增加城市绿化，减少热岛效应，而且还可以吸尘、减噪和过滤有害气体。绿色植物甚至也可以滞留雨水，以缓解城市的排水压力。

比如 Cluny‐house 修建于 2009 年，是一幢由先进绿色技术所演绎的独立住宅，建筑面积 1050m^2。为了尽可能降低对自然环境的影响，在建造材料选择方面，基本使用回收材料，以此避免损害资源。屋顶上的花园和灌溉池，都是雨水收集器。建筑还采用 art EIB 光伏电池和太阳能热水器，以及进行了被动通风和冷却设计，来最大限度地利用可再生资源并减少能源消耗。住宅围绕着中心水池布置，清澈的水面是住宅的焦点。其四周各种先进的技术和设备也并非独立地存在，而是和景观有机地融合在一起，不仅使生活空间生态自然，而且技术先进，又是可持续性的。

---

① 王澍：《中国建筑需要一种重新进入自然的哲学》，《建筑世界》2012 年第 5 期。

无论是"海绵城市",还是绿色建筑,都体现出尊重自然的特点,探索人工建筑和自然元素的平衡,实现人与自然的和谐共生,因此都充满了生态之美,这就是未来城市和人居的发展方向。

四 节制而诗意地栖居在大地上

如果我们身在太空,举目四望,在茫茫的黑色宇宙中,无数冷寂与单调的星球之中,会发现地球像一颗纯净、明亮的水晶球,无声地漂浮在那里,缓缓地转动。洁白的云层,蔚蓝的海洋,青翠中带点赭黄的陆地,一切宁静而庄严,美丽得令人窒息,令人满心虔诚,只想顶礼膜拜,万不敢用手指去触碰一下。

这时,如果我们向地球进发。地球一时扑面而来,而后渐渐定格,窗外出现了纯净庄严的雪山,草原上斑马群在静静吃草,蓝色的湖泊映着天光云影,珊瑚礁上游着色彩缤纷的鱼群,梯田的线条曲折如同小提琴的旋律,森林里淙淙流水伴着落叶纷飞……一幅幅精致绝伦的图画,美得让人热泪盈眶。是的,如果宇宙中有伊甸园,那一定是地球。

然而,不祥的色彩出现了。屏幕上灰色的城市在四处蔓延,高楼之间,弥漫着烟尘。板结的土地,像是地球上生了硬痂。城市周围,各色垃圾堆积如山。草原在退化,沙漠在进军。热带丛林在不断减少,雪山在融化,冰川在退缩。无数的矿山被开掘,像是在地球的肌肤上划开一道道伤口。伤口正在溃烂,黑色的脓汁流入河川。海洋里巨大的捕鱼船昼夜不息,将沿途的鱼群一网打尽。

因为气温的升高,白色的飓风在洋面上不断聚集,像巨大的风车,席卷着各个大陆,所到之处,树倒楼塌,一片汪洋之中,漂着人畜的尸体。同时,咸海在退缩,从一片波澜壮阔的内陆海,缩成了一洼污水,其余地方成了荒漠,一些船只搁浅在沙地里。

恩格斯曾说:"美索不达米亚、希腊、小亚细亚以及其他各地的居民,为了想得到耕地,把森林都砍完了,但是他们梦想不到,这些地方今天竟因此成为荒芜不毛之地,因为他们使这些地方失去了森林,也失去了积聚和贮存水分的中心。阿尔卑斯山的意大利人,在山南坡砍光了在北坡被十分细心地保护的松林,他们没有预料到,这样一来,他们把他们区域里的高山牧畜业的基础给摧毁了;他们更没有预料到,他们这样做,竟使山泉在一年中的大部分时间内枯竭了,而在雨季又使更加凶猛的洪水倾泻到平原上。"

其实，一万个石器时代的复活节岛人，用简陋的石斧和石锄，短短几百年，就可以让家园陷入崩溃。现在的人类手段更先进，也更残忍，大自然就显得更加脆弱。

而破坏地球家园的罪魁祸首，最直观地看，是大型的工厂，扩大的城市，蔓延的公路。但正如前文所说，深究起来，环境的破坏者其实是我们内心的欲求，尤其是攀比而带来的消费无节制。

其实对于个人而言，要想保持环境安全，就要加强自律，减少生态足迹。所谓生态足迹，是指要维持一个人、地区、国家或者全球的生存需要的或者能够容纳人类所排放的废物的、具有生物生产力的地域面积。包括提供人类所消费资源需要的生物生产性面积、基础设施所占用的土地面积以及吸收废弃物土地面积之和。

拿个人来说，他的粮食消费量可以转换为生产这些粮食的所需要的耕地面积，他所排放的二氧化碳总量可以转换成吸收这些二氧化碳所需要的森林、草地或农田的面积。因此它可以形象地被理解成一只负载着人类和人类所创造的城市、工厂、铁路、农田的巨脚踏在地球上时留下的脚印大小。它的值越高，人类对生态的破坏就越严重。

全人类生态足迹的总和，如果不超过地球的承载能力，那就是生态盈余。可很不幸的是，从1976年开始，生态盈余就结束了，取而代之的是生态赤字。目前赤字不断扩大。到2010年，全球人均生态足迹2.7全球公顷，而人均生态承载力仅为1.8全球公顷。这就是说，要想养活人类，得需要1.5个地球。

这就意味着地球要用一年半的时间来产生当年使用的资源及吸收当年排放的二氧化碳。人类像个败家子，花钱越来越没节制，不仅花了本年的收入，还开始动用地球以前的存款。如果有一天存款花完了，人类就到了绝境。

所以人人都得自律，地球才有希望。可惜的是，富裕国家如阿联酋10.7全球公顷、卡塔尔10.5全球公顷、美国8.0全球公顷，可谓穷奢极侈。巴基斯坦最低，为0.8全球公顷。而且随着发展中国家经济条件的改善，人均生态足迹越来越大。如果长此以往，地球就被耗竭了。

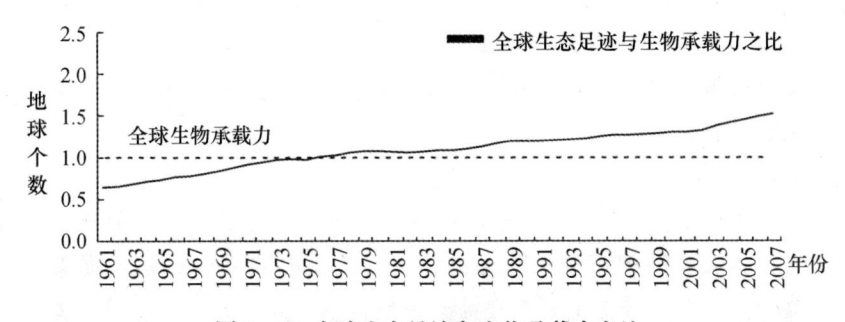

图 6—8　全球生态足迹和生物承载力之比

资料来源：图表选自《中国生态足迹报告 2016》。

而地球资源是有限的，我们要杜绝生态赤字。方法之一是遏制人口增长；方法之二是大家一同厉行节俭，用精神的满足代替物质的奢侈，缩小人均生态足迹；方法之三是通过科技，增加生态承载力，让科技不再是破坏自然的恶魔，而是成为维护生态平衡的天使。

当然，正所谓"俭以养德"，消费上的节制和自律，能让人摆脱过多的欲念，恰是心灵轻松、诗意栖居的基础。

在海德格尔看来，诗意栖居就是拯救大地。他在《筑·居·思》一文中指出："终有一死者栖居着，因为他们拯救大地——拯救一词在此取莱辛还识得的古老意义。拯救不仅是使某物摆脱危险；拯救的真正意思是把某物释放到它的本己的本质中。拯救大地远非利用大地，甚或耗尽大地。对大地的拯救并不控制大地，并不征服大地——"[1] 所以，诗意栖居，就是摆脱征服大地的野心，使之回归其本己特性，从而让人类美好地生存在大地之上。

这种令人心旷神怡之美，已不是单纯的自然美，而是生态美，不仅可以疗救人类精神异化的创伤，也可以解救人类面临的生态危机。

在一个城市里，人类系统与自然系统的关系，以及自然系统中植物之间、植物与动物之间，应该是按照大自然本有的生态秩序加以和谐搭配，而不是人为的随意安设，尤其是在体现人与自然之间的和谐方面，更应该给予恰当和充分的考虑。因为城市发展的最终目的，是为了达到经济价

---

[1] 孙周兴编：《海德格尔选集》，生活·读书·新知三联书店 1996 年版，第 1193 页。

值、生态价值和审美价值的统一，让身处其中的人类感到自在、从容、愉悦，宛如回乡。

海德格尔曾提出了美学中的"家园意识"。他在评析一首《返乡》的诗时说道：

> 在这里，"家园"意指这样一个空间，它赋予人一个处所，人惟有在其中才能有"在家"之感，因而才能在其命运的本己要素中存在。这一空间乃由完好无损的大地所赠予。大地为民众设置了他们的历史空间。大地朗照着"家园"。如此这般朗照着的大地，乃是第一个"家园"天使。①

也就是说，所谓"家园"，是我们每个人生存之所，也是祖祖辈辈繁衍生息之地，包含了丰富的自然人文元素，是我们记忆中最温暖、最踏实的一部分，所谓剪不断理还乱的"乡愁"，即来源于此。

当代著名生态哲学家罗尔斯顿在阿诺德·伯林特主编的《环境与艺术》一书中所说："当自然离我们更近并且必须在我们所居住的风景上被管理时，我们可能首先会说自然的美丽是一种愉快——仅仅是一种愉快——为了保护它而做出禁令似乎不那么紧急。但是这种心态会随着我们感觉到大地在我们脚下，天空在我们头上，我们在地球的家里而改变。……这是生态的美学，而且生态是关键的关键，一种在家里的在它自己的世界里的自我。我把我所居住的那处风景定义为我的家。这种兴趣导致我关心它的完整、稳定和美丽。"②

当我们站在高楼林立而雾霾笼罩的城市里，走在草木稀疏而烟尘漫天的市郊，自然会想到，如果城市建设能结合自然，如果我们能将自己对环境的破坏降到最低，使我们在城市里也能看到良好的生态环境，看到晴朗明净的天空、葱郁葱茏的树木、明澈清幽的流水，鸟兽虫鱼自在从容，我们必然会得到心灵的抚慰，觉得"家园如此美好，我在家园之中"，那该是多么让人神往的境界。

---

① ［德］马丁·海德格尔：《荷尔德林诗的阐释》，孙周兴译，商务印书馆2000年版，第15页。
② ［美］阿诺德·伯林特主编：《环境与艺术》，刘悦笛译，重庆出版社2007年版，第91页。

参考文献

（汉）班固：《汉书》，中华书局2012年版。
（汉）董仲舒：《春秋繁露》，中华书局2012年版。
（梁）刘勰：《文心雕龙译注》，齐鲁书社1995年版。
（唐）魏征：《隋书》，中华书局1973年版。
（唐）李白：《李太白全集》，中华书局2011年版。
（唐）白居易：《白氏长庆集》，线装书局2014年版。
（唐）柳宗元：《柳河东集》，上海古籍出版社2008年版。
（后晋）刘昫：《旧唐书》，中华书局1975年版。
（宋）张敦颐：《六朝事迹编类》，上海古籍出版社1995年版。
（宋）吴自牧：《梦粱录》，三秦出版社2004年版。
（宋）周淙：《乾道临安志》，商务印书馆1937年版。
（宋）苏轼：《苏轼全集》，河北人民出版社2012年版。
（宋）周密：《武林旧事》，中华书局2007年版。
（宋）郭熙：《林泉高致》，中州古籍出版社2013年版。
（宋）罗大经：《鹤林玉露》，上海古籍出版社2012年版。
（宋）陆象山：《象山全集》，台湾中华书局1978年版。
（元）脱脱：《宋史》，中华书局1985年版。
（明）田汝成：《西湖游览志》，东方出版社2012年版。
（明）张岱：《西湖梦寻》，中华书局2011年版。
（明）计成：《园冶》，中国建筑工业出版社1998年版。
（明）冯梦龙：《警世通言》，齐鲁书社1995年版。
（明）冯梦龙：《醒世恒言》，齐鲁书社1995年版。
（明）吴敬梓：《儒林外史》，人民文学出版社1958年版。
（明）周清原：《西湖二集》，华夏出版社2013年版。
（明）施耐庵、罗贯中：《水浒传》，人民文学出版社1975年版。

（明）古吴墨浪子：《西湖佳话》，华夏出版社2013年版。
王国平主编：《西湖文献集成》（共30册），杭州出版社2004—2008年版。
王国平主编：《西湖全书》（共54册），杭州出版社2004—2008年版。
王国平主编：《西湖通史》（上、中、下），杭州出版社2004—2008年版。
傅崇兰：《中国城市发展史》，社会科学文献出版社2009年版。
董鉴泓：《中国古代城市二十讲》，中国建筑工业出版社2009年版。
中华人民共和国国家文物局：《西湖文化景观申遗文本》。
住房和城乡建设部新闻办公室：《2009年国家园林城市复查情况》。
陈宝良：《飘摇的传统：明代城市生活长卷》，湖南人民出版社2000年版。
阳作军：《趋同与重塑》，中国建筑工业出版社2014年版。
俞孔坚：《回到土地》，生活·读书·新知三联书店2009年版。
钱学森：《钱学森论山水城市》，中国建筑工业出版社2013年版。
蒙培元等：《现代文明的生态转向》，重庆出版社2007年版。
徐恒醇：《生态美学》，陕西人民教育出版社2000年版。
丰子恺：《丰子恺论艺术》，复旦大学出版社1985年版。
鲁枢元：《生态文艺学》，陕西人民教育出版社2000年版。
彭万隆、肖瑞峰：《西湖文学史（唐宋卷）》，浙江大学出版社2013年版。
彭锋：《完美的自然》，北京大学出版社2013年版。
朱光潜：《朱光潜全集》，中华书局2012年版。
金相灿：《中国湖泊环境》，海洋出版社1995年版。
林正秋：《杭州历史文化研究》，杭州出版社1999年版。
张建庭：《自然与人文的对话：杭州西湖综合整治保护实录》，中国建筑工业出版社2009年版。
袁行霈：《中国诗歌艺术研究（第三版）》，北京大学出版社2009年版。
叶朗：《美学原理》，北京大学出版社2009年版。
刘亮等：《中国植物志·第九卷·第二分册》，科学出版社2006年版。
林语堂：《苏东坡传》，张振玉译，陕西师范大学出版社2008年版。
徐承著：《西湖景观美学与佛教》，团结出版社2010年版。
王毅：《翳然林水——栖心中国园林之境》，北京大学出版社2006年版。
曾繁仁：《中西对话中的生态美学》，人民出版社2012年版。
葛兆光：《唐诗选注》，浙江文艺出版社1999年版。

参考文献

周维权：《中国古典园林史》，清华大学出版社 2008 年版。
金学智：《中国园林美学》，中国建筑工业出版社 2005 年版。
魏德东：《佛教的生态观》，《现代文明的生态转向》，重庆出版社 2007 年版。
朱良志：《曲院风荷》，安徽教育出版社 2006 年版。
李泽厚：《美的历程》，文物出版社 1981 年版。
王毅：《中国园林文化史》，上海人民出版社 2014 年版。
陈文锦：《发现西湖——论西湖的世界遗产价值》，浙江古籍出版社 2007 年版。
杨沛儒：《生态城市主义：尺度、流动与设计》，中国建筑工业出版社 2010 年版。
杨通进编：《生态十二讲》编者序，天津人民出版社 2008 年版。
李泽厚、刘纲纪主编：《中国美学史》，安徽文艺出版社 1999 年版。
宗白华：《美的散步》，上海人民出版社 1981 年版。
李中莹：《重塑心灵》，世界图书出版公司 2006 年版。
王劲韬：《中国皇家园林叠山研究》，博士学位论文，清华大学景观系 2009 年。
徐洁、何韦主编：《杭州新景观：西湖、西溪双西合璧》，辽宁科学技术出版社 2006 年版。
[法] 史怀泽：《敬畏生命》，陈泽环译，上海社会科学出版社 1992 年版。
[德] 马克斯·韦伯：《学术与政治》，生活·读书·新知三联书店 1998 年版。
[美] 大卫·雷·格里芬：《后现代科学：科学魅力的再现》，中央编译出版社 1995 年版。
[美] 伊恩·伦诺克斯·麦克哈格：《设计结合自然》，芮经纬译，天津大学出版社 2008 年版。
[德] 马丁·海德格尔：《荷尔德林诗的阐释》，孙周兴译，商务印书馆 2000 年版。
[法] 杜夫海纳：《美学与哲学》，孙非译，中国社会科学出版社 1985 年版。
[印度] 克里希纳穆提：《自然与生态》，凯峰译，学林出版社 2007 年版。
[美] 凯文·林奇：《城市意象》，方益萍、何晓军译，华夏出版社 2001 年版。

［日］阿部正雄：《禅与西方思想》，王雷泉、张汝伦译，上海译文出版社1989年版。

［意］马可·波罗：《马可·波罗游记》，冯承均译，安徽人民出版社2013年版。

程相占、［美］阿诺德·伯林特、［美］保罗·戈比斯特、王昕皓：《生态美学与生态评估及规划》，河南人民出版社2013年版。

［英］米歇尔·阿拉贝：《牛津生态学词典》，上海外语教育出版社2001年版。

［美］巴里·康芒纳：《封闭的循环》，侯文蕙译，吉林人民出版社1997年版。

［德］黑格尔：《美学》，朱光潜译，商务印书馆1979年版。

［德］阿诺德·盖伦：《技术时代的人类心灵》，何兆武、何冰译，上海科技教育出版社2003年版。

［德］席勒：《审美教育书简》，张玉能译，译林出版社2009年版。

［德］彼得·博夏德：《为什么我们越来越快》，佟文斌译，中国人民大学出版社2009年版。

［英］德伯顿：《身份的焦虑》，上海译文出版社2009年版。

［美］艾伦·杜宁：《多少算够：消费社会与地球的未来》，毕聿译，吉林人民出版社1997年版。

Newton, Norman T., Design on the land: the development of landscape Architecture, The Belknap Press of Harvard University, Cambridge, MA. USA, 1971.

赵冈：《南宋临安人口》，《中国历史地理论丛》1992年第2期。

钱穆：《中国文化对人类未来可有的贡献》，《中国文化》1991年第4期。

王宗涛等：《西湖的成因、发育及年龄》，《杭州历史丛编之一》，浙江人民出版社1992年版。

谭其骧：《杭州城市发展之经过》，《杭州历史丛编之一》，浙江人民出版社1992年版。

俞孔坚：《中国人的理想环境模式及其生态史观》，《北京林业大学学报》1990年第1期。

曾繁仁：《生态美学：后现代语境下崭新的生态存在论美学观》，《陕西师范大学学报》（哲学社会科学版）2002年第3期。

曾繁仁：《生态美学——一种具有中国特色的当代美学观念》，《中国文化研究》2005 冬之卷。

王德胜：《"亲和"的美学——关于审美生态观问题的思考》，《陕西师范大学学报》（哲学社会科学版）2001 年第 4 期。

李欣复：《论生态美学》，《南京社会科学》1994 年第 12 期。

竺可桢：《杭州西湖生成的原因》，《科学》1921 年第 6 卷第 4 期。

游修龄：《野菰的误称与雕胡的失落》，《植物杂志》2001 年第 6 期。

翟成凯等：《中国菰资源及其应用价值的研究》，《资源学报》2000 年第 6 期。

陆莹：《入湖溪流对西湖富营养化的影响调查》，《环境监测管理与技术》2000 年第 12 期。

陈桥驿：《历史时期西湖的发展和变迁——关于西湖是人工湖及其何以众废独存的讨论》，《中原地理研究》1985 年第 2 期。

曾繁仁：《生态美学：后现代语境下崭新的生态存在论美学观》，《陕西师范大学学报》（哲学社会科学版）2002 年第 3 期。

曾繁仁：《生态美学——一种具有中国特色的当代美学观念》，《中国文化研究》2005 冬之卷。

王德胜：《"亲和"的美学——关于审美生态观问题的思考》，《陕西师范大学学报》（哲学社会科学版）2001 年第 4 期。

杭州西湖水域管理处：《西湖水环境综合保护工程效益评价及管理对策》，2006，内部资料。

竺可桢：《杭州西湖生成的原因》，《科学》1921 年第 4 期。

刘延捷：《太子湾公园景观构思和设计》，《中国园林》1990 年第 4 期。

孙筱祥、胡绪渭：《杭州花港观鱼公园规划设计》，《建筑学报》1959 年第 5 期。

李红艳、周为：《杭州西湖湖西景区的湿地景观设计》，《中国园林》2004 年第 10 期。

林丰妹、叶旭红、焦荔、吴芝瑛、杨剑、徐骏：《综合保护工程对杭州西湖生态环境的影响》，《水资源与水工程学报》2007 年 12 月第 18 卷第 6 期。

李婷、张宁：《浅谈城市生态公园建设》，《现代园林》2009 年第 4 期。

［法］J.M. 费里：《现代化与协商一致》，法国《神灵》1985 年第 5 期。